맛의
배신

맛의 배신

우리는 언제부터 단짠단짠에 열광하게 되었을까

2018년 5월 23일　초판 1쇄 발행
2018년 6월 27일　초판 2쇄 발행

지은이　유진규
펴낸이　정희용
편집　남은영

펴낸곳 도서출판 바틀비
주소 07255 서울시 영등포구 선유동1로 33 성도빌딩 3층
전화 02-2039-2701
팩시밀리 0505-055-2701
페이스북 www.facebook.com/withbartleby
블로그 blog.naver.com/bartleby_book
이메일 BartlebyPub@gmail.com
출판등록 제2017-000105호

ISBN 979-11-962505-5-3 (03300)

맛의
배신

유진규 지음

우리는 언제부터 단짠단짠에
열광하게 되었을까

바틀비

우리가 먹는
음식이 포만감을
주지 못한다

음식에 중독될 수 있을까? 알코올도 니코틴도 아닌, 매일 먹어야 하는 음식에 중독되는 것이 가당키나 한 일일까? 음식 중독이라는 기막힌 현상은 이미 학계에서 설득력을 얻고 있다. 심지어 많은 사람이 스스로 음식 중독이라고 고백한다. 음식 중독에 이어 식사 중독이라는 용어도 사용된다.

　나도 비슷한 문제를 겪었다. 과식을 멈출 수가 없었다. 거의 매일 저녁마다 위장이 아플 때까지 먹었다. 이런 현상은 40대 초부터 서서히 나타나기 시작해서 점차 심해졌다. 날마다 과식하지 말자고 결심했다. 특히 저녁 식사 자리에선 오늘만큼은 과식하지 말자고 마음을 다잡았다. 그러나 굳은 결심은 쉽게 흩어져버렸고 숟가락을 내려놓았다가도 이내 다시 들곤 했다. 위장이 물리적으로 가득 차서 심하게 통증이 느껴질 때에야 비로소 숟가락을 놓았다. 그 결과 아랫배에 지방이 잡히고 급기야는 불룩하게 튀어나오는 지경에 이르렀다. 어느 날 아침 거울에 비친 내 옆모습을 보고 기겁했다. 임신한 여인처럼 불룩하게 튀어나온 아랫배. 어릴 적부터 비쩍 말랐다는 말을 줄기차게 들으며 살아온 나에게 이런 날이 올 줄이야.

내가 과식하는 이유는 만족감이 느껴지지 않았기 때문이다. 물리적으로는 배가 불렀지만 머릿속에선 계속해서 음식을 갈망했다. 다르게 표현하면 겉 배는 불렀지만 속 배는 부르지 않았다. 게다가 음식의 섭취와 쾌감 사이에 마땅히 존재해야 할 한계효용체감의 법칙도 적용되지 않았다. 배가 불러 아파올 때에도 음식은 여전히 처음처럼 맛있었다. 식욕을 제어하지 못하는 자신이 당혹스러웠고 미스터리하기도 했다.

도대체 왜 과식을 하는지 알고 싶었다. 배가 불러도 만족하지 못하는 이유가 궁금했다. 비만 전문가들은 비만의 원인을 과식이라고 말하면서도 과식하는 이유에 대해서는 아무것도 말해 주지 않았다. 그 이유를 알면 건강은 물론 이미 거대한 사회문제가 된 비만 현상에 대한 해답이 될 것이다.

비만의 원인에 대해 유행처럼 범인들이 번갈아 나타났다 사라지곤 했다. 최근에 떠오르는 지탄의 대상은 탄수화물이다. 한때 매우 위험한 것으로 여겨지던 포화지방은 새로운 르네상스를 맞아서 지방을 먹으면 살이 빠진다는 요지의 다큐멘터리와 책 들이 인기를 얻었다. 우리는 음식에 포함된 포화지방, 전분, 설탕 같은 대량영양소(생물이나 조직의 구성 물질에서 비교적 많은 양이 들어 있는 양분 요소)들을 차례로 심판대에 올렸다. 그러나 비만 문제는 해결되지 않고 더 심각해지고 있다. 우리가 뭔가를 놓친 것이 분명하다.

나는 과식 문제를 해결하기 위해 어떤 것을 제외하거나 무엇인가를 더 먹는 실험을 여러 해 동안 계속했다. 설탕 끊기, 밀가루 안 먹기, 토마토 먹기, 고구마 먹기, 나물 반찬 많이 먹기, 생 채소 먹기 등등. 짧게는 한 달에서 길게는 6개월까지 자가 실험을 하면서 나의 식욕이 어떻게 조절되는지 관찰했다. 이 과정에서 나는 유레카의 순간을 맞이했다.

비만은 과식에서 비롯한다. 과식하는 이유는 포만감을 느끼지 못하기 때문이다. 비만의 문제는 내가 먹는 음식이 포만감을 주느냐 아니냐에 달려 있다. 너무나 당연한 이야기다. 그러나 포만감의 문제는 그렇게 간단하지 않다. 어떤 음식은 포만감을 주는 반면에 어떤 음식은 왜 주지 못하는지, 왜 우리는 포만감을 주지 못하는 음식 속에 빠져 살게 되었는지 알아야 한다. 기분 좋게 포만감을 주는 음식의 본질을 이해하려면 현대 영양학의 오류와 가공식품의 진화, 코와 혀로 느끼는 음식의 맛에 대한 과학적 재해석이 필요하다.

괴물이 된 음식

요즘 우리가 먹는 음식은 과거에 비해 포만감을 주지 못하는 쪽으로 변했다. 그 원인은 다층적인데 음식의 질적 열화를 가짜 맛으로 포장해 우리 자신을 속여 온 것이 가장 크다. 음식의 질이 떨어지면 맛과 향도 당연히 떨어진다. 예를 들어 그늘에서 자란 사과는 영양이 부족한 것은 물론 맛도 없다. 그런데 그 맛없는 사과를 갈아서 사과 향과 설탕을 넣으면 맛있는 사과주스가 된다. 이런 식으로 질적 열화를 가짜 맛으로 포장해서 판매하고 소비해 왔다.

음식 중독자들은 특정 음식을 먹고 또 먹는 경향이 있다. 그 대상은 대개 초콜릿, 아이스크림, 도넛, 쿠키, 햄버거, 치킨너깃, 과자 같은 것들이다. 이런 가공식품은 자연식품에 비해 고칼로리인 데다가 인공적인 향으로 맛을 낸다. 자연식품과 달리 고도로 정제되거나 지나치게 단순화된 것들이다. 가공식품은 식용유, 밀가루, 설탕, 합성 향미료로 구성된다. 식용유는 포화지방과 불포화지방산 등 몇 종류로 구성되며 별 다른 맛과 향이 없다. 밀가루는 전분과 글루텐, 몇 가지 화합물로 구성되며 특별한 맛과 향이 없다. 설탕에는 당분 이외에는 거의 아무것도 들어 있지 않다. 가공식품에 첨가되는 합성 향미료는 자연의 향미 화합물과는 달리 몇 가지 화합물만으로 구성된다.

이에 비해 자연의 음식은 수없이 많은 향미 화합물과 많은 종류의 당분과 많은 종류의 지방산과 단백질, 미네랄의 조합으로 이루어진다. 자연에서 향을 내는 물질만 해도 특정 향기별로 최소 3백여 가지 이상의 화합물로 구성되며 수없이 많은 향이 없는 파이토케미컬 Phytochemical(식물성을 의미하는 'phyto'와 화학을 의미하는 'chemical'의 합성어로, 건강에 도움을 주는 생리활성을 가진 식물성 화학 물질)이 함께 들어 있다. 이런 음식은 중독을 일으키지 않으며 과식을 유발하지도 않는다.

중독과 과식을 유발하는 음식은 너무 단순한 성분으로 구성된 것이 문제다. 오늘날 우리가 먹는 많은 음식이 이러한 문제를 갖고 있다. 단순화되고 정제되어 성분이 턱없이 부족하면서 인위적 맛과 향으로 포장된 음식은 포만감을 주지 못하며 과식을 유발하고 심한 경우 음식 중독에 이르게 한다. 비단 가공식품과 인스턴트식품에만 국한되지 않는다. 성분이 부족한 문제의 음식은 곳곳에 있다. 김치 찌개도, 딸기도, 시장에서 사 와 집에서 요리한 닭고기도 문제일 수 있다.

음식 중독 문제를 경험한 첫 세대였던 1960년대 미국의 다이어트 활동가 진 니데치Jean Nidetch는 한번 먹기 시작하면 중단할 수 없고 참을 수 없는 음식을 '프랑켄푸드Frankenfood'라고 불렀다. 그녀에게 프랑켄푸드는 '멜로마Mallomars'라는 초코파이였다. 당시엔 이런 과자 종류만 조심하면 되었다. 그러나 오늘날엔 거의 모든 식품이 프랑켄푸드화 되고 있다.

내가 과식을 일삼던 저녁 밥상에는 인스턴트와 가공식품은 없었다. 하지만 거기엔 내가 한때 건강하다고 믿었던 그러나 지금은 프랑켄푸드로 변해 버린 평범한 먹을거리들이 있었다. 과거에 비해 현대의 농산물은 맛과 향이 현저히 떨어진다. 맛과 향이 약한 농산물은 영양소가 부족하며 우리 몸에서 요구하는 영양을 다층적으로 만족시키지 못한다. 결과적으로 포만감을 주기 어렵다. 이런 음식은 배가 아플 때까지 먹어도 성에 차지 않는다.

이 책은 괴물이 된 우리 음식에 관한 이야기다. 그래서 좋은 음식과 나쁜 음식을 구별하는 방법에 관한 이야기이기도 하다. 어떻게 하면 포만감을 주는 좋은 음식과 그렇지 못한 나쁜 음식을 가려낼 수 있을까? 답은 의외로 쉽다. 그것은 다름 아닌 음식의 맛과 향, 즉 '향미'에 있다. 좋은 향미를 가진 음식은 필수 영양소를 동반한다. 향미와 관련된 파이토케미컬은 섭취량을 적정하게 조절해 과식을 막는다. 좋은 향미를 가진 음식을 먹으면 몸에 좋으며 살찌지 않는다. 우리는 맛있어서 먹는다. 과식도 맛 때문이라고 할 수 있다. 비만 문제에 관한 논의에서 가장 중요한 것은 음식의 본질에 해당하는 '맛'에 있고 그동안 우리가 놓쳤던 것이다. 음식의 향미는 우리가 좋은 음식과 나쁜 음식을 가려내는 데 필요한 기본적이며 동시에 궁극적인 수단이다. 향미는 우리를 건강이라는 최종 목적지로 안내할 이정표가 될 것이다.

차례

3 진짜 맛을 찾아서

4 무엇이 포만감을 주는가

5 맛의 희석화

6 몸에 각인되는 영양 지혜

7 우리는 왜 영양 바보가 되었는가

8 향미료 뒤에 숨은 악마

9 과식과의 싸움 5년

10 우리가 몰랐던 향미의 기적

음식 중독의 습격

1

먹기를
멈추지 못하는
사람들

✚　　앤서니 마시엘로는 미국 뉴저지주 햄튼에 사는 중년 남자다. 33세 되던 해 그는 190센티미터의 키에 몸무게가 160킬로그램이었다. 이 때문에 그는 늘 불편했다. 상점에는 맞는 옷이 없어서 모든 옷을 특별 주문해야 했다. 의자에 팔걸이가 있을 경우 몸을 그 사이에 욱여넣고 앉아서 회의 내내 조이는 고통을 참아야 했다. 비행기 좌석 사이의 복도를 걸어가면서 '제발 내 옆엔 앉지 마' 하는 따가운 시선을 느껴야 했다. 비행 내내 주위 사람에게 피해를 주지 않도록 최대한 몸을 움츠린 채 있어야 했다.

아주 어린 시절부터 비만은 그의 정체성이었다. 초등학교 때부터 여러 차례 다이어트를 시도했지만 번번이 실패했다. 그때마다 이전보다 더 체중이 늘었다. 식사량을 줄이는 것은 그에게는 불가능한 일이었다. 과식을 피하고 싶었지만 음식과의 관계를 변화시키는 것은 굉장히 어려운 일이었다.

20대 이후 고기를 끊었다. 하지만 체중은 줄지 않았다. 주식으로 치즈에그샌드위치, 치즈토스트, 감자튀김, 파스타를 먹었다. 아이스크림, 감자칩, 옥수수칩, 나초, 초코바 같은 간식도 자주 먹었다. 그 중에서 가장 좋아한 음식은 피자였다. 퇴근길에 저녁으로 먹을 피자를 포장하면서 차에서 먹을 피자를 따로 샀다. 그리고 집에 와서는 아내와 함께 다시 피자로 저녁 식사를 했다. 다이어트를 시도할 때마다 피자에 걸려 넘어졌다. 피자는 불가항력적 만능 음식이었다. 피자를 포기한다는 것은 그에게 불가능한 일처럼 보였다. 피자를 끊어야 한다는 부담감만으로도 그날은 하루 종일 피자 생각만 났다. 그는 피자에 중독되어 있었다.

호주에 사는 30대 남자 앤드루 테일러는 스스로 음식 중독이라고 생각했다. 체중이 계속 늘었고 먹는 데 광적으로 집착했다. 그가 좋아하는 것은 프렌치프라이 같은 기름에 튀긴 음식, 과자, 피자였다. 이런 음식이 나쁘다는 것은 잘 알지만 도저히 끊을 수 없었다. 음식과 싸우는 소모전에 지쳐서 그는 낙오자처럼 느껴졌다. 나쁜 음식이 그의 인생을 통째로 집어삼키고 있었다. 왜 나는 이런 나쁜 음식을 끊지 못할까? 앤드루 테일러는 궁금했다.

웬디 솔가닉은 강박적 음식 섭취자였다. 그녀는 단것을 광적으로 좋아했다. 특히 쿠키를 좋아했다. 하지만 웬디는 날씬한 몸을 원했고 뚱뚱한 자신의 몸을 끔찍이 싫어했다. 10대 이후로 늘 음식과 싸웠다. 평생을 다이어트와 폭식을 반복하며 살았다. 다이어트, 실패, 요요를 반복했다. 40대의 문턱을 넘어서면서도 여전히 음식과의 전쟁에서 평화를 찾지 못했다.

서울에 사는 영재 씨는 음식을 가리지 않고 잘 먹었다. 초콜릿 아이스크림, 망고주스, 라면을 즐겼고 콩나물, 상추쌈, 현미밥도 좋아했다. 모든 종류의 고기를 즐겼으며 해산물도 좋아했다. 다만 뭐든지 너무 많이 먹는 것이 문제였다. 저녁 식사로 라면 세 개를 먹고 난 후 초콜릿 바를 먹으며 글 쓰는 일을 했고 잠들기 전 초콜릿 아이스크림을 두 통이나 먹었다. 영재 씨는 식사량을 조절하는 데 어려움을 겪고 있었다. 조금만 먹으려고 해도 자꾸 음식이 당겼다. 그는 하루에 6,000칼로리를 섭취했다. 보통 사람들의 세 배나 되는 열량이다.

음식 중독은 끊임없이 음식을 원하고, 자주 과식하는 현상을 말한다. 이미 많이 먹어 배가 꽉 차 있음에도 계속해서 먹고 싶은 욕구가 끊이지 않는 증상이다. 평범한 사람들의 평범한 일상에 음식 중독이 끼어들었다. 무엇이 우리에게 반복적으로 칼로리를 과다 섭취하게 하는가? 음식 안에 중독을 일으키는 성분이 있을까? 폭식 행동 자체에 도박처럼 중독성이 있는 것은 아닐까?

이 문제는 개인적으로도 밀접한 관련이 있었다. 나 역시 배가 불러도 계속 먹는 경향이 있었고 이 문제는 차츰 심해졌다. 먹는 행위 자체에, 그리고 먹는 것이 주는 쾌감에 중독된 느낌이었다. 나 혼자가 아니었다. 주변에 같은 문제를 가진 사람들이 점점 늘어났다. 이 문제는 더 이상 해결을 미루어서는 안 되는 절박한 과제다. 과식은 암, 고지혈증, 당뇨 같은 많은 현대 질병의 근원이기 때문이다.

음식 중독의 습격

음식에
중독된
뇌

- - - - - -

✚　　　세계 최대 생의학연구소인 미국 스크립스연구소The Scripps
Research Institute, TSRI에서 중독 분야의 권위자 폴 케니 교수와 폴 존
슨 연구원은 음식이 중독성을 가질 수 있는지를 알아보는 실험을 했
다. 이들은 쥐들을 A, B 두 집단으로 나누어 A그룹에는 일반 사료를
무제한으로, B그룹에는 베이컨, 치즈케이크, 소시지 등 고칼로리 식
사를 무제한으로 주었다.

　B그룹에 당첨된 흰쥐 열 마리는 먹이가 끊임없이 공급되는 뷔페
에서 40일간 살았다. 쥐들에게 공급된 먹이는 모두 여덟 가지로 크
림 프로스팅, 치즈케이크, 버터파운드케이크, 헤이즐넛 스프레드의
일종인 누텔라, 스모크소시지, 땅콩버터, 베이컨, 딩동이란 이름의
초코파이였다. 쥐들은 예상대로 잘 먹었다. 40일이 지나자 살이 쪄
서 처음 체중의 두 배가 되었다. 반면에 일반 사료를 공급받은 A그
룹은 체중이 거의 늘지 않았다.

연구진은 B그룹 쥐들이 실제로 맛있고 칼로리가 높은 음식이 주는 쾌락에 중독된 사실을 발견했다. 쥐의 뇌에서 '도파민' 수용체가 감소한 것이다. 도파민은 우리를 기분 좋게 하는 뇌 속의 신경전달물질이다. 사랑에 빠지거나 도박, 게임 등을 할 때 도파민이 일시적으로 분비된다. 쾌감을 느끼려면 도파민이 도파민 수용체와 결합해야 하는데 적정량을 넘으면 도파민 수용체들이 알아서 적정량을 조절한다. 몸의 항상성을 유지하기 위해서다. 결국 같은 수준의 쾌감을 얻으려면 더 많은 도파민이 필요해지고 특정 대상에 더 몰입하게 되는 이유다. 이것은 '코카인' 등 마약 중독 환자에게서 나타나는 현상과 비슷하다. 쥐들이 먹은 음식이 마약처럼 '중독'을 일으킨 것이다. 음식 섭취를 통제하지 못하는 뇌와 마약 사용을 통제하지 못하는 뇌가 서로 닮아 있다는 것이 확인되었다.

또한 음식을 맛있게 먹었음에도 쥐들은 행복하지 않았다. 마약 중독자들과 마찬가지로 불행하고 절망적이었다. 연구진은 쥐들에게 전기 충격을 주는 방법으로 정신 상태도 검사했다. 전기 충격을 줄 때마다 전구에 불이 들어오게 했다. 쥐들은 전구에 불이 켜지는 것이 전기 충격을 예고한다는 것을 쉽게 알아챘다. 정상 쥐들은 몸을 웅크리고 긴장하여 전기가 오는 케이지cage와의 접촉을 최소한으로 줄이려고 한다. 음식에 중독된 쥐들은 그렇지 않았다. 그들은 불쾌한 전기 충격을 그냥 겪었다. 이런 강박적인 행동은 중독의 전형적인 특징이다.

연구진은 전기 충격을 주는 대신 쥐들의 두뇌에 전극을 삽입하여 쥐들의 행복 상태를 측정해 보았다. 그 결과, 실험 초기에 쥐들은 매우 행복했고 베이컨, 치즈케이크, 스모크소시지, 누텔라, 초코파이를 좋아했으나 그 상태가 오래가지 못한다는 것을 알았다. 행복감이 줄어든 것은 물론 반대로 뒤집혔다. 쥐들은 지속적으로 불행을 느꼈고 불행감은 가중되었다. 몇 주간 흥청망청 식사한 이후 쥐들은 더 이상 먹이에서 행복감을 얻지 못했다. 쥐들은 처음에 느꼈던 행복감을 얻으려고 더 많이 먹었지만 행복감은 다시 찾아오지 않았다. 쥐들은 뚱뚱해졌고 불행했다.[1]

중독성이 있는 음식

음식이 쥐들에게 중독을 일으킨 것은 분명한 사실이다. 그러나 모든 음식이 중독을 일으키는 것은 아니다. 연구진들이 샐러드 바라고 부른 건강한 사료는 쥐들에게 강박적 섭취 같은 중독 현상을 일으키지 않았다. B그룹 쥐들에게 주어진 먹이는 스크립스연구소 부근 슈퍼마켓에서 당시 박사 과정 학생이었던 폴 존슨이 직접 구입한 가공식품들이었다. 사실 쥐들에게 슈퍼마켓에서 사온 정크푸드를 먹이면 살이 아주 잘 찐다는 것은 이미 알려져 있었다. 실험실의 쥐들을 살찌우는 데는 사람들을 위해 만들어진 정크푸드만 한 것이 없었다. 연구자들은 이것을 슈퍼마켓 식단이라고 불렀다.[2] 고칼로리의 지방 식단이나 탄수화물 식단보다도 정크푸드를 주면 쥐들은 더 많이 먹었다. 스크립스연구소는 그 이유를 정크푸드에 중독성이 있어서라고 풀이했다.

미시간대학교에서 어떤 음식이 중독성을 갖는지 연구 중인 애슐리 기어하트Ashley Gearhardt 교수는 스크립스연구소의 후속 연구라고 할 만한 조사를 실시했다. 이번에는 쥐들이 아니라 대학생들이 대상이었다. 기어하트 교수는 대학생 120명을 대상으로 설문조사를 실시했다. 예일 음식 중독 문진표Yale Food Addiction Scale, YFAS 조사를 실시한 후 35가지 음식 리스트를 주고 중독 행동을 일으키는 음식을 순서대로 고르라고 했다. 지방 함량과 당지수Glycemic Index, GI 가 높은 가공식품들이 중독과 관련이 있었다. 기어하트 교수는 2차 조사에서 384명을 대상으로 좀 더 자세한 조사를 실시했다. 음식이 중독과 유사한 행동을 일으키는 가장 중요한 요인은 '가공'이었다. 학생들은 가공식품에만 중독되었다. 반면에 현미밥과 연어 같은 자연식품은 중독 행동과 연관되지 않았다.[3] 호주 뉴캐슬대학교에서 진행한 온라인 조사에 따르면 호주인의 20퍼센트가 음식 중독이었으며 음식 중독이 없는 사람들의 식습관 중에 공통된 것은 '채소 먹기'였다. 이 연구는 잘못된 음식을 선택하는 것이 음식 중독의 원인일 수 있다고 지적했다.[4]

중독을 일으키는 물질은 자연에서는 흔하지 않다. 중독성을 가지려면 변경되거나 가공되어야 한다. 예를 들어 포도는 와인으로 가공되어야 하고 양귀비는 아편으로 정제되어야 한다. 우리 음식에서도 유사한 현상이 나타나고 있다. 자연에서 당분이나 지방을 포함한 식품은 많지만 당분과 지방이 같이 존재하는 경우는 드물다. 우리는 당분과 지방을 함께 넣을 뿐 아니라 함량을 훨씬 높인 식품들을 만들어 냈다. 케이크, 피자, 초콜릿 등이다. 이런 가공식품들은 보상을 극대화하기 위해 정제당과 지방의 함량을 인위적으로 높였다는 점에서 일반적인 조리와 구별된다. 가공식품들은 보상의 정도가 훨씬 크기 때문에 중독과 오남용의 소지가 크다. 약물 오남용에서는 중독물질의 집적도가 중독성을 증가시킨다. 가령 맥주보다는 위스키가 중독성이 높다.[5] 마찬가지로 가공식품에서 설탕과 당분의 함량이 높을수록 중독성이 높아진다. 애슐리 기어하트의 조사에서도 식품의 가공 정도가 높을수록 약물 오남용과 유사한 행동으로 이어졌다.

이것은 예일 음식 중독 문진표의 질문들 중에서 몇 개를 가져온 것이다. 제목 그대로 이 문진표는 개인의 식습관이 전형적인 중독 행위와 어느 정도 닮아 있는지를 측정한다. 점수가 높을수록 식습관이 약물 중독과 닮아 있다고 볼 수 있다. 한번 질문에 답을 해보라. 이 질문들이 불쾌감을 소환한다면 당신은 음식 중독일 가능성이 높다.

어떤 음식을 먹을 때 계획했던 것보다 훨씬 많이 먹는다. ☐

어떤 음식은 배고프지 않아도 계속 먹는다. ☐

몸이 아플 정도까지 먹는다. ☐

과식으로 인해 피로하거나 몸을 움직이기 싫을 때가 많다. ☐

어떤 음식을 자주 또는 대량으로 섭취한 이후 과식으로 인한 부정적인 기분 때문에 가족, 친구와의 시간 또는 좋아하는 레크리에이션 활동을 하지 못하는 경우가 있다. ☐

어떤 음식을 줄이거나 끊으면 불안, 동요 또는 행동적 반응과 같은 금단 현상을 느낀다. ☐

어떤 음식을 끊거나 줄이면 그것을 먹고 싶은 욕망이 더 커진다. ☐

진 니데치의
프랑켄푸드

╋ 문헌으로 확인할 수 있는 음식 중독의 가장 오래된 사례는 1961년 미국의 롱아일랜드에서 일어났다. 37세의 가정주부 진 니데치는 슈퍼마켓에서 쇼핑카트를 밀고 가다가 아는 여자를 만났다.

"정말 멋져 보이세요." 여자가 말했다. 칭찬인 줄 알고 잠깐 으쓱해지려는데 여자가 말을 이었다.

"예정일이 언제예요?"

니데치는 임신한 것이 아니었다. 당시 그녀는 170센티미터에 97킬로그램이었다. 오늘날 기준으로 그녀는 비만이었다. 진 니데치는 알지 못했지만 그녀는 곧 거대한 파도가 되어 밀어닥칠 비만 현상의 선두 그룹에 있었다. 진 니데치는 뉴욕의 병원들을 이곳저곳 다녀보고 다이어트 비법들을 시도해 보았다. 효과는 잠깐뿐이었다. 몸무게는 줄었다가도 곧 다시 늘었다. 게다가 살이 다시 찔 때는 전보다 더 쪘다. 요즘은 누구나 알고 있는 바로 요요 현상이다. 진 니데치는 먹는 것을 잠시 멈출 수는 있었으나 오래가지 못했다. 그녀는 먹는 것을 너무 좋아했다. 피자나 고기요리 같은 짭짜름한 음식을 좋아했고, 컵케이크나 탄산음료 같은 단것도 좋아했다. 아침 식사를 많이 하지는 않았지만 새벽 3시에 일어나 냉장고에서 차가운 돼지갈비나 통조림 콩을 꺼내 허겁지겁 먹었다. 아이스크림이나 피자를 파는 트럭이 지나가면 곧바로 뒤쫓아 갔다. 젤리 빈이 머릿속에서 어른거리면 아들의 호주머니를 뒤졌다. 그러나 진 니데치가 정말로 좋아한 것은 쿠키였다. 쿠키를 한번 먹기 시작하면 멈추지 못했다. 그녀는 쿠키에 중독되어 있었다.

진 니데치가 임신으로 오해받은 그날, 그녀는 뉴욕시 보건국 비만 클리닉에 전화를 걸어 예약했다. 얼마 후 그녀는 비만 여성들로 가득 찬 강좌에 참가하게 되었다. 날씬한 강사가 그 자리에 모인 여자들에게 먹어도 되는 음식들의 리스트를 나누어 주었다. 새로운 것은 없었다. 집에는 그와 유사한 다이어트 교범이 차고 넘쳤고 진 니데치는 그중 어떤 것도 오랫동안 지속하지 못했다. 하지만 진 니데치는 한 번 더 시도해 보기로 했다. 피자, 케이크, 아이스크림을 포기하고 채소와 생선을 먹기 시작했다. 매주 그녀는 비만 클리닉에 나갔고 매주 0.9킬로그램씩 몸무게를 줄여 나갔다.

진 니데치에게는 이것도 큰 진전이었지만 날씬한 강사는 생각이 달랐다. 강사는 그녀를 바라보며 이렇게 말했다. "뭘 잘못하고 계신 거죠?" 예의 없고 모욕적으로 들릴 수도 있었지만 강사 말이 맞았다. 진 니데치는 강사의 지시를 모두 따르지는 않았다. 그녀는 몰래 쿠키를 먹고 있었다. 클리닉으로 가는 길에 전철에 앉아서 그녀는 체중 감량 구실을 짜내곤 했다. 거짓말은 점점 더 정교해졌다. "변비예요", "물을 많이 마셨어요", "월경 전이에요" 등. 10주 차가 되자 너무 창피해서 그녀는 강사를 제대로 쳐다보지도 못했다.

진 니데치는 더 이상 견딜 수 없었다. 그녀는 쿠키를 먹는다는 비밀을 털어놓기로 했다. 여섯 명의 친구들을 집으로 초대해서 고백했다. 친구들은 그녀를 위로했다. "너는 쿠키를 먹을 권리가 있어." "우리도 늘 비슷한 짓을 하는걸 뭐." 한 친구는 찬장 안 접시 뒤쪽에 초콜릿칩 쿠키를 숨겨 둔다고 말했다. 한 친구는 아스파라거스 통조림 뒤에 스낵을 숨겨 놓는다고 말했다. 그녀들 모두 한밤중에 일어나 먹는다고 했다. 그날 모임이 끝나갈 무렵 진 니데치의 인생을 바꾸어 놓는 일이 일어났다. 친구들 중 한 명이 "진, 우리 다음 주에 또 와도 돼?"라고 말한 것이다. 다음 주에 그녀들은 세 명의 뚱뚱한 여자를 더 데려왔다. 그다음 주에는 네 명의 비만 여성이 모임에 합류했다.

두 달 후 모임은 40명으로 불어났다. 예정일이 언제냐는 질문이 있은 지 1년 후, 니데치의 체중은 64킬로그램으로 줄었다. 그 모임 덕분에 20킬로그램을 뺀 한 기업가가 그녀에게 이 모임을 사업화하자는 제안을 했다. 5년 후, 뉴욕시에서만 297개의 클래스가 열렸고 16개 주에 25개의 프랜차이즈가 생겨났다. 1978년 케첩을 만드는 식품회사 크래프트 하인즈사가 이것을 7천2백만 달러에 인수했다. 니데치가 만든 이 모임이 다이어트 프로그램 서비스 회사인 웨이트 워처스Weight Watchers로 발전했다.[6]

웨이트워처스를 창설한 진 니데치에게는 너무 맛있어서 도저히 저항할 수 없는 음식을 부르는 말이 있었다. 그녀는 이런 음식을 '프 랑켄푸드'라고 불렀다. 이런 음식 앞에서 그녀는 통제 불능의 괴물이었다. 그녀의 내부에서 프랑켄슈타인을 소환한 강력한 음식은 단연 쿠키였는데 그중에서도 가장 끔찍했던 것이 '멜로마'라는 초코파이였다. 니데치는 멜로마를 정말 좋아해서 침실에서 몰래 먹고 빈 박스는 세탁물 바구니에 숨기곤 했다. 음식 중독에 빠진 사람들에게는 자신만의 프랑켄푸드가 있다. 앤서니 마시엘로에게는 피자, 앤드루 테일러에게는 핫도그, 웬디에게는 크림치즈를 바른 베이글이었다. 그리고 폴 존슨의 쥐들에게는 치즈케이크였다.

'프랑켄슈타인의 갈망'을 닮은 질병

보라 씨는 햄버거를 즐겨 먹었다. 하루 평균 세 개를 먹었다. 그녀는 프리랜서 바이올린 강사로 거의 매일 가정방문 레슨을 하고 있었다. 이동이 많아서 간단히 차에서 먹을 수 있는 햄버거를 먹기 시작한 이후로 햄버거를 너무나도 사랑하게 되었다. 햄버거를 먹는다고 포만감이 느껴지는 것은 아니었다. 배부르지 않고 헛헛해서 차를 타고 다니며 초콜릿과 젤리를 계속 먹었다. 보라 씨는 채소나 과일 종류는 아예 먹지 않았다. 이 사실을 아는 친구들은 걱정을 많이 했다. 나이도 있는데 이젠 제발 제대로 된 식사를 하라고 충고했다. 그래도

음식 중독의 습격

그녀는 아랑곳하지 않았다. 굶으면 굶었지 채소와 과일은 절대 먹고 싶지 않았다.

"과일은 진짜 별로 안 좋아해요. 다들 딸기 같은 것들을 사서 먹는데, 저는 왜 과일에 돈을 쓰는지를 모르겠어요."

처음부터 그녀의 식습관이 이렇게 나쁜 것은 아니었다. 고등학교 때 음대 입시 준비를 하면서 레슨을 받으러 다니느라 편의점에서 라면이나 빵으로 끼니를 때우는 일이 많았다. 졸업 후 방문 레슨을 시작하면서는 학생들의 집에서 주는 빵이나 음료수 같은 것들로 끼니를 대신했다. 결국 이런 것들이 쌓이고 쌓여서 현재의 그녀를 만들었다고 스스로 생각한다. 그녀도 패스트푸드와 자연식품의 맛 정도는 구분할 수 있다. 그럼에도 패스트푸드가 훨씬 더 맛있다고 느낀다.

"아무래도 사람들 입맛에 딱 맞게끔 만들어 놨기 때문에 어떻게 할 수가 없더라고요."

그녀는 스스로 음식 중독임을 인정한다. 햄버거에 중독되어 있다. 이제는 몸을 생각해야 할 때가 되었다고 느낀다. 햄버거를 줄여 보려고 노력 중이다. 그런데 쉽지 않다. 먹지 않으면 자꾸 생각이 난다. 하루에 세 번 먹던 것을 한 번으로 줄이면 식은땀이 나고 속이 울렁거렸다. 그래서 또 햄버거를 찾았다.

현섭 씨는 밤늦게 과식을 했다. 새벽 3시경에 피자나 치킨을 배달시켜서 함께 온 콜라와 곁들여 먹었다. 피자 한 판 또는 치킨 한 마리 정도는 거뜬히 먹었다. 그러고 나서도 뭔가를 더 먹고 싶은 기분이 들면 과자를 추가로 먹었다. 그가 매일 밤늦게 피자나 치킨으로 과도한 식사를 하게 된 이유는 새벽 3시에 사 먹을 수 있는 다른 음식이 없어서였다. 3년 전, 현섭 씨는 숙박업을 시작했다. 사업의 특성상 오후에 출근하고 새벽에 퇴근하다 보니 메뉴 선택의 폭이 좁았다. 현섭 씨는 원래 음식을 가리는 타입은 아니었다. 시골에서 농사를 짓는 삼촌 댁에서 갓 수확한 채소의 풍미를 좋아했던 기억도 있다. 현섭 씨가 치킨과 피자를 주식처럼 먹게 된 것은 단지 새벽 3시에 문을 여는 한식집이 없었기 때문이다.

현섭 씨는 자신의 식성이 점차 변해가는 것을 느꼈다. 피자나 치킨은 한식보다 더 먹게 되는 특징이 있었다. 한식은 밥 한 공기 정도를 먹고 나면 딱히 더 먹고 싶다는 느낌이 없지만 피자나 치킨은 좀 달랐다. 포만감이 느껴지지 않았고 헛배만 부른 느낌이었다. 속도 편안하지 않아서 더부룩했음에도 뭔가를 더 먹고 싶은 충동에 시달렸다. 그래서 과자를 먹고 콜라를 마셨다.

이렇게 먹은 지 3년이 되었다. 그사이 급격하게 살이 쪘다. 3년 전보다 무려 17킬로그램이나 늘었다. 건강에도 빨간불이 켜졌다. 피로, 수면장애, 지방간이 차례로 왔다. 어느 날 거울을 보다가 절박한 위기감을 느꼈다. 피자, 치킨, 콜라를 끊어야겠다고 생각했다. 현섭 씨의 어머니도 아들의 건강 상태가 걱정되었다. 밥상을 차려 놓고 새벽에 와서라도 먹게 했다. 몇 달 동안이나 이전처럼 돌아가려고 노력했다. 한식도 먹고 채소도 먹었다. 그런데 한번 시작된 피자와 치킨은 끊어 내기가 쉽지 않았다. 현섭 씨의 표현에 따르면 배가 허전한 게 아니라 뇌가 허전한 느낌이었다.

"분명히 위는 만족감을 느끼는데 뇌에서는 '야 콜라 안 마셔? 왜 기름진 거 안 들어와?' 이런 느낌이 확 오더라고요."

피자나 치킨은 노력하면 그나마 조금은 줄일 수 있을 것 같았다. 그러나 콜라는 문제의 차원이 달랐다. 콜라를 끊으려는 그의 첫 시도는 이랬다. 새벽에 어머니가 차려 놓은 집 밥을 먹고 그날만은 콜라를 참기로 했다. 새벽 3시에 잠자려고 누웠는데 갑자기 콜라가 먹고 싶어졌다. 자기도 모르는 사이 이미 콜라를 사러 문을 나섰다. 편의점으로 향하면서 '아 내가 미쳤구나' 하는 생각이 들었다. 병원에서 혈액 검사 결과가 좋지 않다는 말을 듣던 날도 콜라를 마셨다. '양을 줄이면 되겠지. 평소에는 500밀리리터 먹었으니 오늘은 작은 캔 콜라 하나만 먹자.' 그렇게 기어이 콜라를 마시고 나서야 깊은 회의감이 들었다.

"일단 콜라가 안 들어가면 안 되는 것 같아요. 먹고 싶을 때는 무조건 먹어야 됩니다. 왜 그런지는 모르겠어요."

그는 고급 일식집에서 가족과 외식을 할 때도 콜라를 주문했다. 걱정하는 가족들에게는 아주 오랜만에 먹는다고 둘러댔다. 집에서도 가족들 몰래 콜라를 마시고 흔적을 지웠다. 그의 이런 행동은 중독자와 매우 닮아 있다.

2008년 오리건대학교 루이스 신경영상센터의 연구진은 음식 중독자의 프랑켄푸드에 대한 갈망을 영상으로 포착하는 데 성공했다. 그들은 예일 음식 중독 문진표에서 높은 점수를 받은 과체중의 사춘기 여학생들 눈앞에 초콜릿 밀크셰이크의 영상을 수초간 비쳐 준 후

fMRI(기능적 자기공명영상)로 뇌 활동을 관찰했다. 여학생들이 영상을 본 순간, 뇌의 일정 부분이 밝은 노랑 또는 밝은 오렌지색으로 빛났다. fMRI 영상은 뇌의 혈류를 분석하는 방식이다. 뇌의 어떤 부분에 많은 혈류가 흐른다는 것은 그 부분이 활성화되었음을 의미한다. 여학생들의 뇌에서 활성화된 부분은 왼쪽 중앙의 안와전두피질과 전대상피질이었다. 두 부분은 모두 '동기'와 관련이 있다. 그녀들은 '프랑켄슈타인의 갈망'을 경험하고 있었다.

연구진은 여학생들이 갈망하는 것을 실제로 주었다. 밀크셰이크의 영상이 반짝인 지 5초 후 초콜릿 밀크셰이크가 주사 펌프를 통해 그녀들의 입으로 쏟아졌다. 차가운 초콜릿 밀크셰이크 분사는 5초간 지속되었다. 그러자 여학생들의 뇌에서 보상과 관련된 안와전두피질이 밝게 빛났다.

여학생들의 뇌는 마약 중독자들의 뇌와 닮아 있었다. 이들은 늘 계획했던 것보다 많이 먹었다. 몸에 좋지 않다는 것을 알면서도 위장이 뻐근하게 아플 때까지 먹었다. 그녀들은 분명 먹는 것을 너무 좋아했다.

문진표에서 높은 점수를 받은 과체중 여학생들이 떠나고 이어서 문진표 점수가 낮고 날씬한 여학생들이 같은 검사를 받았다. 이들은 '나의 음식 소비는 우울, 불안, 자기혐오, 죄의식 같은 심각한 심리 문제를 야기한 적이 있다'와 같은 질문에 '전혀 없다'로 답한 여학생들이었다.

연구진은 두 집단의 차이는 밀크셰이크가 입안으로 분사되었을

음식 중독의 습격

때 나타날 것이라고 예상했다. 뚱뚱한 사람들이 음식에서 얻는 보상의 쾌감은 날씬한 사람들보다 훨씬 클 것이라고 생각한 것이다. 그러나 과체중인 여학생들이 밀크셰이크로부터 얻은 쾌감의 정도는 정상 체중의 여학생들보다 오히려 낮았다. 두 집단 간의 선명한 차이는 밀크셰이크 사진을 보여 주었을 때의 기대감이었다. 과체중 여학생들은 밀크셰이크를 더 원했다. 밀크셰이크의 이미지를 보여 주었을 때, 정상 체중 여학생들은 약간 흥분했지만 과체중 여학생들은 엄청나게 흥분했다. 뚱뚱한 여학생들은 날씬한 여학생들보다 음식을 더 갈망했다. 하지만 마침내 그것을 먹었을 때, 기대한 만큼 맛있지는 않았다. 기대 수준에 못 미쳤다. 이것이 비만의 한 원인이다. 기대감에 비해 만족감이 적으면 음식을 더 많이 먹게 된다.[7]

애슐리 기어하트 교수는 중독 현상은 '갈망의 질병'이라고 말한다. 흡연자들은 흡연을 즐기는 것 이상으로 흡연을 갈망한다. 알코올 중독자들은 술을 즐기는 것 이상으로 술을 갈망한다. 헤로인 중독자들은 처음 경험했을 때 느낀 초월적 황홀경을 또다시 느끼기 위해 애쓰지만 결코 다시 맛보지 못한다. 가공식품이 중독성을 갖는 이유도 같다. 예일 음식 중독 문진표에서 높은 점수를 기록했던 여학생들도 그랬다. "정크푸드는 그들을 기쁘게 할 능력을 잃었고 건강한 음식은 그럴 기회를 갖지 못했다." 애슐리 기어하트는 이렇게 말했다.[8]

중독되는 음식의 비밀

✚　　과식을 하고 비만이 되고 이로 인해 당뇨, 암 같은 질병에 걸려 고통 받는 데에는 음식의 섭취를 적절히 통제하지 못하는 제어 불능 현상이 자리한다. 우리는 자라면서 귀가 아프도록 '과식불여불식過食不如不食'이라는 말을 들었다. 장수의 비결이 소식이라는 것도 잘 안다. 과식은 비만에서 당뇨, 고혈압, 심장병, 암, 알츠하이머까지 19세기 이후 인류사에 등장한 퇴행성 질환들의 뿌리라는 것을 아무도 부인하지 못한다. 가공식품이 건강에 나쁘다는 것도 잘 안다. 과자, 아이스크림 같은 달콤한 것들이 우리 몸을 좀먹는다는 것도 잘 안다. 그럼에도 일상적으로 과식하며 나쁜 음식들 앞에서 자제력을 잃는다. 의지력이 강한 사람들도 음식 앞에서는 무력해지는 것을 왕왕 본다. 어쩌다 우리는 이 지경이 되었을까? 정도의 차이는 있어도 대부분은 음식 중독의 언저리에 있다.

　　정크푸드가 어떤 방식으로 중독을 일으키는지를 알면 우리는 이 문제에 대처할 수 있다. 음식 중독의 사례에서 반복적으로 등장하는 유형은 특정한 가공식품을 과도하게 좋아하는 데서 시작해 유사한 가공식품을 강박적으로 섭취하고 일반 음식까지 연쇄적으로 과식하는 것이다. 폴 존슨 연구원은 쥐들에게 중독을 일으킨 슈퍼마켓의 치즈케이크와 베이컨을 가리켜 '기호성이 강한 정크푸드'라고 표현했다. 애슐리 기어하트는 젊은이들에게 약물 중독과 유사한 상황을 일으키는 음식은 '고도로 가공된 식품'이라고 말한다. 기호성 강한 가공식품에 내재된 문제들 속에 오늘날 우리가 음식 앞에 자제력을 잃게 된 원인이 숨어 있다.

폴 존슨의 쥐들은 미식가 같았다. 쥐들은 좋아하는 음식 옆에 자리를 잡고 그것만 주로 먹었다. 치즈케이크와 베이컨이었다. 하필이면 가장 고열량이었다. 좋아하지 않는 음식은 쳐다보지도 않았다. 땅콩버터는 전혀 인기가 없어서 입에 대지도 않았다. 40일 후 비만해진 쥐에게 정크푸드 대신 일반 사료를 주자 2주간이나 식사를 하지 않았다.

지금까지 나온 설명을 보면 정크푸드가 중독성을 갖는 것은 지방, 설탕, 소금 때문이었다. 우리의 미각은 높은 칼로리를 가진 음식을 찾도록 진화했다. 우리가 지방과 설탕에 반응하는 것은 당연하다. 소금도 희소성이 높은 자원이므로 우리의 혀가 짠 것에 반응하는 것도 당연하다. 극대화된 미각의 쾌감이 주는 커다란 보상인 도파민 분비. 과연 이게 다일까? 음식 중독의 원인을 찾아가는 맛의 지도에서 아직 광대한 영역이 탐색되지 않았다. 바로 '향'이다. 지방,

설탕, 소금은 혀로 느끼는 미각이지만 음식의 맛은 미각뿐만 아니라 후각으로도 느낀다. 후각으로 느끼는 맛은 미각보다 훨씬 다채롭고 복잡하다.

비만 문제 해결의 잃어버린 퍼즐, '향'

기호성이 강한 가공식품은 지방, 설탕, 밀가루, 소금이 주성분이고 여기에 약간의 향미료가 더해진다. 향미료는 가공식품의 맛에 특별한 매력을 주기 위해 사용된다. 향미료가 없다면 제품명도 없다. 초코파이의 '초코', 딸기샌드의 '딸기'가 향미료로 결정된다. 그러나 향미료는 사용량이 지극히 미미해 아무도 관심 갖지 않는 요소였다. 진 니데치의 프랑켄푸드였던 초코파이, 여학생들의 밀크셰이크, 웬디의 크림치즈는 지방과 설탕의 함량을 인위적으로 높였다는 것 외에도 합성 향미료가 사용되었다는 공통점이 있다. 합성 향미료는 인공으로 합성하거나 자연에서 추출하여 의도적으로 음식에 첨가하는 향미 화합물이다. 먹지 않아서 결국 케이지에서 치워 버린 땅콩 버터를 제외하면 폴 존슨의 쥐들이 먹었던 정크푸드에도 합성 향미료가 들어 있었다.

우리는 설탕이 좋지 않다는 것을 알면서도 탄산음료를 들이켜고 빵이나 과자가 비만을 유발한다는 것을 잘 알면서도 빵과 과자의 유혹에서 벗어나기 힘들다. 우리는 건강에 좋지 않다는 것을 알면서도 나쁜 음식을 갈망한다. 비만 문제를 해결하려면 어떤 음식이 비만을 만드는가를 밝히는 것만으로는 부족하며 왜 우리가 이런 나쁜 음식을 계속 먹는지, 좋은 음식에서 즐거움을 느끼고 나쁜 음식을 멀리하는 우리의 본능이 왜 훼손되었는지를 밝혀야 한다.

우리는 맛있어서 먹는다. 맛은 음식과 관련된 모든 행위에서 가장 중요한 요소다. 그리고 '향'은 맛을 구성하는 핵심 요소다. '향'은 우리가 비만 문제를 이해하고 해결할 수 있는 잃어버린 퍼즐이다.

가짜 맛 산업이 일으킨 혼란

2

옥수수 과자인데
타코 맛이
난다?

✚　　아치 웨스트는 1964년 미국 과자회사 프리토-레이의 마케팅 담당 부장이었다. 그는 판매 실적이 형편없는 신제품 때문에 경영진 앞에 불려갔다. 경영진은 문제의 과자를 판매 중단하라고 호통쳤다. 그 과자는 그가 좋아하는 토르티야Tortilla(옥수수 혹은 밀가루로 만든 얇은 빵)칩을 제품화한 것이었다. 그는 토르티야칩이 입에서 바삭하고 으스러질 때 나는 소리를 좋아했다. 아치 웨스트는 토르티야칩이 프리토-레이의 다음번 히트작이 될 것이라고 예감했었다. 토르티야칩은 옥수수가루를 얇게 반죽하여 구운 후 튀겨서 만든 것으로 옥수수 맛이 났다. 봉지에도 '구운 옥수수 맛'이라고 쓰여 있었다. 그러나 미국 소비자들은 옥수수 맛 칩에 관심이 없었다. 시장에 이미 '콘칩'이 나와 있었던 탓도 있고 토르티야칩이 생소한 탓도 있었다.

경영진은 그 과자를 포기하라고 했다. 그러나 웨스트는 뜻을 굽히지 않았고 대신 이렇게 말했다. "이 과자에서 타코 맛이 나도록 해

가짜 맛 산업이 일으킨 혼란

보겠습니다." 경영진은 비웃었다. 그들은 웨스트가 광고맨 출신이라서 식재료와 맛의 차이도 구별하지 못한다고 꾸짖었다. 그러나 웨스트는 그들보다 한 걸음 앞서 있었다. 그는 이미 식재료와 그 맛의 연결이 흐릿해질 수 있음을 알고 있었다. 삼각형 모양의 옥수수튀김에 '타코' 맛을 강제할 기술이 이미 나와 있었다.

타코 맛 옥수수 과자는 출시되자마자 시장을 강타했다. 미국인 대다수가 타코 맛 옥수수 과자를 좋아했다. 이 과자의 이름은 스페인어로 작은 금 조각을 뜻하는 '도리토스'였다. 시장은 정말 컸다. 4년 후 웨스트는 식재료와 맛을 연결하는 선을 한 번 더 흐릿하게 만들었다. 이번에는 나초치즈 맛 도리토스였다. 1986년에는 옥수수 과자에서 샐러드드레싱 맛이 나는 쿨랜치 맛 도리토스가 탄생했다. 2010년 도리토스는 연간 5억 달러를 벌어들였다. 살사베르데와 매운 칠리 맛을 포함하여 열네 가지 맛 이상의 도리토스가 전 세계에서 판매되고 있다.[9]

식재료와 맛은 다르지 않다. 각각의 식재료는 고유의 맛이 있다. 사과는 사과 맛이 나고 양파는 양파 맛이 난다. 짜장면은 짜장 맛이 나고 새우깡은 새우 맛이 난다. 사람들이 도리토스라는 과자를 맛보기 전까지 맛의 규칙은 이렇게 작동했다. 오렌지나 포도 맛이 나는 탄산음료에 오렌지나 포도 같은 '재료'를 넣지 않고도 과일 맛을 내는 기술은 아치 웨스트 이전에도 있었지만 재료와 맛을 연결하는 선을 흐릿하게 하는 정도를 넘어서 이 선을 전적으로 왜곡하는 식품이 출현한 것이다. 이것이 웨스트가 한 일이었다. 그는 단순한 옥수수튀김 조각에 멕시코 요리의 깊은 맛과 향미를 주는 데 성공했다.

도리토스 이후 식품산업은 더욱더 정교한 향미 기술을 개발해 내기 시작했다. 이용 가능한 최고의 분석 기술을 활용해서 과학자들은 인간이 향미로 느끼는 물질들을 분리해 냈다. 식품회사는 대량으로 제조된 이들 물질을 구입했고 이것들을 자사 제품에 집어넣었다. 1968년에 나온 타코 맛 도리토스의 포장에 애매모호한 단어로 이 물질들의 이름이 표시되었다. '착향료Flavorings'였다.

음식에 합성 착향료를 입히는 향미 기술은 맛이 별로 없는 것을 맛있게 먹도록 만들었다. 옥수수가루는 향미가 별로 없다. 설탕과 밀가루와 쇼트닝도 특별한 향미가 없다. 밀가루와 설탕만 이용해서 케이크를 만들면 팔리지 않는다. 하지만 여기에 바닐라향을 첨가하면 이야기가 달라진다. 도리토스 기술은 과자와 빵과 케이크의 미래였다.

아치 웨스트가 도리토스를 만들던 시절에는 아무도 향미 증진제, MSG, 합성 착향료 같은 재료들이 특별히 위험하다고 여기지 않았고 그 생각은 지금도 많이 변하지 않았다. 이런 재료들은 칼로리가 없고 최소한 직접적으로는 암을 일으키거나 뇌 질환을 유발하지도 않는다. 좋은 맛이 주는 즐거움을 비판할 이유도 없다. 우리 모두 음식이 주는 기쁨을 제쳐두고 오로지 건강에 좋은 것들만 먹는다면 모든 문제는 해결될 것이다. 하지만 그렇게 하기 힘들다는 것을 우리는 경험적으로 알고 있다.

도리토스는 중독성이 있다. 매일 전 세계 수천만의 사람들이 끈

적끈적한 시즈닝을 손가락에 묻혀 가며 과자에 탐닉한다. 뇌신경 세포가 설탕과 기름, 합성 착향료의 합동 작전에 매료되어 봉지 속으로 끊임없이 손이 가는 욕구를 억누르지 못한다. 매일 도리토스, 버터감자칩 같은 과자를 먹으며 오리건대학교의 여학생들이 밀크셰이크를 맛보았을 때 fMRI에 나타났던 갈망의 불꽃을 피워 올리고 있다.

우리는 담배가 암을 유발하기 때문에 위험하다고 말한다. 그러나 암은 담배가 사망으로 연결되는 방식일 뿐, 애당초 사람들이 담배를 피우게 된 이유는 담배에 중독성이 있기 때문이다. 도리토스는 담배처럼 중독성을 가진 음식이 봇물을 이루게 한 단초를 제공했다.

화학 실험실에서
탄생한
맛

✚   1851년 합성 향미료를 이용한 식품이 처음 등장했다. 런던의 하이드파크에서 열린 만국박람회에서였다. 방문객들은 파리와 라이프치히 등지에서 온 조향사들이 전시한 합성 과일 향 사탕을 맛보았다. 실제 과일은 전혀 들어 있지 않은 사과, 포도, 파인애플 맛이 나는 사탕이었다. 음식의 맛이 농업이 아닌 화학 실험실에서 만들어진 최초의 사건이다.

19세기는 유기화학이 급진전했고 화학산업의 성장으로 화학자들이 실험실에서 쓸 수 있는 탄소 화합물의 공급이 풍부해졌다. 새로 만들어진 유기 화합물 중 몇몇은 향이 매우 강했다. 당대의 저명한 화학자 어거스트 호프만은 전시회 주최 측에 낸 보고서에서 이렇게 말했다.

"에테르 냄새와 과일 냄새가 놀랍도록 유사한 것은 화학자들도 잘 안다. 길초산염으로 실험하면 실험실이 사과 썩는 냄새로 가득 찬다는 것을 누가 몰랐을까? 그러나 실용적인 사람들은 이러한 유사성에서 상업적 가능성을 보고, 진짜를 대신해 쓰일 수 있는 화합물을 창안했다."

1864년 무렵에는 기다란 리스트의 합성 과일 향이 존재했다. 어떤 것은 알코올을 발효할 때 나오는 퓨젤유Fusel Oil처럼 고약한 냄새가 나는 폐기물을 이용해서 만들어지기도 했다. 이들 중 몇몇은 진짜와 거의 같다고 평가받았지만, 대부분 합성 향은 조악한 대용품에 불과했다. 당시의 합성 과일 향은 한 가지 또는 기껏해야 두세 가지 화합물의 조합으로 구성되었다. 진짜 과일 향은 3백~5백 가지 이상의 다양한 향기 화합물로 구성된다.

그럼에도 19세기 말에 설탕의 소비가 증가하자 인공 과일 에센스를 비롯한 합성 향미료들이 미국, 프랑스, 영국 등지에서 광범위하게 사용되었다. 아이들은 합성 에스테르로 향을 내고 합성 색소로 빨갛게 물들인 딸기사탕을 아주 싼값에 사 먹을 수 있었다. 잡화점에서는 가게의 약사가 조제한 과일 맛 소다수를 팔았다. 도시의 주부들은 맛없는 사과를 원료로 모과나 블랙베리 향미료를 첨가해 대량으로 생산한 과일 잼을 싼값에 살 수 있었다.

진짜를 흉내 낸 이미테이션 제품은 어떤 맛이었을까? 1888년 미국의 화학자 찰스 술츠Charles Sulz는 음료수 제조자들을 위해 합성 향미료를 만드는 공식을 수록한 안내서에 '어떤 화학 기술도 과일의 멋진 향기를 모방하지 못한다'라고 썼다. 또한 그는 말했다. "이들 인공 시럽은 기껏해야 값싼 모조품에 불과하다. 그러나 저렴한 제품이

요구되는 곳이라면 인공 과일 향이 답을 줄 수 있다." 합성 향미료는 아직 갈 길이 멀었다.[10]

바닐라의 위기

합성 향미료가 진짜와 같은 느낌을 주려면 더 많은 화합물의 조합이 필요했다. 1970년대 말, 미국 향신료 가공업체 맥코믹앤컴퍼니(이하 맥코믹)가 이 일을 해냈다. 천연 향신료를 만들던 맥코믹이 합성 향미료를 만들려고 한 이유는 주요 수익원이던 바닐라의 수급에 큰 문제가 있었기 때문이다. 맥코믹은 천연 향미료의 여왕인 바닐라 열매를 마다가스카르에서 수입해서 추출액 형태로 만들어 팔았다. 그런데 전 세계 바닐라를 70퍼센트 이상 생산하던 마다가스카르가 1975년에 공산화되면서 이듬해에는 이 나라의 바닐라 생산량이 전년도의 절반으로 감소했고 1979년에는 3분의 1로 떨어졌다. 맥코믹 본사에는 바닐라 열매 더미가 스팀 롤러로 뭉개지는 사진들이 소포로 배달되었다. 가격 상승을 노린 마다가스카르 정부가 의도적으로 재고를 폐기했던 것이다. 맥코믹에는 괴로운 소식이었다.

바닐라는 중요한 수익원이었다. 바닐라 수백 톤은 후추 수만 톤으로 얻는 수익과 맞먹었다. 바닐라는 향미의 여왕이다. 바닐라는 그 자체로도 완벽하지만 초콜릿, 딸기 같은 다른 향미와 함께 쓰였을 때 그윽함과 풍미를 배가한다. 케이크나 아이스크림에 몇 방울의 바닐라 원액을 넣으면 마법 같은 효과가 나타난다. 국제아이스크림 협회가 아이스크림 향미의 선호도를 조사했는데, 바닐라가 압도적으로 1위이고 그다음이 초콜릿과 딸기였다.

바닐라는 중남부 아메리카가 원산지인 난초과의 덩굴식물이다. 아즈텍인들은 초콜릿의 원재료인 카카오 콩으로 만든 음료 초콜라틀Chocolatl에 바닐라를 넣어서 마셨다. 유럽인들도 초콜릿을 먹을 때 아즈텍인들을 따라 했다. 17세기까지 바닐라는 초콜릿에 넣는 양념 정도로만 여겨졌는데, 사람들은 곧 바닐라의 진가를 알아보았다. 영국 여왕 엘리자베스 1세의 약제사 휴 모건은 초콜릿이 없는 100퍼센트 바닐라 사탕과자를 만들었다. 여왕은 이것을 매우 좋아했다. 1780년에 프랑스 대사로 파리에 머무르던 토마스 제퍼슨 Thomas Jefferson은 아이스크림에 바닐라를 넣으면 이루 말할 수 없이 맛이 좋아진다는 사실을 발견했다. 제퍼슨은 너무 감격해서 레시피를 썼는데, 그가 쓴 최초의 바닐라 아이스크림 레시피는 현재 미국 의회도서관에 보관되어 있다. 아이스크림에 향미를 주기 위해 바닐라를 사용하는 방법이 곧바로 일반화되었다.[11]

19세기 후반에 들어서면서 바닐라 수요는 하늘로 치솟았다. 아이스크림의 향미에서 바닐라가 중요한 지위를 차지했을 뿐 아니라 탄산음료의 핵심 성분이 되었기 때문이다. 이 중에는 아틀랜타의 화학자 존 펨버튼John Pemberton이 개발하여 1886년에 시판한 코카콜라도 있었다. 그러나 바닐라는 처음부터 가격이 비쌌다. 바닐라는 샤프란Saffran 다음으로 값비싼 향미료였다. 이유는 생산할 때 많은 노동량이 들어가기 때문이다.

바닐라는 덩굴로 자라는데 줄기에서 지름이 10센티미터 정도인 연한 노란색 꽃이 핀다. 꽃은 특별한 종류의 꿀벌에 의해 꽃가루받이되는데 불과 24시간 정도만 핀다. 그사이에 꽃가루받이되지 못하면 시들어 죽고 떨어진다. 만약 꽃가루받이에 성공하면, 15센티미터에서 25센티미터 길이의 긴 꼬투리에 열매가 달린다. 이 안에는 수천 개의 작은 검정색 씨앗들이 들어차 있다. 바로 최상품 바닐라 아이스크림의 매력적인 작은 반점이다. 꽃가루받이를 해줄 벌이 충분하지 않은 다른 지역에 바닐라를 옮겨 재배하면 열매를 맺지 못했다. 그러다가 1841년 마다가스카르 동쪽 인도양의 섬 레위니옹에서 에드몬드 알비우스라는 노예 소년이 막대기와 엄지손가락을 튕겨서 손으로 꽃가루받이하는 법을 알아냈다. 이 간단한 기술의 영향력은 매우 컸다. 바닐라 플랜테이션이 마다가스카르에서 인도, 타히티, 인도네시아까지 생겨났다. 현재 세계 바닐라 생산량의 75퍼센트는 마다가스카르와 레위니옹에서 나온다.

바닐라 열매가 익으면 기다란 강낭콩 같은 꼬투리를 손으로 하나씩 따서 오랫동안 여러 단계의 건조 과정을 거친다. 물에 끓여서 뜨거운 탱크에 넣어 김을 내고 매일 아침 햇볕에 내다 말린 후 몇 달간 상자에 넣어 숙성한다. 이 시점이 되면 건포도 정도로 촉촉하고 담배 같은 빛깔을 띠는데, 이때 미국과 유럽 등지로 운송되어 추출 공장으로 보내진다. 공장에서 바닐라 열매를 잘게 분쇄하여 알코올 수침공정을 거쳐 우려낸 후, 수 주일간 원액이 가라앉기를 기다려야 마침내 완성된다. 열매가 익는 데만 9개월이 걸리고, 수확 방식이 고단한데다 수확 후 처리 과정이 길어서 바닐라는 생산량이 적을 수밖에 없다. 전 세계적으로 연간 2천 톤 정도가 생산될 뿐이다. 현재 바닐라의 수요를 생각하면, 이것은 커다란 통 속에 물 한 방울을 던지는 것이나 다름없다.

그런데 그나마도 공급선이 끊겨 바닐라 시장에 먹구름이 끼었다. 최고급 페이스트리 요리사나 미식가들은 비싼 가격을 대수롭지 않게 여길 수 있겠지만 맥코믹의 주요 고객은 아이스크림, 요구르트, 음료수, 초콜릿 생산업자들이었다. 이들은 바닐라 원액을 갤런으로 주문한다. 이들은 어찌해야 하는가? 바닐라를 쉽게 만드는 방법은 없는가? 답은 있었다. 진짜와 똑같은 바닐라향을 합성하는 것이다.

완벽한
합성
향미료

➕ 시장에는 합성 바닐라가 이미 존재했다. 바닐린Vanillin이었다. 바닐라는 대단히 복잡하고 미묘한 향미료이다. 바닐라향을 구성하는 250종에서 5백 종의 향미 화합물 중에서 가장 뛰어난 것이 바닐린이다. 19세기 독일의 화학자 빌헬름 하만Wilhelm Haarmann은 솔방울에서 바닐린을 추출하는 데 성공했다. 1970년대 중반, 빌헬름 하만의 바닐린은 전 세계에 공급되었다. 바닐린은 싸고 보관이 용이했으며, 굳이 정치적으로 불안정한 옛 프랑스 식민지에서 원료를 공급받지 않아도 되었다. 바닐린은 한 가지만 빼면 완벽했다. 그 한 가지 문제는 질이었다.

바닐린은 바닐라 맛을 충분히 재현하지 못했다. 바닐린은 바닐라 맛을 내는 가장 큰 비밀은 맞으나 유일한 비밀은 아니었다. 바닐라는 바닐린 외에도 수백 가지 향기 화합물을 포함한다. 이들 중 어느 것도 바닐라와 거의 같은 맛을 내지 못한다. 어떤 것들은 그 자체만으로는 전혀 바닐라 냄새가 나지 않는다. 나무 냄새, 럼주 냄새, 연기 냄새, 수박 냄새 등인데 그럼에도 이들은 진짜 바닐라 맛을 느끼는 데 필수 요소다. 향미 전문가들이 말하는 '깊이감', '구조감', '바디감' 등이 이들 덕분에 생긴다. 바닐린은 솜사탕처럼 재미있지만 단순하다. 잘생겼지만 멍청한 남자라고나 할까. 바닐라가 고전 소설이라면 바닐린은 만화책이다. 바닐린은 싸구려 상품이었다. 돈이 되는 것은 진짜 바닐라 원액, 즉 복잡성에 있었다. 1978년 맥코믹은 이것을 성취하고자 했다. 맥코믹은 진짜와 똑같은, 복잡한 가짜 바닐라에 도전하기로 했다.

바닐라 개발팀이 꾸려졌다. 개발팀에는 UC University of California 데이비스 출신 젊은 식품공학자 마리안 질레트Marianne Gillette가 있었다. 마리안 질레트는 맛과 냄새를 구별하여 기술하는 역할을 수행할 전문적인 관능시험단을 구성했다. 그들은 진짜 바닐라 추출액의 냄새를 맡고 맛을 본 후 '바닐린', '나무', '럼주', '프룬Prune(서양 자두를 말린 것)' 등을 노트에 적었다. 질레트는 이 노트를 인공 향미료를 조제하는 조향사에게 가져갔다. 전문가는 '바닐린', '나무', '럼주'에 해당하는 합성 화합물을 병에서 꺼내어 섞었다. 다음 날, 관능시험단이 다시 모였다. 질레트는 관능시험단에게 막 조제한 가짜 바닐라와 진짜 바닐라를 비교하게 했다. 관능시험단은 가짜 바닐라를 맹공격했다. "바닐린이 너무 많음"이라거나 "나무 냄새가 부족" 같은 결과가 나왔다.

2년여 개발 과정을 거쳐 향미 조제사의 인공 바닐라는 진짜 바닐라와 상당히 유사한 냄새가 나기 시작했다. 그러나 여전히 뭔가가 부족했다. 가짜 바닐라 한가운데는 메워지지 않은 구멍이 있었다. 관능시험단은 이것을 '수지樹脂, Resin'라고 했다. 마리안 질레트는 조향사에게 가서 "수지가 부족합니다"라고 말했다. 그리고 여기서 조향사는 빈칸을 그렸다. 조향사의 선반에는 수지에 해당하는 인공 화합물은 없었다. 도대체 수지가 뭐란 말인가? 관능시험단은 이것을 '가죽 냄새'라고 기술했다.

이제 가스크로마토그래피Gas Chromatography의 차례였다. 가스크로마토그래피는 1950년대 향미의 문을 열어젖힌 기술이었다. 가스크로마토그래피 이전에는 바닐라를 비롯한 어떤 식품에서든 향기의 다층 레이어를 구별할 방법이 없었다. 향미 과학자들은 그저 플라스크의 추출물만 쳐다봤을 뿐이다. 가스크로마토그래피에 추출물 한 방울을 떨어뜨리면 몇 시간 후 각각의 화합물들이 한쪽으로 나왔다. 이 기계는 각각의 화합물들을 피크 형태로 그려 주는 기능도 있었다. 커다란 피크는 그 화합물이 많다는 뜻이고, 작은 피크는 그 물질이 많지 않다는 뜻이다.

수지의 미스터리가 떠오를 시점에 맥코믹은 이미 바닐라의 가스크로마토그래피를 분석해 바닐라 향미의 화학적 지도를 그렸다. 그러나 관능시험단의 '수지' 냄새는 지도에 없던 새로운 것이었다. 지도가 미완이었던 것이다. 바닐라의 가스크로마토그래피 어딘가에 모두가 보지 못한 작은 피크가 있음이 분명했다.

조향사는 가스크로마토그래피의 피크를 샅샅이 뒤지는 대신 가스크로마토그래피 옆에 스툴 의자를 놓고 앉았다. 각각의 화합물이 기계에서 나올 때마다 그녀는 냄새를 맡았다. 나무 냄새, 밀랍 냄새, 럼주 냄새 등이 지나갔다. 그녀는 수지 냄새가 나오기를 기다리며 뜨거운 가스에 코를 데이지 않으려고 주의했다. 1시간이 넘어도 기미가 보이지 않았다. 그러다가 아주 잠깐 가죽 냄새가 스쳐갔다. 수지였다. 인쇄물을 체크했다. 피크가 너무 작아서 골처럼 보였다.

맥코믹의 화학자 패트릭 호프만이 가스크로마토그래피의 감도를 올려서 바닐라의 프로파일을 돌리고 또 돌렸다. 여러 조향사가 냄새를 맡고 또 맡았다. 용의자가 이해되었다. 맥코믹은 수지가 병에 담기자 이번엔 질량분석법을 이용해서 이 냄새의 신원을 확인했다. 질량분석법은 미지의 물질의 분자량을 측정해서 물질의 성분을 추론하는 기술이다. 수지는 강력한 성분이었다. 30년이 지난 지금까지도 이 물질은 맥코믹의 기업 비밀이다. 나이아가라 폭포에서 1시간 정도 수지 냄새가 나게 하는 데 이 물질 100그램이면 충분하다고 한다.[12]

가짜 바닐라가 시장을 평정하다

질레트와 그녀의 동료들이 바닐라의 비밀을 푸는 업무에 착수한 지 4년이 지난 1982년, 맥코믹은 이미테이션 바닐라를 팔기 시작했다. 달콤한 냄새가 나는 액상 물질이었다. 바닐라 원액은 수백 가지의 화합물로 구성되어 있는 데 반해 이미테이션 바닐라는 약 30가지 화합물로 되어 있다. 이들 물질 중에 바닐라 열매로 만든 것은 하나도 없다. 바닐라는 화학적으로 정복되었고 생산지는 마다가스카르에서 볼티모어의 교외로 옮겨졌다. 그러나 오로지 화학자들만이 이 사실을 알았다. 아이스크림을 먹는 소비자들에게 이미테이션 바닐라는 똑같은 맛이다. 맥코믹의 관능시험단 전원이 이미테이션 바닐라와 바닐라 원액이 완벽하게 일치한다고 판단했다. 업계도 동의했다. 맥코믹의 고객사들은 이미테이션 바닐라로 바꾸었고, 진짜 바닐라의 가격이 하락한 이후에도 다시는 원액을 찾지 않았다.

가짜 바닐라는 가격이 저렴했고 넉넉하게 큰 통으로 주문할 수 있었다. 그리고 가짜 같은 맛이 나지 않았다. 2017년 기준으로 맥코믹의 바닐라 원액은 1온스에 22달러, 이미테이션 바닐라는 1온스에 3센트다. 미국 루이지애나 배턴루지에는 이미테이션 바닐라의 주원료인 바닐린을 톤 단위로 생산하는 세계 최대의 바닐린 공장이 있다. 원료였던 솔방울은 펄프로 바뀌었다가 요즘은 쌀겨가 사용된다. 쌀겨 같은 천연 재료에서 화합물을 추출하면 천연향이라고 라벨에 쓸 수 있다. 그래서 이미테이션 바닐라도 천연향으로 표기된다. 오늘날 우리가 먹는 바닐라 제품의 99퍼센트에는 이미테이션 바닐라가 들어간다.

가짜 맛으로
매출을
올려 드립니다

✚　　　합성 바닐라의 성공과 함께 인공 향미료 시대가 본격적으로 열렸다. 바닐라와 때를 맞추어 딸기향도 정복되었다. 딸기향에는 바닐라의 바닐린에 해당하는 특징적인 기본 화합물이 없다. 딸기향은 4백 개가 넘는 향기 화합물의 혼합으로 그중 어느 것도 그 자체만으로 딸기향이 나지는 않는다. 이미테이션 딸기향도 30여 가지 화합물로 만들어진다. 녹색 식물의 잎을 찧으면 나는 신선한 냄새의 정체인 리프알코올을 첨가해야 가짜 딸기향은 조악한 모조품을 벗어났고, 여기에 푸라네올Furaneol이라는 향 분자를 넣어야 비로소 완성되었다.

　1986년에는 헤이즐넛의 화학적 비밀이 시장에 나왔고, 5년 후 흰 송로버섯이 2, 4-디티아펜탄2, 4-dithiapentane에 고귀한 자리를 내주었다. 수천 년간 오렌지 맛은 비타민, 미네랄, 항산화제, 섬유질이 함께 들어 있는 공 모양의 과일, 오렌지에서만 느낄 수 있었다. 이제 우리는 전화로 오렌지 맛 화합물을 주문해 음료수, 막대 아이스크림, 껌, 요구르트에 넣을 수 있다. 닭고기, 소고기, 토마토, 파인애플 심지어 도라지까지 어떤 식품이든 그 향미를 모방한 화합물이 있다.

이런 방식으로 식품업계는 가히 '맛의 대이동'이라 불릴 만한 큰 변화를 이루었다. 하나씩 하나씩 사과, 체리, 당근, 소고기 같은 식품의 특징을 결정짓는 화합물을 찾아내 농장에서 공장으로 생산지를 옮겼다. 1965년 이런 화합물은 모두 7백 종이 넘지 않았으나 오늘날엔 2천2백 종에 이른다.

최근에 개발된 화합물 몇 가지를 살펴보면 '고추냉이'에 해당하는 2-메틸티오-아세트산에틸, '생감자'의 향미를 정확하게 흉내 낸 2-에톡시-3-에틸피라진, '발사믹식초' 맛이 나는 스클라레올 등이 있다. 이런 화합물은 집이라기보다는 블록이다. 어드밴스드 바이오텍이라는 회사를 비롯해 드망시, 아라맥스, 내추럴어드밴티지 같은 60여 개의 회사가 이런 기본 향미 화합물들의 블록을 만든다. 이런 회사들은 인간이 만든 향미료 사슬의 맨 아래층을 담당한다. 사슬의 한층 위에는 지보단Givaudan, IFF, 심라이즈Symrise, 맥코믹 같은 회사들이 있다. 여기서 이 향미 화합물들은 다른 향미 화합물들과 정밀하게 혼합되어 실물과 같은 느낌이 나도록 제조된다. 정밀하게 혼합하여 만들어진 합성 향미료는 식품 가공 공장에서 요구르트, 감자칩, 과일 음료, 사탕 같은 식품에 첨가되고 식당과 슈퍼마켓으로 옮겨져 당신의 입으로 들어가면 마침내 여정은 끝난다.

합성 바닐라향을 완성하는 데 4년이 걸렸지만, 요즘은 새로운 향미료를 만드는 데 불과 몇 주밖에 걸리지 않는다. 우리나라에도 한 국인의 기호에 맞추어 합성 향미료를 개발하는 회사가 있다. 우리나라의 한 식품 원료 판매업체에서 판매 중인 합성 향미료 리스트를 보면 초콜릿향, 복숭아향, 오렌지향, 사과향, 딸기향, 헤이즐넛향, 메이플향, 매실향, 배향 같은 익숙한 것에서 다소 생소한 유자향, 벚꽃향, 계향, 더덕향, 메밀향, 군고구마향, 호박향, 호두향, 와인향, 쑥향, 표고버섯향, 치즈향 그리고 눈을 의심하게 만드는 커피향, 콜라향, 홍차향, 사이다향, 대파향, 누룽지향, 김치향 등이 있다.

합성 향미료는 단독으로 쓰이기도 하지만 원물과 함께 쓰일 때도 있다. 커피에 합성 커피향을 넣어 향미를 강화하는 것이 그 예다. 외국인들이 그 맛을 칭찬해 마지않는 의외의 먹을거리 중 하나인 거리의 자판기 커피에는 커피에 더해서 합성 커피향이 들어간다. 물론 시판 중인 일부 커피 음료에도 합성 커피향이 들어 있다. 초콜릿에도 카카오와 함께 초콜릿향이 첨가된다. 딸기 요구르트에는 진짜 딸기와 함께 딸기향이 첨가된다.

합성 향미료는 음료나 디저트 분야뿐만 아니라 다양한 곳에서 사용된다. 합성 향미료는 한식의 근간인 육수에까지 진출했다. 업계 종사자들 사이에 '소고기 가루'라고 불리는 제품이 있다. 은색의 커다란 통에 든 흰색 가루인데 제품명은 '소고기 맛 분말 시즈닝'이다. 이것을 물에 풀면 진한 소고기 맛 육수가 된다. 제조사가 밝힌 성분표를 보면 소고기는 0.2퍼센트밖에 들어 있지 않다. 주성분은 옥수수 전분이고 여기에 MSG와 합성 소고기 향미료가 들어간다. 진한 소고기 맛의 비밀은 합성 향미료다. 소고기와 각종 채소를 넣고 장시간 우려서 만들어야 하는 육수가 소고기 향미료를 사용하면 1~2분 안에 뚝딱 만들어질 수 있다. 심지어 손님들은 차이를 알지 못한다. 소고기 육수뿐만이 아니다. 닭고기 육수 대용으로 사용되는 '닭고기 맛 분말 시즈닝'도 있고, 아직은 시제품이지만 김치찌개 분말도 있다.

맥코믹의 향미 솔루션 팀

합성 향미료의 메카인 미국에서는 합성 향미료의 활약이 눈부실 정도다. 맥코믹도 이미테이션 바닐라를 개발하면서 축적한 기술력을 디저트에서 메인코스로 확장하였다. 맥코믹에는 향미 솔루션 팀이라는 부서가 있다. 패밀리 레스토랑이 이 팀의 고객이다.

멕시코 요리 파히타의 판매량이 기대 이하라 고민하던 한 레스토랑 체인이 맥코믹을 찾았다. 맥코믹의 향미 솔루션 팀이 현장 실사를 나갔다. 그들은 체인점 한 곳에서 극적인 순간을 목격했다. 웨이터가 지글거리는 파히타 냄비를 테이블에 가져갈 때, 식당에 순간적으로 짧은 정적이 흘렀다. 그들은 사무실로 돌아와 브레인스토밍을 했다. 어떻게 이 순간을 좀 더 드라마틱하게 만들 수 있을까? 그들은 지글거리는 소리가 더욱 크게 나고 냄새가 더 강렬한 '지글지글 소스'를 만들었다. 매출이 솟구쳤다.

삼나무 널빤지 위에 연어를 올려 요리하는 식당이 있었다. 이 과정을 몹시 번거로워 하는 이 식당을 위해 삼나무 널빤지 향미료를 만들기도 했다. 맥코믹은 미국의 상위 10위 식품회사 가운데 아홉 개 업체와, 상위 10위 식품 서비스 회사(체인 레스토랑, 학교 급식, 구내식당 등을 운영하는 회사) 가운데 여덟 개 업체에 고객 맞춤형 향미 솔루션을 제공한다.

맥코믹의 향미 솔루션 팀에게 향미는 느낌에 관한 것이다. 스파를 위한 크래커를 개발한다면 '온전함,' '이해 받음,' '차분함,' '부드러움,' '고요함' 같은 느낌이 필요하다. 그러나 만약 바비큐 파티나 스포츠 바를 위한 크래커를 만든다면 '활동적이고', '모험적이며,' '정열적인' 느낌의 시즈닝이 필요하다는 식이다. 그리고 그냥 앉아서 크래커만 생각해서는 성공하기 어렵다. 음료 부문에서는 무엇이 유행인지 조사해야 하고, 장난감, 패션, 색조 같은 것도 살펴보아야 한다. 2010년 맥코믹은 자동차 업계에서 호박색이 유행이라는 점에 주목하여 호박파이 향미료를 밀었다. 당연히 판매 성적이 매우 좋았다.

매년 1월 맥코믹은 '향미 예보'를 발표한다. 이것은 식품업계의 《보그》9월호와 같다. 패션계는 《보그》9월호를 보고 한 해의 패션을 전망한다. 2003년의 예보는 멕시코 훈제 고추, 치포틀레Chipotle의 대유행을 예측했다. 천일염, 석류, 훈제 파프리카, 코코넛 워터의 유행을 예견하여 상당한 통찰력을 보여 주기도 했다. 무엇보다 맥코믹의 예측 중 최고는 그들의 예측이 받아들여지고 중요하게 여겨질 거라는 점이다. 2000년 맥코믹이 향미 예보를 처음 시작한 이래 지금은 식품업계 모두가 향미 예측을 하고 있다. 맥코믹이 움직이는 방식을 보면 합성 향미료 개발이 패션이나 전자제품 같은 일반 상품의 개발 및 마케팅 과정과 차이가 전혀 없다는 점을 알게 된다. 향미는 이제 요리사의 영역을 벗어나 고도의 마케팅 능력이 필요한 산업 제품이 되었다.

쾌감의
최대화와
중독

✚　맛이 좋다는 것은 무엇일까? '맛 좋음식미, Palatability'은 두 가지 방식으로 만들어진다. 하나는 당분이나 칼로리 밀도처럼 누구나 처음부터 좋아하는 본능적인 기호이고 다른 하나는 후천적으로 습득되는 기호다. 후천적으로 습득되는 기호는 두뇌의 보상 시스템과 관련 있다. 보상 시스템은 음식이나 약물의 매력 정도를 측정하고 매력적인 음식을 획득하는 행위에 동기를 부여하고 강화하는 두뇌의 기능이다. 예를 들어 당신이 처음으로 맥주를 마셨다고 가정해보자. 맥주의 쌉쌀한 맛이 처음부터 좋게 느껴지지는 않을 것이다. 그러나 취기와 함께 친구들과 떠들썩하게 어울리거나 약간의 용기에 힘입어 큰소리치는 등 긍정적인 보상이 뒤따른다. 맥주의 쓴맛은 서서히 아주 맛있게 바뀌고 마침내 맥주를 사러 나간다. 목마르지 않아도 단지 그 맛을 즐기기 위해 맥주를 마시는 사람이 된다.

처음부터 좋아했든 후천적으로 습득했든 맛있는 음식은 쾌감을 준다. 음식의 쾌감은 보상 시스템과 밀접하게 관련 있어서 때때로 과식을 유발한다. 예들 들어 잘 차려진 저녁 식사로 배가 부른 상태에서 당신이 좋아하는 케이크 한 조각이 나왔다면, 당신은 이것을 쉽게 먹을 수 있다. 위가 케이크를 위한 여분의 자리를 확보하기 위해 이리저리 움직여 기어코 공간을 만들어 낸다. 그런데 같은 상황에서 당신이 싫어하는 찐 감자 하나가 나오면 당신은 이것을 먹을 수 없을 것이다. 둘 다 칼로리는 비슷하다.

두뇌의 보상 시스템과 쾌락 시스템이 음식으로 자극되면 섭취량이 증가한다. 다만 보상 시스템과 쾌락 시스템이 음식 섭취를 증가시키는 정도는 우리 몸의 에너지 항상성 시스템에 의해 통제된다. 에너지가 부족할 때, 즉 배가 고플 때는 음식의 쾌감이 커지고 배가 부르면 쾌감은 감소한다.

좋은 맛을 결정하는 음식의 요소는 칼로리 밀도, 지방, 당분, 소금, 글루탐산, 향기 등이다. 인간의 진화 과정에서 이런 요소는 우리의 생존과 직결되어 있었다. 그런데 요즘은 이들 성분이 자연환경에 존재하는 것보다 훨씬 과장된 수준으로 우리에게 제공된다. 상업적인 가공식품은 고객들의 재구매를 유도하기 위해 커다란 보상을 주도록 설계된다. 식품회사들은 칼로리 밀도, 지방, 당분, 소금, 글루탐산, 향기 등을 최대한으로 끌어올린다. 설탕과 소금을 들이붓는 식당 음식, 심지어 집에서 조리하는 요리도 이런 식으로 과장될 때가 있다. 이럴 때 우리의 뇌는 과도하게 자극을 받는다. 아이스크림, 패스트푸드, 탄산음료, 쿠키, 케이크, 사탕, 피자, 치킨 등은 과다한 보상을 주는 식품의 전형적인 예다.

　음식이 이렇게 두뇌의 보상 시스템을 과도하게 자극하면 중독이 발생한다. 요즘 생산되는 가공식품들은 약물 중독의 감수성이 높은 일부 사람들에게 충분히 중독성이 있다. 그렇지 않은 사람들에게 이런 음식은 중독까지는 아니지만 반복적으로 과식을 일으킨다.[13]

　1992년, 비만 전문가 에릭 라부신Eric Ravussin은 폐쇄된 공간에 커다란 자판기를 설치하고 피실험자 열 명에게 자유롭게 아무 가공식품이나 빼먹게 했다. 실험은 7일간 이어졌는데, 참가자들은 평소보다 두 배의 칼로리를 섭취했고 평균 2.3킬로그램이 늘었다.[14]

　식품회사들은 과일 주스 같은 가공식품을 개발할 때, 설탕의 함량을 조금씩 높여서 소비자가 단맛을 가장 즐길 수 있는 만족 포화점을 찾는다. 설탕이 적게 투입되면 단맛이 약하고 과다 투입되면 쾌감 대신 역겨움을 주므로 최대의 효과를 주는 만족 포화점을 찾아내는 것이 중요하다. 향도 마찬가지다. 딸기향도 만족 포화점이 필요하다. 요구르트에 딸기 한두 개를 넣어서는 만족 포화점을 확보하기 힘들기 때문에 제조사들은 합성 딸기향을 추가로 첨가한다. 합성 향미료는 쾌감을 최고치로 끌어올린다. 식품회사들이 딸기로 만든 딸기주스에도 딸기향을 첨가하는 이유는 만족 포화점을 충족하기 위해서다.

　슈퍼푸드로 유행하는 카카오닙스(카카오 콩을 발효, 건조한 뒤 잘게 부순 것)를 먹어보면 초콜릿향이 희미하게 나는 씁쓸한 열매일 뿐 기대했던 진한 초콜릿 맛은 느껴지지 않는다. 여기에 비하면 마트에서 파는 ABC 초콜릿은 훨씬 더 초콜릿 같다. 커피향이 들어간 커피는 더 커피 같고 딸기향이 들어간 딸기주스는 더 딸기 같은 맛이 난다. 이런 점에서 합성 향미료로 만든 식품은 가상현실이라고 할 만하다. 진짜와 가짜의 구별이 모호해지고 가짜가 더 실감나게 사람의 마음을 뒤흔든다.

식품의 가상현실은 스크린의 가상현실보다 훨씬 더 위험하다. 식품이 최대의 쾌감을 목적으로 실험실에서 설계되면 마약처럼 중독성을 갖는다. 음식에 중독되면 니코틴이나 알코올에 중독된 사람들과 같다. 그것이 없으면 하루도 살 수 없고 사람들이 보지 않는 곳에서 몰래 먹는다. 마치 담배를 끊은 사람이 3일도 되지 않아서 다시 피우듯이, 알코올 중독자가 요양원에서 돌아와 다시 술을 마시듯이, 또다시 과식한다.

음식의 언어,
'맛'의
위기

우리는 우리들의 혀와 코를 상대로 게임을 하고 있다. 이 게임은 아치 웨스트가 타코 맛 도리토스를 만들 때보다 훨씬 정교해졌다. 타코 맛 도리토스는 11가지 성분이었지만, 요즘 나온 잭랜치 핫윙 맛 도리토스는(핫소스에 담근 후 샐러드드레싱을 찍은 닭날개 맛이 나는 토르티야칩) 34가지 성분이다. 사람들이 타코, 체리, 포도, 오렌지 맛이 나는 음식을 입에 넣고 씹을 때 그들의 두뇌는 진짜로 타코, 체리, 포도, 오렌지를 먹는다고 생각한다. 하지만 그들이 맛보는 것은 향미를 내는 화학 물질일 뿐이다. 이것이 우리가 사는 세상이다. 물론 많은 사람은 진짜 타코와 타코 맛이 나는 토르티야칩을, 진짜 포도와 포도 맛 음료수를 쉽게 구별할 수 있는 정교한 미각을 가졌다고 믿는다. 그러나 우리 몸 속 향미 감각 시스템은 속고 있다. 그 증거는 바로 우리 모두가 이런 가짜 맛을 좋아한다는 데 있다. 우리는 진짜가 아니라는 것을 알면서도 플레인 도리토스보다 타코 맛 도리토스

를 더 좋아한다. 우리는 단순한 설탕물보다 콜라와 환타를 더 좋아한다. 우리는 모르고 있지만 소고기, 버터, 두유, 요구르트, 녹차 같은 건강한 음식에도 향미 화학 물질이 들어가 있다. 속임수는 너무나 정교해서 보이지 않는다.

맛은 중요하다. 먹는다는 행위는 필요한 영양분을 획득하려는 이성적 행위가 아니다. 식사와 영양의 관계는 섹스와 생식의 관계와 비슷하다. 주는 느낌이 좋아서 하는 것이다. 비타민과 오메가-3를 먹으려고 특별한 음식을 선택할 수도 있지만, 본질적으로 우리는 맛을 좇는다. 우리는 맛을 기억하고 맛을 욕망하며 맛 때문에 'TV먹방'을 본다. 우리는 한 가지 이유로 먹는다. 그것이 맛있기 때문이다.

이것은 우리가 약하거나 게을러서가 아니다. 우리는 이렇게 디자인되었다. 인간 게놈을 몸의 기능별로 한 챕터씩 나누어 적는다면 놀라운 사실을 볼 것이다. 가장 두꺼운 챕터가 맛에 관한 것이기 때문이다.[15] 음식을 느끼고 즐기는 인간의 능력은 우연이 아니다. 우리는 뛰어난 맛 센서를 갖고 있는데, 우리가 느끼는 맛은 우리의 정신을 움켜쥐고 있다. 맛은 우리의 행동과 기분을 조종한다. 맛은 인간의 기본 욕구다.

자연은 우리에게 신체 기관 중 가장 정교한 시스템을 선사했다. 향미 감각이다. 이 시스템의 임무는 신체가 요구하는 가장 필수적인 임무, 중요한 영양분을 섭취하는 일이다. 그런데 인간의 가장 풍부하고 가장 직접적인 쾌락의 근원인 미각을 조작함으로써 음식과 인간 사이의 관계를 왜곡했다. 진화는 우리에게 놀랍도록 정교한 향미 감각 시스템을 선물했지만, 싸구려 칼로리와 형편없는 가짜 맛은 그것이 제 역할을 못하게 한다.

음식은 그것이 경험되는 것과 같은 방식, 즉 향미라는 렌즈를 통해서 처음부터 다시 이해되어야 한다. 우리가 막대한 돈과 시간을 쓰면서 해결하려고 애쓰는 비만 문제 같은 음식의 위기는 광범위한 미각 질환으로 이해될 수 있다. 문제는 칼로리가 아니다. 문제는 우리가 잘못된 음식을 원한다는 것이다. 맛을 제대로 알지 못하면 맛의 희생자가 될 수밖에 없다.

진짜 마을 찾아서

3

맛이란
무엇인가

✚　　음식은 우리 생활의 가장 기초적인 부분이다. 그럼에도 아직 밝히지 못한 수많은 미스터리가 숨어 있다. 우리는 학교에서 미각이 인간의 다섯 가지 감각 중 하나라고 배웠다. 후각, 청각, 촉각, 시각 그리고 미각. 음식이 혀에 있는 오톨도톨한 돌기 안의 미뢰味蕾 (맛을 느끼게 하는 미각 세포들이 모여 있는 맛봉오리)에 닿으면 신호가 발생하고 이 신호는 뇌에 전달된다. 단맛인가 쓴맛인가? 영양이 있는가 아니면 독인가? 미각에 대한 우리의 이해는 이렇게 단순했다. 음식이 의식에 미치는 영향에 대한 수많은 복잡한 방법이 발견되면서 지난 10년간 미각과 향미에 관한 우리의 지식은 폭발적으로 증가했다. 맛있다는 느낌은 몸에 각인되어 태어나기도 하고 습득되기도 한다. 개별적이기도 하고 일반적이기도 하다. 미각 신호는 청각을 포함하여 촉각, 시각, 후각 등 몸의 다섯 가지 감각이 예기치 않은 방식으로 모두 합쳐져 발생한다. 이 감각 신호는 뇌에서 전혀 새로운 느낌으

로 재해석된다.

일단 음식이 입에 들어온다. 치아를 만나서 부서지고 침이 들어 있는 효소로 분해되기 시작한다. 음식물은 혓바닥 위에 분포하는 수천 개의 돌기 위로 옮겨진다. 각각의 돌기는 50에서 100개의 미각 세포가 막 피어나려는 꽃봉오리처럼 접혀 있는 구조로 되어 있다. 이것이 맛봉오리(미뢰)다. 이 세포들은 다섯 가지 기본적인 맛을 느끼는 화학 센서를 갖고 있다. 쓴맛, 단맛, 신맛, 짠맛 그리고 감칠맛. 최근에는 여기에 지방 맛(기름 맛)이 추가되었다.

이 여섯 가지 맛은 우리가 막 입에 넣은 음식을 계속해서 먹을지를 즉각적으로 판단한다. 달콤하고 감칠맛이 있으면 영양분이 있을 가능성이 높고, 쓴맛이 나면 독이 있을 가능성이 있다. 그러나 아직 맛의 복잡성에는 이르지 못했다.

우리가 맛을 구별하는 기능은 코가 합세하면서 수천, 수만 배 확장된다. 음식을 입에 넣으면, 입안에서 약간의 공기가 위쪽으로 밀려 비강으로 올라간다. 비강에서는 후각 수용기들이 수천 가지의 휘발성 화합물들을 감지한다. 이 감각이 음식의 맛을 구성하는 주요한 요소가 된다. 비강에서 음식의 향을 지각하는 것을 비후강 후각이라고 하는데, 이것은 음식의 냄새를 킁킁 맡는 것과는 생리적으로 전혀 다르다. 우리의 두뇌는 냄새가 콧구멍에서 오는지 입에서 오는지를 구별한다. 냄새가 입에서 오면 두뇌는 비후강 후각의 냄새 신호를 혀에서 오는 미각 신호와 결합하여 완전히 새로운 지각을 형성한다. 코로 느끼는 냄새도 아니고 혀에서 느끼는 맛도 아닌 '향미'라는 하이브리드 감각이다. 이것은 인간이 다른 동물보다 민감하게 음미하고 능숙하게 기억할 수 있는 새로운 차원의 감각 영역이다.

인간을 정의하는 핵심 요소로서 음식의 향미를 느끼는 감각은 시각과 청각이나 심지어 섹스보다도 더 중요하다. 생물의 역사에서는 눈 깜짝할 시간에 지나지 않는 몇백만 년 사이에 나무에서 살던 유인원 집단이 도구를 제작하고 말하는 존재로 진화했다. 이들은 불을 이용해 조리할 수 있었다. 이 과정에서 미각과 후각이 향미 감각으로 합쳐지는 일이 일어났다. 그것은 인간과 문화의 탄생에 도움을 준 새로운 형태의 지각이었다. 향미 감각은 인간을 만들었다.

사람은 영장류 중에서도 소화기관은 작지만 뇌는 아주 크고 요구하는 영양소도 많다. 인간의 뇌는 몸이 사용하는 전체 에너지 중 약 4분의 1을 소비한다. 다른 영장류는 그 비율이 10분의 1에 불과하다. 호모사피엔스의 신체가 제대로 굴러간 한 가지 주요 이유는 큰 뇌가 더 훌륭하고 맛있는 음식물을 만들도록 도왔기 때문이다. 고기는 우리와 같은 호모속에 속한 종들의 주식이었다. 야생 동물의 고기는 아주 질기다. 우리 조상은 고기를 잘게 자르고 부드럽게 만듦으로써 야생 동물을 더 많이 먹을 수 있게 되었다. 또 하나의 중요한 주식은 녹말이 많은 뿌리였는데, 이것도 잘게 자르거나 으깰 수 있었다. 다시 말해서 음식물을 입에 넣기 전에 부분적으로 소화했다. 음식물을 농축된 형태로 조금씩 섭취하자 작은 소화기관과 큰 뇌라는 어울리지 않는 조합이 현실적으로 가능해졌다. 사람은 조리된 음식을 먹는 것에 생물학적으로 적응했다. 약 200만 년 전 호모에렉투스의 뇌가 폭

진짜 맛을 찾아서

발적으로 커진 데에는 조리가 결정적인 역할을 했다.

뇌가 커지자 자연선택은 입과 코 안을 포함해서 사람의 머리 전체를 재설계했다. 이때 후각이 새로운 모습으로 변신했다. 대부분 포유류는 가로판이라는 뼈가 코 안을 둘로 나눈다. 음식물을 씹으면 입 뒤쪽에서 향이 퍼지지만, 이 뼈가 향이 코 안으로 들어오는 것을 막아 동물은 주변 냄새에 집중할 수 있다. 그런데 유인원은 진화하면서 가로판이 사라졌다. 그리고 사람의 경우 입에서 비강으로 올라가는 통로가 쪼그라들었다. 그래 봤자 그 차이는 몇 센티미터밖에 되지 않지만 이 덕분에 우리 조상은 향미를 경험하는 능력이 크게 향상되었다. 음식을 씹을 때, 이 뒤쪽 통로를 통해 휘발성 화합물들이 폭포처럼 쏟아지면서 후각 수용기에 도달한다. 음식을 씹고 삼킬 때 숨을 내쉼으로써 향미 화합물로 가득 찬 공기가 비강으로 내보내진다. 코의 뒤쪽에 전달된 음식의 냄새는 혀에서 오는 미각과 합쳐져 향미를 구성했다.[16]

우리가 음식의 맛이라고 부르는 것은 복잡 미묘하고 수없이 다양하다. 이것은 코 뒤쪽을 통한 후각이 미각과 합쳐져 형성된 향미 감각 덕분이다. 인간은 큰 뇌를 갖고 있다. 큰 뇌가 미각과 후각을 함께 처리하는 복잡한 프로세싱의 결과로 우리는 고도로 발달된 향미 감각을 갖추었다. 현재까지 우리가 아는 바로는, 인간은 1조 가지 이상의 향미를 구별할 수 있다. 향미 감각은 입안으로 들어오는 모든 것을 화학적으로 테스트하는 일종의 파수꾼이며 오랜 세월 동안 우리 조상이 먹고 마신 모든 것을 통해 형성되었다.[17]

토마토
향미의
비밀

✚ 　내가 중학교 3학년이 되던 해, 옆집 아주머니가 텃밭에 토마토를 심었는데 농사가 아주 잘되었다. 토마토가 빨갛게 익어서 첫 수확을 할 무렵, 날마다 눈도장만 찍던 그 토마토를 몇 개 얻어먹을 수 있었다. 그 맛의 강렬함을 지금도 잊지 못한다. 토마토의 향미가 입안을 가득 메우고 코끝이 찡하도록 울려왔다. 맛이 어찌나 강하던지 입 주변까지 얼얼했다. 요즘 토마토는 그때 맛보았던 토마토에 비하면 물처럼 밍밍하게 느껴진다.

　1995년 몬산토에 근무하던 육종학자 해리 클리Harry Klee도 토마토 맛에 불만이 있었다. 그를 비롯한 육종학자들이 생산량을 늘리고 보관기간이 더 길도록 과일들을 개량하는 과정에서 향미가 약해졌다고 생각했다. 그는 엷어진 토마토 향미를 복구하는 데 여생을 바치기로 했다. 몬산토를 비롯한 대형 종자회사들은 과일의 향미 증진에는 관심이 없었으므로 그는 몬산토를 떠나서 플로리다 주립대학

진짜 맛을 찾아서

교에 둥지를 틀었다. 그로부터 10년 후 해리 클리는 토마토 향미에 관한 기념비적 발견을 한다.

토마토의 향미 화합물 중에 페닐에탄올Phenylethanol이 있다. 이 것은 장미향이 나는 물질로, 토마토의 향미를 구성하는 4백여 종이 넘는 휘발성 화합물 중에서도 가장 중요했다. 토마토가 이 장미향을 어떻게 만드는지 알면 향미가 좋은 토마토 종의 재배가 가능해진다. 그는 토마토의 장미향을 그 근원까지 추적했다. 장미향이 나는 화 합물인 페닐에탄올의 근원을 추적해 올라가자 그 끝에 페닐알라닌 Phenylalanine이 있었다. 이것은 아주 중요한 돌파구였다.

그 무렵 토마토의 향미가 점점 밍밍해지는 것을 걱정한 또 한 명 의 전문가가 있었다. 신젠타라는 농업 전문 기업의 세포 생리학자 스티브 고프Steve Goff는 과일과 채소가 점점 밍밍해졌다는 점에서 오히려 사업 기회를 발견했다. 향미가 좋은 과일의 종자는 좋은 비 즈니스가 될 것 같았다. 스티브 고프는 왜 사람들이 특정한 향미에 끌리는지 궁금했다. 어떤 향미 화합물은 자연에서 반복적으로 튀어 나오는 경향이 있다. 페닐에탄올이 대표적이다. 페닐에탄올은 토마 토, 포도, 키위, 사과를 비롯해 장미, 페튜니아 같은 여러 꽃에도 들 어 있다. 동서고금을 막론하고 인간은 장미향을 사랑한다. 페닐에탄 올은 향미산업에서도 중요한 화합물이다. 식품, 탄산음료, 향수, 비 누 그리고 심지어 담배에도 들어간다. 왜 페닐에탄올은 이렇게 특별 할까? 스티브 고프는 해리 클리를 만나기로 했다.

2005년 4월, 스티브 고프는 해리 클리를 신젠타의 노스캐롤라이나 본사에 강사로 초대했다. 40여 명이 모인 강당에서 그는 토마토의 장미향 뒤에 있는 복잡한 대사 과정을 강의했다. 세포 생리학자로서 스티브 고프는 장미향이 발생하는 화합물, 페닐알라닌에 주목했다.

페닐알라닌은 아미노산이다. 아미노산은 우리 몸이 복잡한 유기 분자들을 만들기 위해 사용하는 것으로, 생물학적으로 매우 중요하다. 아미노산은 피부, 모발, 근육, 발톱, 신경전달물질, 심지어 후각 수용기를 만드는 구성 요소다. 페닐알라닌은 그중에서도 필수 아미노산이다. 필수 아미노산은 음식을 통해서 반드시 섭취해야만 하고, 만일 먹지 못하면 병들어 결국 죽는다. 필수 아미노산 가운데서도 페닐알라닌은 주목할 만하다. 페닐알라닌은 대사적으로 비싸다. 많은 분자 결합을 가진 크고 복잡한 분자다. 이것을 합성하려면 많은 에너지가 필요하다. 높은 수준으로 요구되는 아미노산이 높은 수준으로 선호되는 향미의 구성 요소라는 것이 우연일까? 아니면 토마토와 포도의 매혹적인 장미향은 '페닐알라닌이 여기 있다!'라고 소리치는 커다란 네온사인일까?

해리 클리의 강의가 끝나자 두 사람은 스티브 고프의 사무실에 마주 앉아서 토마토에서 가장 맛있다고 여겨지는 20여 가지의 향미 화합물들을 하나씩 살펴보았다. 꽃향기와 과일 향을 주는 베타이오논은 카로티노이드에서 만들어진다. 톡 쏘는 향을 주는 트랜스-2-헵텐알은 알파리놀렌산이라는 오메가-3 지방산으로 만들어진다. 오메가-3 지방산은 우리 몸에서 염증을 치료하고 피가 응고되는 것을 막고, 두뇌의 세포막을 형성하는 데 사용된다. 두 사람이 토마토 향미의 상위 20개 화합물을 하나씩 검토할 때마다 그 패턴은 점점 분명해졌다. 토마토의 향미 화합물은 우리 인간에게 중요한 필수 영양소로 만들어진다. 어떤 것은 필수 지방산으로, 어떤 것은 필수 아미노산으로, 어떤 것은 카로티노이드로 만들어진다. 카로티노이드는 비타민 A를 만드는 데 쓰인다.

그날 오후 스티브 고프와 해리 클리는 토마토를 비롯한 과일에 왜 기분 좋은 향미가 있는지 깨달았다. 토마토의 향미는 영양과 불가분의 관계다. 토마토의 4백여 가지 향미 화합물 중에서 우리가 이 탐스러운 붉은 열매를 먹도록 유혹하는 스무 가지 향기는 모두 우리 몸에 필요한 것들로 만들어졌다. 그들의 발견은 세계에서 가장 권위 있는 과학 잡지인《사이언스》에 실렸다.[18]

과일의 향미가 좋을수록
영양소가 풍부하다

과일이 향기가 나는 화합물을 방출하는 것은 과일을 먹는 동물을 유인하여 씨앗을 퍼뜨리려는 의도다. 이런 맥락에서 과일의 향미는 농업 이전부터 존재했다. 그러나 종자를 개량하려는 노력은 역사적으로 생산량과 색, 모양, 질병 저항에 초점이 맞춰져 있었다. 농부들과 종자 전문가들이 생산량, 열매 크기, 보관기간을 위한 형질을 선택할 때, 과일의 향미는 예기치 않게 퇴보했다. 재래종에 비해 상업용 토마토는 당분, 유기산, 향미 화합물이 전반적으로 부족하다. 재배 딸기는 야생 딸기보다 향미가 적다. 이런 차이는 농업화 과정에서 효소를 잃었기 때문에 생겨났다.

토마토에서 가장 풍부한 향기 화합물은 필수 지방산을 이화작용 Catabolism(생물이 체내에서 고분자유기물을 좀 더 간단한 저분자유기물이나 무기물로 분해하는 과정)하여 얻어진다. 이런 향미 화합물은 '토마토 같은', '녹색 식물 같은', '풀 같은' 향미와 관련이 있다. 이들 화합물들은 오메가-3 지방산으로 만들어진다. 그러므로 이런 향은 인간의 식단에서 필수적인 지방산의 존재를 알려 주는 표시자다. 사과, 체리, 올리브, 월계수 잎, 녹차 같은 여러 식물의 향미를 만드는 주요 구성 물질이 오메가-3 지방산에서 만들어진다. 예를 들면 배의 향미에서 중요한 에틸 데카디에노에이트, 바나나 향미에서 중요한 에틸 부타노에이트가 오메가-3 지방산이 변해서 만들어졌다.

토마토의 향미에 크게 기여하는 두 번째 그룹의 향미 화합물은 필수 아미노산인 페닐알라닌, 류신, 이소류신에서 얻어진다. 이들 향미 화합물은 유리 아미노산Free Amino Acids의 존재를 알려 주는 표시자다. 3-메틸부타날, 페닐아세트알데히드 같은 화합물은 사과의 향미를 구성하는 중요한 향이다. 필수 아미노산이 아닌 일반 아미노산도 향미 화합물이 될 수 있지만, 그중에서 토마토의 향미에 기여하는 중요한 화합물은 없다.

토마토 향미 화합물의 세 번째 그룹인 아포카로티노이드는 카로티노이드를 산화 분해하여 만들어진다. 카로티노이드는 빛을 모으는 색소이며, 식물에서 필수적인 항산화 물질이다. 이것은 또 과일이 익었다는 중요한 시각적 신호를 제공한다. 카로티노이드는 인간의 식단에서 항산화 물질로 기능한다고 보고되었는데, 많은 측면에서 건강과 관련이 있다. 카로티노이드 중에서 가장 잘 알려진 베타카로틴은 비타민 A의 전구물질이다. 인간의 코는 다른 카로티노이드에 비해 베타카로틴이 산화 분해되어 만들어진 베타이오논에 아주 민감하다. 인간은 베타카로틴을 탐지하는 데 민감하다는 의미다. 아포카로티노이드는 여러 음식에서 중요한 향미다. 예를 들어 베타다마세논Beta-Damascenon은 토마토, 사과, 포도의 향미를 구성하는 데 카로티노이드의 일종인 제아잔틴에서 얻어진다.

대부분 향미 화합물은 과일의 숙성과 관련이 있다. 베타이오논, 게라닐 아세톤 같은 향미 화합물은 과일이 완전히 익은 단계에 도달하면 열 배에서 스무 배 증가한다. 과일의 향미 화합물은 잎과 같은 다른 조직에서는 거의 없는 것으로 보아 익었다는 신호를 보내서 사람을 포함한 씨앗을 퍼뜨리는 동물들을 끌어들이려는 것으로 보인다. 요컨대 과일의 향은 과일이 잘 익었다는 것과 과일에 든 영양소의 이용가치가 높다는 것을 함께 알려 주는 신호다.

토마토의 향미가 매력적인 것은 토마토가 인간에게 필요한 영양소가 많기 때문이다. 토마토 열매가 방출하는 4백여 개 이상의 휘발성 화합물 중에서 인간에게 필수적인 영양소에서 나온 것들만 지각 가능하며 선호된다. 음식을 긍정적인 것으로 느끼게 하는 데 기여하는 향미 화합물과 건강상 효과 사이에는 밀접한 상관관계가 있다. 향미가 좋은 음식은 분명 건강한 음식이다. 적어도 인간이 음식의 향미에 개입하기 전까지는 그랬다.

시금치 실험

토마토와 인간이 맺은 진화적 계약은 다른 과일에도 그대로 유효하다. 향미가 좋은 토마토에 귀중한 영양소가 많다는 규칙은 다른 과일에도 적용된다. 그렇다면 채소는 어떨까? 우리는 이것을 알아보는 실험을 계획했다.

우리는 시금치 두 종류를 들고 요리를 전공하는 고등학생들을 찾아갔다. 우리는 학생들에게 두 가지 종류의 시금치를 맛보게 하고 향미가 좋은 쪽에 투표하게 했다. 각각의 시금치는 날것과 익힌 것이 모두 제공되었다. 두 시금치 간 선호도의 차이는 명확했다. 한쪽이 다른 쪽에 비해 압도적으로 많은 표를 받았다. 날로 먹었을 때와 익혀서 먹었을 때의 결과도 일치했다. 그런 다음 우리는 시금치를 성균관대학교에 의뢰해서 시금치에 들어 있는 파이토케미컬의 양을 비교했다. 결과는 놀라웠다. 향미 선호도가 높은 시금치가 선호도가 낮은 시금치보다 폴리페놀(대표적인 항산화 물질)은 100퍼센트, 플라보노이드(폴리페놀에 속하는 수용성 식물 색소로, 항산화 작용과 모세 혈관을 강하게 하는 효능이 있다)는 20퍼센트 많았다. 향미 선호도가 높았던 쪽이 항산화, 항균, 항암 효과 등을 포함한 건강상의 이득이 훨씬 많다는 점을 의미한다. 학생들이 선호한 시금치는 노지 재배 포항초였고, 맛없다고 평가된 시금치는 일반 하우스 재배 시금치였다.

과일의 숙성과 달리 채소는 향으로 느껴지는 향미 화합물들의 대부분이 세포가 부서져야만 만들어진다. 세포가 부서지면 기질들이 효소와 섞여 향미 화합물을 만든다. 예를 들어 마늘과 양파는 세포가 부서지면 알리신이 만들어진다. 알리신은 음식에 들어가 항균 작용을 한다. 십자화과 식물들은 세포가 용해되면 글루코시놀레이트라는 향미 화합물을 방출하는데, 이것은 항암 효과가 있다. 채소를 씹으면 특정 향미와 그 향미로 표시되는 귀중한 영양소가 동시에 생겨난다.

학생들은 시금치를 씹어 향미를 느낌으로써 건강에 유익한 시금치를 구별할 수 있었다. 식물 세포에서 여러 종류의 화합물과 효소가 작용하여 발생한 복잡한 화학작용의 결과에 맛 수용기와 후각 수용기를 동시에 투입하여 얻은 감각 신호를 대뇌가 통합 분석한 결과였지만 우리는 이것을 간단히 '맛보기'라고 부른다.

자연의 단맛은
칼로리에 비례하지
않는다

- - - - - - -

✚ 　　토마토의 향미 화합물이 필수 영양소로 만들어진다는 가
슴 벅찬 발견이 있고 나서 6년 후 플로리다에 있는 해리 클리의 연
구실에서 두 번째 놀라운 발견이 있었다. 이 시점에서 해리 클리는
구할 수 있는 모든 재래종 토마토를 연구용 농장에서 재배한 후 관
능시험단에게 가져가 등급을 매기고 가스크로마토그래피로 아로마
화합물을 분석했다. 향미가 뛰어난 토마토 종자를 만들어 내기 위
한 기초 작업이었다. 그는 인간이 토마토에 대해 느끼는 모든 것을
이해하고자 했다. 이를 위해서는 토마토 맛을 좀 더 정밀하게 측정
할 필요가 있었다. 정신 물리학자 린다 바토슈크가 합류했다. 바토
슈크는 경험의 강도를 측정하는 전문가였다.

　　그녀는 관능시험단에 줄 질문지를 새로 작성했다. 질문지에는
60여 개의 질문이 있었다. 향기, 단맛, 신맛 등의 정도를 1부터 9까
지의 척도로 표시하는 표준 질문에 이어서 '당신이 지금까지 경험한

것 중 가장 불쾌했던 것', '가장 즐거웠던 사건', '먹어 본 것 중 가장 맛있는 토마토' 같은 문항들을 서로 비교하여 최악의 고통에서부터 극도의 기쁨까지 스펙트럼에 포함되는 독특한 질문들도 있었다. 질문지의 데이터는 가스크로마토그래피에서 나온 데이터와 함께 연관 분석되었다.

린다 바토슈크는 확보한 토마토 데이터로 몇 가지 통계적 연관성을 돌려보다가 크게 놀랐다. 어떤 종류의 토마토는 기대치보다 훨씬 더 단맛이 났는데, 바토슈크가 놀랐던 것은 이 달콤한 토마토에 당분 함량이 너무 적었기 때문이다. 마티나 토마토는 노랑 젤리빈 토마토보다 당분 함량이 적지만, 관능시험단은 마티나 토마토가 두 배나 더 달콤하다고 평가했다. 이것은 말이 되지 않았다. 당분이 적은데 어떻게 더 달단 말인가?

얼마 후, 린다 바토슈크는 이것은 '향기에 의한 단맛의 강화'라고 불리는 현상임을 깨달았다. 1970년대에 발견된 것으로 설탕물에 과일 향을 첨가하면 체감 당도가 증가하는 현상이었다. 효과가 아주 미미해 아무도 관심을 갖지 않았다. 그런데 지금 '향기에 의한 단맛의 강화' 현상이 재래종 토마토에서 맹렬하게 작동한 것이 아닌가. 당도를 무려 두 배나 높였다. 바토슈크는 토마토가 어떻게 이런 효과를 끌어내는지 알게 되었다. 가성성Additivity이었다. 이전의 과학자들은 설탕물에 향을 한 가지씩 첨가하는 실험을 했고, 겨우 측정 가능한 정도에서 단맛이 상승하는 결과를 얻었다. 그런데 토마토는 향을 수십 가지씩 쌓았고 그 결과 매우 큰 체감 당도를 얻어 낸 것이다. 바토슈크는 토마토가 어떻게 마법 같은 힘으로 기분 좋은 맛을 주는지 과학적 증거를 목도했다. 뜻밖의 발견이었다. 더 맛있는 토마토는 칼로리가 더 적었다. 린다 바토슈크와 해리 클리는 자연이 음식을 맛있게 만드는 신비로운 비법 하나를 발견한 것이다.

솜씨 좋은 요리사들은 소스에 설탕을 쏟아붓지 않고도 음식을 달달하게 만드는 법을 안다. 단맛을 높이려고 설탕에 의존하는 요리사는 하수다. 요리사들은 이것을 '단맛을 끌어낸다'고 표현한다. 가령 초밥용 밥에 소금 간을 살짝 하면 맨밥보다 더 단맛이 난다.

시금치를 맛보았던 고등학생들은 그들이 맛있다고 표를 던진 포항초가 하우스 시금치보다 더 달았다고 말했다. 포항초는 하우스 시금치보다 파이토케미컬이 훨씬 많았다. 포항초는 더 복잡했고 더 많은 향미 화합물을 갖고 있었다.

맛있는
것이
건강하다

+ 　　우리는 포항 부근의 포항초 재배 농가 한 곳을 방문했다. 이곳에서는 노지露地에 재배하는 포항초와 하우스 시금치를 같이 키웠다. 포항초는 하우스 시금치와 생김새부터 달라 보였다. 바로 뜯어서 맛을 비교하니 포항초는 하우스 시금치보다 훨씬 달고 맛있었다. 그런데 이곳에서 우리는 의외의 이야기를 들었다. 하우스 시금치와 포항초가 실은 같은 종자라고 한다. 같은 종자를 노지에 심어 바닷바람을 맞혀 키우면 포항초가 되고, 하우스에서 키우면 일반 시금치가 된다고 했다. 재배 속도에도 큰 차이가 있었다. 포항초는 심은 지 3개월이 지나야 출하되지만, 하우스 시금치는 한 달이면 출하된다.

　　시금치와 같은 방식으로 우유도 조사해 보았다. 시금치처럼 사육 환경이 전혀 다른 두 농장에서 짠 우유를 준비했다. 두 가지 모두 그날 아침에 농장에서 직접 가져온 비가공 원유였다. 원유는 500밀리리터 용기에 각각 다섯 병씩 아이스박스에 담아 사무실로 운송되었다. 이 우유를 길거리로 가지고 나가 사람들에게 맛을 보이고 선호도 조사를 할 참이었다. 그렇게 하기 전에 두 농장의 우유를 한 병씩 꺼내 맛보았다. 첫 번째 우유는 신선하다는 느낌 외에는 특별한 것은 없었다. 그런데 두 번째 우유는 심하게 달랐다. 한 모금 맛보다가 나는 그만 우유를 뿜어버리고 말았다. 역한 잡내가 심하게 풍겼다. 뒷맛도 텁텁했다.

거리에 가져 나가기 위해 우리는 우유를 가열 살균했다. 60도에서 30분간 가열 살균처리해서 다시 맛보았다. 살균 과정을 거치니까 두 번째 우유의 역한 잡내가 완전히 사라졌다. 결과적으로 두 우유는 향미에서 차이가 거의 없었다. 하지만 홍대 앞 길거리에서 실시한 향미 선호도 조사에서 나이가 많은 50대 이상 아주머니들은 두 우유 간 향미의 차이를 감지했다. 첫 번째 우유가 향이 좋고 옛날에 먹던 맛이라는 응답들이 나왔다.

강원대학교 박병성 교수에게 우유를 의뢰해서 지방산 분석을 실시했다. 첫 번째 우유는 두 번째 우유보다 오메가-6/오메가-3 지방산 비율이 훨씬 우수했다. 첫 번째 우유에는 오메가-3 지방산이 더 많이 들어 있었다. 첫 번째 우유는 목초지에서 풀을 먹여 키운 젖소, 두 번째 우유는 우사에서 옥수수 사료를 먹여 키운 젖소에서 짠 우유였다.

토마토의 향미를 구성하는 성분들은 오메가-3 지방산, 필수 아미노산, 카로티노이드로 등에서 얻는다. 이것들은 모두 합성하기 까다릅다. 향미가 좋은 음식은 그것이 건강하게 자랐다는 것을 의미한다. 해리 클리는 토마토가 진한 향을 가지려면 토마토 자체의 에너지를 높이는 방법 외에는 없다고 말한다. 진한 향미는 그 작물이 가진 에너지가 높다는 것을 알려 주는 신호다.

MSG가
당신의 입맛을
사로잡은 이유

✚　음식 향을 느낄 때 사람의 혀는 전혀 소용이 없다. 혀 위에 바닐라 원액 한 병을 통째로 쏟아붓더라도 코를 막은 상태라면 혀는 약간의 쓴맛만 느낄 뿐이다. 바닐린 분자들이 비강에 도달해야만 부드럽고 우아한 바닐라 맛을 느낀다. 미각 수용기는 혀뿐 아니라 입천장과 목구멍 뒤쪽에도 있지만 기본적인 단맛, 짠맛, 신맛, 쓴맛, 감칠맛, 지방 맛만 느낀다.

　가짜 맛 산업은 혀를 속이기 위한 제품도 놓치지 않았다. 대표적인 것이 가짜 감칠맛이다. 감칠맛의 발견은 바닐린의 발견만큼이나 맛 산업에 절대적인 영향을 끼쳤는데, 1908년 일본의 화학자 이케다 기쿠나에가 발견했다. 그는 생선국물, 고깃국, 해산물 육수 같은 것들을 먹지 않고는 못 배기게 만드는 그 맛이 도대체 무엇인지 궁금했다. 당시의 최첨단 기술로 해조류를 조작하여 마침내 생선국물 속의 비밀을 발견했다. 글루탐산이라는 결정 물질이었다. 그다음

해, 이케다는 먹을 수 있는 형태의 글루탐산인 글루탐산나트륨MSG
을 '아지노모도味の素'라는 이름으로 팔기 시작했다. 우리나라에서
는 '미원'이라는 이름으로 팔린다.

왜 우리는 글루탐산을 맛있다고 느낄까? 우리가 과일의 향에 끌
리는 것은 과일의 향미 화합물들이 필수 영양소의 지표이기 때문
이었다. 글루탐산은 아미노산의 일종인데, 이것은 글루타티온이라
는 항산화 물질을 만드는 기본적인 구성 요소다. 글루타티온은 글
루탐산을 비롯한 아미노산 세 개로 이루어진다. 이것은 가장 기본적
인 항산화 물질이다. 산화 스트레스에 대항한 세포의 1차 방어선으
로 항산화제의 어머니라고 불리기도 한다. 글루타티온이 없는 세포
는 하나도 없다. 모든 동물과 식물에 있고, 심지어 혐기성 박테리아
에도 있다. 글루타티온이 중요한 이유는 세포 안에 있기 때문이다.
몸에서 모든 글루타티온이 갑자기 사라지면, 산화 환원 붕괴가 와서
죽는다. 우리 몸은 필요한 만큼의 글루타티온을 만들어 낼 수 있다.
다만 글루탐산을 비롯한 몇 가지 아미노산을 어떤 형태로든 공급받
아야만 한다. 아지노모도를 대표상품으로 판매하는 일본의 아지노
모도 식품회사는 감칠맛을 내는 합성 조미료를 꾸준히 연구하고 개
선해 왔다. 이들은 감칠맛 합성 조미료에 글리신과 시스테인을 추가
했다. 글리신은 그 자체로 단맛이 있고 시스테인과 함께 음식 본연
의 맛을 높여 주는 역할을 한다. 또한 글리신과 시스테인은 항염증
작용도 한다. 글리신과 시스테인은 글루탐산과 함께 항산화제 글루
타티온을 구성하는 아미노산이다.

1990년대, 아지노모도의 과학자들은 왜 마늘이 전 세계적으로 사랑받는 양념인지를 연구했다. 그들은 마늘의 향을 분석했다. 마늘은 톡 쏘는 유황 냄새가 난다. 그러나 그들이 마늘을 화합물 단위로 분해한 후 밝혀낸 마법의 성분은 향이 아닌 글루타티온이었다. 놀랄 일은 아니었다. 그들은 이미 된장과 간장에서 글루타티온을 발견했고 이것이 음식의 깊고 풍부한 맛, 만족감을 내는 데 기여했을 것으로 생각했다.

글루타티온을 소고기 육수에 넣자, 아지노모도의 능숙한 관능시험단은 글루타티온이 육수의 맛을 강화하고 '연속성'과 '가득 찬 느낌', '농도 진한 느낌'을 더했다고 판정했다. 하지만 이상하게도 글루타티온은 단맛, 짠맛, 감칠맛과 함께 있을 때만 효과가 느껴졌고 그 자체로는 아무 맛도 없었다. 아지노모도는 이 새로운 미각 효과를 '고쿠미(깊은 맛)'라고 명명했다. 이어서 아지노모도는 혀에서 고쿠미를 느끼는 수용기를 발견했다고 주장했다.

이름이 없었을 때부터 국물과 마늘과 고기에는 고쿠미 성분이 있었다. 하지만 요즘은 고쿠미를 무더기로 먹는다. 아지노모도가 고쿠미 향미료를 대량생산 했기 때문이다. 세계에서 가장 큰 향미료 회사인 지보단도 고쿠미 생산에 뛰어들었다. 지보단은 고쿠미를 '풍부하고', '따뜻하며', '균형 있는' 맛이라고 홍보한다.

왜 우리는 글루타티온 맛을 느끼는 능력을 얻었으며 그 맛에 빠져들게 진화했을까? 글루타티온은 음식 질을 나타내는 표시자로 기능했을 가능성이 높다. 당신이 만약 건강하다면 글루타티온 레벨이 정상이다. 건강에 문제가 있다면 글루타티온 양은 감소한다. 당뇨, 암, 알츠하이머 환자들은 체내의 글루타티온이 감소해 있다. 곡물을 먹은 소들은 글루타티온 양이 적다. 병든 닭은 글루타티온이 적다. 반면 방목지에서 풀을 먹은 소들은 세포 안에 글루타티온이 더 많았고 풀에서 유래한 비타민 C·E, 베타카로틴 같은 항산화 물질도 더 많았다. 그리고 티베트 고원에서 메뚜기를 먹은 닭들도 글루타티온이 많았다. 풀을 먹고 자란 토종닭은 질병이 없고 쌩쌩하다. 이놈은 깊은 맛이 난다. 우리는 글루타티온을 느낌으로써 이것을 자연스럽게 안다.

어떤 음식이 맛이 없고 밍밍하게 느껴진다면 그 음식에 사용된 식물과 동물이 대사적으로 스트레스를 받았기 때문이다. 이들 고기에 고쿠미 조미료를 뿌려 맛을 되살림으로써 건강의 환상을 줄 수 있다. 럿거스대학교 식물 생물학 교수인 톰 루스텍Tom Leustek은 글루타티온이 종종 농산물의 신선도 표시자로 쓰인다고 말한다. MSG에 이어 고쿠미 조미료는 우리가 나쁜 음식을 좋은 음식으로 착각하게 만드는 최신 기술이다.

조미료에 든 글루타티온을 대량으로 먹더라도 소화관에서 분해되기 때문에 세포까지 도달하지 못한다. 세포가 글루타티온을 합성하려면 글루탐산, 시스테인, 글리신의 기본 블록과 함께 비타민과 미네랄 등의 도움이 필요하다. 토마토가 향미를 높이려면 높은 에너지 수준이 필요한 것처럼 글루타티온을 높이려면 몸 전체가 건강해져야 한다. 글루타티온의 기본 블록인 세 가지 아미노산은 고기, 달걀, 유제품 등에 풍부하게 들어 있다. 그러나 글루타티온 레벨을 높이려면 고기보다는 십자화과 채소 같은 파이토케미컬이 많은 채소류를 먹는 것이 더 효과적이다.

진짜 맛을 찾아서

항산화 물질은
향미가
좋다

- - - - - - - -

✚   전보다 살이 찐 것은 인간만이 아니었다.

2009년 영국 영양학계의 중요 인물인 '런던 뇌화학 인간 영양 연구소'의 마이클 크로포드Michael Crawford는 과거와 현재의 닭고기를 비교했다. 그 결과는 괴로웠다. 1870년 100그램의 닭고기는 4그램 미만의 지방을 포함했다. 1970년 이 숫자는 8.6그램까지 올라갔다. 2004년에는 100그램당 무려 20그램 이상의 지방으로 채워져 있었다. 그는 이렇게 묻는다.

"비만인 가축을 먹으면 소비자도 비만이 될까?"

현재의 닭고기에는 지방의 양이 많을 뿐 아니라 그 질도 나쁘다. 현재의 닭고기에는 오메가-3 지방산은 적고 오메가-6 지방산이 많다. 크로포드는 이 점을 우려했다.[19] 이 두 지방산은 모두 필수 지방산이다. 없으면 죽는다. 그러나 이 둘은 균형을 맞추어 먹어야 한다. 오메가-6 지방산이 너무 많으면 암과 염증 질환의 위험을 높인다.

가장 중요한 오메가-3 지방산은 DHA다. 이것은 심장과 뇌에 좋다고 알려졌다. 차가운 물에 사는 기름기 많은 생선인 연어와 고등어를 먹으라고 하는 이유가 DHA가 많아서다. 소고기, 돼지고기, 닭고기는 DHA가 없고 이와 유사한 오메가-3 지방산인 ALA가 있다. 그러나 닭은 상당한 양의 ALA를 DHA로 변환하는 능력이 있다. 닭은 살을 연어와 고등어처럼 만드는 생물학적 재능이 있다. 적어도 과거에는 그랬다. 그러나 더는 그렇지 않다. 우리가 닭에게 오메가-3 지방산을 별로 먹이지 않고 또 변환할 만큼 오래 살려두지도 않기 때문이다. DHA 섭취량의 감소와 오메가-6, 오메가-3 지방산 균형의 붕괴는 정신 질환이 증가한 원인으로도 지목된다.

이 모든 것은 닭이 무엇을 먹느냐 또는 먹지 않느냐의 문제로 좁혀진다. 거듭된 연구로 이 사실을 확인했다. 닭이 풀을 먹으면 육질에 오메가-3가 더 많이 포함된다. 산란계를 풀밭에 풀어 놓으면 달걀은 더 많은 오메가-3를 포함한다. 여기서 중요한 사실이 하나 있다. 오메가-3는 맛이 좋다. 이 불포화지방산은 프라이팬이나 뜨거운 그릴에서 향기 화합물을 잘 형성한다.

목초지에서 생산된 달걀은 비타민 E와 비타민 A가 더 많다. 노른자는 더 밝다. 노른자의 색깔은 카로티노이드라는 파이토케미컬에서 나온다. 토마토의 향미 화합물을 만들었던 화합물이며 항산화 기능이 있다. 이것은 닭의 간, 다리, 껍질에도 쌓인다.[20] 메뚜기가 많은 티베트 고원에서 풀어 키운 닭은 케이지에 갇혀 고에너지 사료를 먹은 닭보다 비타민 E와 철분이 더 많았다. 항산화제가 더 많은 것과 보관기간이 더 긴 것은 말할 것도 없었다. 닭은 닭이 먹는 모이의 집합이다. 닭이 풀을 더 많이 먹을수록 닭고기는 녹색 채소에 점점 더 가까워진다.[21] 그리고 풀을 먹은 닭고기는 향미가 좋다.

아미노산 중에서 글리신처럼 항산화 효과가 있거나 글루탐산처럼 항산화제를 구성하는 것들은 특별히 향미가 좋다. 항산화제 글루타티온이 풍부한 음식은 향미가 좋다. 과일의 향미 화합물의 전구물질인 오메가-3 지방산, 카로티노이드는 항산화제다. 폴리페놀 등 항산화제가 많은 시금치는 맛이 더 좋다. 항산화 효과가 있는 오메가-3 지방산이 풍부한 고기는 향미가 더 좋다. 풀에서 유래한 항산화 물질이 많은 닭고기도 향미가 좋다. 우리는 향미 감각 능력의 대부분을 항산화제를 찾는 데 할애한다.

우리가 좋은 향미에 끌리는 데는 진화적인 이유가 있다. 자연환경에서 좋은 향미는 곧 귀중한 영양소와 항산화제를 비롯한 생리 활성 물질을 의미한다. 좋은 향미는 또 신선하고 건강한 음식을 의미한다. 또 하나 중요한 사실이 있다. 향미는 포만감과 관련이 있다는 점이다.

무엇이 포만감을 주는가

4

1년간
감자만 먹은
남자

➕   첫 장에서 소개한 음식 중독자 앤드루 테일러의 이야기를
이어서 해보자. 그가 좋아했던 음식은 프렌치프라이, 피자, 핫도그,
아이스크림, 초콜릿이었다. 체중이 151킬로그램까지 늘었음에도 그
는 여전히 먹는 데 집착했다. 이제 음식과 전쟁을 끝내야 한다. 그는
나름의 연구를 하고는 음식 중독에서 벗어나려고 모든 음식을 끊고
단 한 가지만 먹기로 했다. 그가 선택한 것은 감자였다. 2016년 1월
부터 오직 감자만 먹었다. 그리고 그해 12월, 50킬로그램 감량에 성
공했다.

그는 상당량의 감자와 고구마를 으깨고, 삶고, 구워 먹었다. 그는
매일 3~4킬로그램의 감자와 고구마를 먹었다. 그는 이 방식을 1년
간 꾸준히 유지했다. 단 하루도 다른 것을 먹지 않았다. 스스로 생각
해도 놀라운 일이었다.

감자는 탄수화물 식품이며 당지수가 높아서 살찌는 음식의 대표

격으로 알려져 있다. 감자만 먹는 다이어트는 체중을 줄이는 것과는 정반대 방법인 것 같지만, 앤드루 테일러에게는 목숨을 구하는 일이 었다. 그는 음식 중독이었다. 그에게는 극단적인 방법이 필요했다. 그가 의존했던 불량식품들을 끊기 위해서 그는 감자 이외의 다른 모든 식품을 식단에서 뺐다. 그는 이 여정을 페이스북에 연재했다.

"감자는 최선의 선택이었습니다. 과학적 근거가 충분했어요. 감자에는 탄수화물, 단백질, 지방, 미네랄, 섬유질, 기타 등등 필요한 모든 것들이 들어 있으니까요." 그는 호주의 한 신문사와의 인터뷰에서 이렇게 말했다.[22]

물론 앤드루 테일러의 극단적인 제한식은 영양학자들이 추천하는 방식은 아니다. 그러나 몇몇 전문가는 그 유효성을 부인하지 않는다. 호주의 과학 전문 기자 엘렌 에어하트Ellen Airhart는 감자만 먹어도 건강을 유지하기에 충분한 영양소를 얻을 수 있다고 말한다. "전통적인 흰색 감자는 단백질을 만들고 세포를 회복하고 질병과 싸우는 데 필요한 모든 필수 아미노산을 포함하고 있습니다. 하루에 다섯 개만 먹어도 충분합니다"라고 말했다. "흰 감자만 먹으면 결국 비타민과 미네랄 부족에 부닥칠 겁니다. 그래서 고구마가 필요했던 거죠."

앤드루 테일러는 흰 감자만 먹다가 고구마를 섞어 먹음으로써 1일 권장 섭취량의 비타민 A와 비타민 E를 모두 얻었다. 앤드루 테일러는 감자 다이어트가 콜레스테롤 수치와 혈압을 내려 주었다고 말한다. 혈압을 내리고 싶다면 전통적인 구운 감자보다 더 싸고 좋은 약은 없을 것이라고 보스턴대학교의 영양학자 존 블레이크Joan Salage Blake는 말한다. 감자 다이어트는 몸무게를 50킬로그램이나 줄였을 뿐 아니라 앤드루 테일러의 우울증과 불안도 사라지게 했다. 이제 앤드루 테일러는 다른 음식도 먹는다. 하지만 더는 나쁜 음식의 노예로 살지는 않는다.

감자는 포만감 지수 최고

1995년 호주 시드니대학교 수잔나 홀트Susanna Holt 교수는 음식이 주는 포만감 효과에 대해 실험했다. 그녀는 38가지 음식을 각각 240칼로리 분량으로 준비했다. 빵에서 현미밥, 감자, 소고기, 과일, 달걀, 아이스크림, 사탕, 초콜릿 바까지 다양한 종류의 음식을 망라했다.

그녀는 자원자들을 초대해서 240칼로리 분량의 음식 38가지를 모두 먹게 했다. 물론 한 번에 하나씩이었다. 음식을 먹은 후 참가자들은 2시간에 걸쳐 배고픈 정도를 15분마다 보고했다. 2시간 후 참가자들을 맛있는 음식이 차려진 뷔페로 안내해 원하는 만큼 무엇이든 먹을 수 있게 했다. 수잔나 홀트는 참가자들이 뷔페에서 먹은 양을 측정해서 처음 먹었던 240칼로리의 음식, 그 음식을 먹고 2시간 동안 느낀 배고픔의 정도와 연결하여 분석했다.

수잔나 홀트는 이렇게 해서 38가지 음식의 '포만감 지수'를 만들어 냈다. 당지수처럼 이것도 흰 빵을 100으로 놓았을 때를 기준으로 다른 음식들의 포만감 정도를 숫자로 나타낸다. 이것으로 그 음식의 포만감이 산출된다. 현대의 영양학에서 아무도 관심 갖지 않았던 분야다.

포만감 지수가 가장 높은 식품은 감자였다. 감자의 점수는 323점이었다. 압도적으로 높았다. 2등은 링피시Ling Fish(생선조림에 해당하는 스웨덴 요리)로 225점이었다. 점수가 높다는 것은 그 음식을 먹고 만족했고, 배고프지 않았으며, 2시간 후 뷔페에서 조금만 먹었다는 것을 의미한다. 수잔나 홀트의 포만감 지수에서 최상위에 랭크된 음식들은 감자, 생선, 오트밀, 오렌지, 사과, 소고기, 콩, 통밀 빵이었다. 최하위로 분류된 음식들은 도넛, 케이크, 캔디 바, 아침 식사용 시리얼, 아이스크림이었다.[23]

수잔나 홀트의 실험을 통해 나온 포만감 지수 차트를 보면 몇 가지 규칙이 확연히 드러난다. 자연식품은 포만감이 높지만, 가공식품은 포만감이 낮다. 설탕과 밀가루 같은 정제 탄수화물로 만든 것들은 포만감이 낮다. 합성 착향료가 들어가면 포만감이 떨어진다. 기름에 튀기면 포만감이 낮아진다. 같은 감자라도 기름에 튀기면 포만감이 떨어졌다.

포만감은 비만을 치료하고 예방하는 데 매우 중요하다. 감자처럼 포만감 지수가 높은 음식은 식사 후 식욕을 통제하는 데 도움을 준다. 체중 조절에도 도움이 된다. 케이크나 도넛처럼 포만감 지수가 낮은 음식을 즐겨 먹는 사람들은 점점 식욕을 통제하기 어려워진다.

감자, 귀리, 통밀 같은 복합탄수화물을 주식으로 먹으면 체중 조절이 쉬워진다는 사실이 경험적으로 확인되었다. 감자가 체중 조절에 좋다는 것은 잘 알려져 있지 않다. 감자는 당지수가 높은 탄수화물 식품으로 분류되어 다이어트의 적으로 간주되기도 했다. 목욕물과 함께 아기를 버리는 격이다. 당지수라는 하나의 인덱스만 갖고 감자를 괴물 취급한 것은 현대 영양학의 실수였다.

무엇이 포만감을 주는가

포만감을
만드는
메커니즘

➕　　　우리 몸은 섭취된 음식의 양을 측정하는 정밀한 기제를 가지고 있다. 위장은 음식이 들어오면 팽창한다. 이런 물리적 방식으로 음식의 양이 측정된다. 물리적 방식뿐 아니라 화학적 방식도 동원된다. 혀에 있는 것과 같은 단맛 수용기들이 소화관에서도 발견되었다. 소화관은 단맛과 감칠맛, 지방의 맛 등을 느낀다. 단맛 수용기에서 느낀 칼로리 정보와 소화관이 늘어난 정도에 따라 포만감이 느껴진다. 배고플 때 물을 마시면 가득 찬 느낌은 들지만 허기가 가시지 않는 것은 소화관에서 칼로리가 있는 영양소를 감지하지 못했기 때문이다. 팝콘은 많이 먹어도 헛헛한 느낌이 든다. 이는 칼로리 요구량에 도달하지 못했기 때문이다. 섭취된 음식의 칼로리를 측정하는 것은 단맛 수용기와 관련이 있다.

　　소화관이 단지 칼로리만 계산하지 않는다는 증거가 속속 발견되고 있다. 소화관에는 혀에 있는 것과 같은 신맛, 감칠맛, 지방 맛, 쓴맛 수용기가 모두 포진하였다. 그 외에도 화학 물질을 느끼는 수용기가 있는데, 심지어 박테리아를 감지하는 수용기도 있다. 우리의 소화관은 지방산 중에서도 오메가-3 지방산을 구별하여 감지하고, 아미노산의 종류도 구별하여 느낄 수 있다. 오메가-3 지방산이 많은 음식은 포만감을 더 많이 유발한다. 오메가-3가 식욕을 억제하는 것으로 보인다.[24] 감칠맛이 좋은 음식을 먹으면 포만감이 더 잘 느껴져서 음식 섭취량을 줄이는 데 도움이 된다. 감칠맛은 글루탐산의 자연적인 향미다. 자연적인 감칠맛은 트러플(서양 송로버섯), 녹차, 해조류, 잘 익은 토마토 등에서 발견된다. 소화관의 감칠맛 수용기들이 글루탐산 같은 아미노산을 감지한다.

미국 농무부 산하 농업연구소의 식물유전학자 로이 나바레Roy Navarre는 건강에 도움이 되는 파이토케미컬이 감자에 다량 함유되어 있음을 발견했다. 그는 효율이 좋은 액체 크로마토그래피와 질량 분석기를 이용해서 야생 및 상업용 감자의 껍질과 속살에서 60가지의 파이토케미컬과 비타민을 확인했다. 붉은 감자와 노코타 감자에는 폴리페놀이 브로콜리, 시금치, 싹양배추에 필적할 만큼 들어 있었다. 폴리페놀은 플라보노이드라는 하위 물질을 포함하는데 이것은 심장 질환을 완화하는 효과와 항암 효과가 있다. 그는 또 감자에서 고농도의 비타민 C, 엽산, 쿼시틴, 구코아민을 확인했다. 구코아민은 혈압을 낮추는 성질이 있는데, 지금까지는 구기자에서만 발견되었다.[25]

우리가 음식을 먹었을 때 느끼는 포만감은 칼로리 섭취량뿐 아니라 음식의 질과도 밀접한 관련이 있는 것으로 보인다. 감자와 고구마가 빵보다 포만감이 높고, 찐 감자가 감자튀김보다 포만감이 높은 것은 우리 몸이 음식의 질을 구별하기 때문이다. 특히 최근에는 음식에 포함된 미량영양소, 파이토케미컬 등이 포만감을 구성하는 주요 요인이라는 것이 밝혀졌다.

식물의
독성이
포만감을 준다

- - - - - - -

✚   미국의 생태학자 프레드 프로벤자Fred Provenza 교수는 포
만감의 문제를 흥미로운 실험을 통해 보여 주었다. 2005년 프레드
프로벤자는 양 네 마리의 위장에 세이지브러시sagebrush라는 관목
의 잎에서 추출한 테르펜을 주입했다. 테르펜은 구상나무 등에서 발
견되는 항균, 항염증 기능을 가진 파이토케미컬이다. 평소 이 양들
은 세이지브러시를 통해서 테르펜을 소량으로 섭취했다. 양들의 위
장에 테르펜을 직접 주입한 후에는 정상적인 사료를 주었다. 사료에
는 첨가된 테르펜이 없었다. 양들은 몇 분 정도 게걸스럽게 먹더니
이내 구유에서 주둥이를 빼내고는 웅크리고 앉았다. 테르펜을 주입
받지 않은 다른 양들은 기분 좋게 계속 먹었다. 테르펜을 주입받은
양들이 아픈 것은 아니었다. 눈은 맑았고 생기 넘쳤으며 귀는 쫑긋
했다. 이 양들은 그냥 배고프지 않았을 뿐이다. 식사가 끝난 것이다.
이것은 어떤 종류의 내적인 관리자가 "충분해"라고 말한 것과 같았

107

다. 배고픔 신호가 꺼진 것이다.

프로벤자 교수만 이런 관찰을 한 것이 아니다. 식사 전 블루베리 엑기스를 먹은 쥐들은 물을 먹은 쥐들보다 식사량이 적었다. 실험이 끝나갈 무렵 이 쥐들은 무게가 훨씬 덜 나갔다.[26] 과학자들은 가축의 식욕을 줄이는 식물 화합물을 '섭식 저해 물질'이라고 부른다. 가축용 합성 향미료를 만드는 회사인 판코스마에서도 같은 현상이 확인되었다. 판코스마는 돼지 사료에 첨가하는 오레가노 추출물을 판다. 이것은 돼지의 장내에 사는 유해 박테리아를 죽여서 장을 튼튼하게 한다. 단점은 오레가노 추출물을 너무 많이 섞으면 돼지가 사료를 적게 먹는다는 것이다.

섭식 저해 물질은 사람에게도 같은 방식으로 작동한다. 건포도는 포만감과 관련된 호르몬 레벨을 높인다.[27] 고추를 먹으면 식욕이 줄고 체중이 감소한다는 사실이 몇몇 연구를 통해 확인되었다. 포만감을 주는 파이토케미컬 중에 최고는 잣 추출물이고 귀리, 녹차 추출물 등에서도 유사한 기능이 확인되었다.[28] 한마디로 소화관은 파이토케미컬을 탐지하는 미식가다. 한 입 한 입 맛보고 그에 따라서 프로세스를 조절한다. 우리는 장이 맛보는 것을 맛으로 느끼지는 못하지만 그것은 우리의 기분에 영향을 미친다.[29]

의사가 처방하는 약물처럼 식물들이 만드는 파이토케미컬도 정상 복용과 과다 복용이 있다. 식물을 먹는 모든 동물은 파이토케미컬을 과다 섭취하지 않는 능력이 반드시 필요하다. 어떤 파이토케미컬은 허용 용량이 매우 낮다. 염소는 마황을 아주 조금만 먹는다. 인간은 초밥에 고추냉이를 아주 조금만 넣는다.

식욕을 억제하는 기능이 있는 파이토케미컬은 식물의 이차화합물이라고 불린다. 식물이 만드는 파이토케미컬 중에서 녹말이나 엽록소처럼 성장과 번식에 꼭 필요한 것들 이외에 용도가 불분명한 것들이 있었다. 이것들을 통칭하여 식물의 이차화합물이라고 불렀다. 식물의 이차화합물은 식물들이 다른 종과 경쟁하고, 곤충 등 포식자들로부터 자신을 보호하고 곰팡이, 세균 등과 싸우기 위해 만들어 내는 방어 물질이라는 것이 밝혀졌다. 테르펜은 세이지브러시가 곤충을 상대로 개발한 독이다.

그런데 식물의 방어 물질은 맛있을 때가 많다. 우리가 먹지 못하도록 식물들이 고안하여 내놓은 물질들이 종종 희한하게 맛있다. 양파를 생각해 보자. 온전한 상태에서 양파는 향미가 거의 없다. 썰거나 깨물어야만 세포벽이 허물어져 효소가 활성화하면서 양파 특유의 향이 즉각적으로 만들어진다. 식물의 입장에서는 최상의 화학적 전략이다. 부상당한 양파의 살은 개나 고양이를 죽일 만한 독성이 있는 화합물을 만들어 낸다. 인간은 이것을 좋아한다.

올리브를 압착하면 향이 강한 기름이 나온다. 으스러진 올리브는 올리오캔탈이라는 식물의 이차화합물을 만들어 내기 때문에 동물들은 먹지 않는다. 우리는 이것을 좋아한다. 채소의 이파리를 씹으면 녹색을 연상시키는 신선한 향미가 느껴진다. 이것은 리프알코올이라는 식물의 이차화합물로서 식물이 애벌레 공격을 당해 잎에 손상이 생겼을 때 도움을 외치는 신호 물질이다. 리프알코올의 향이 공기 중으로 퍼지면 애벌레를 잡아먹는 다른 포식자들을 끌어들인다. 리프알코올은 식물이 외치는 비명인 셈이다. 채소를 먹을 때면 우리는 모두 사이코패스가 되는 것일까? 우리는 식물의 비명과 도움을 요청하는 식물의 이차화합물들을 인지할 뿐 아니라 이것에 기쁨을 느낀다. 왜 우리는 식물이 자기를 먹지 못하도록 방어하는 물질을 즐기는 것일까? 우리는 그렇게 프로그램되어 있기 때문이다. 인간에게 강렬한 즐거움을 주는 물질 가운데 독성 살충제가 많다. 니코틴, 코카인, 헤로인, 심지어 카페인도 초식동물의 신경 신호를 방해하기 위해 진화하였다. 우리가 이것들에 취해서 즐거움을 느끼는 것은 우연이 아니다. 인간의 뇌는 그래야 했기 때문이라는 단순한 이유에서 독성 물질의 섭취를 조절하는 시스템을 개발했다.[30] 돌아다니며 풀을 먹는 모든 동물은 점심을 잘못 먹다가 죽지 않으려면 확실히 할 필요가 있다. 그리고 수백만 년의 진화를 거치면서 동물들은 이들 식물 독소를 이용하는 희한한 방법들을 발견했다. 우리는 니코틴을 습관적 기호품으로 애용하지만 니코틴은 기생충을 컨트롤하는 데 효과적이어서 일부 수의사들은 이것을 구충제로 사용하기도 한다. 식물의 독소는 우리에게 아주 좋을 수도 있다. 다만 너무 많이 먹지 않게 주의하면 된다.

이 지점이 바로 인간이 예상외로 잘하는 부분이다. 니코틴은 독성이 강해서 30밀리그램의 투여량이면 사람을 5분 안에 죽일 수 있다. 그러나 흡연자들은 담배 피우는 간격과 연기 흡입량을 잘 조절해서 안전하고 만족스러운 혈중 니코틴 농도를 유지한다. 코카인은 너무나도 독성이 강해서 불안과 편집증을 유발한다. 그래서 코카인 사용자들은 '급성 독성' 이하로 투여하기 위해 아주 조금만 흡입한다. 요리사들이 오레가노Oregano(톡 쏘는 박하향이 나는 향신료로 최면 효과가 있다)나 청양고추를 쓸 때와 마찬가지다.

자연이 만든 건강한 음식을 먹을 때 인간은 코카인이나 니코틴의 경우처럼 섭취량을 적정하게 조절하는 것 같다. 당신이 과일을 지나치게 좋아한다고 가정하자. 아무리 좋아해도 복숭아, 귤, 자두 같은 과일을 무제한으로 먹지는 못한다. 복숭아라면 세 개 정도가 끝이다. 복숭아 세 개는 250칼로리 정도다. 대략 1일 권장 칼로리의 10퍼센트 정도에 해당한다. 이 정도는 음식 중독에 속하지 않는다. 먹고 나서 후회도 없고 먹기를 그만둘 때 불쾌감도 없다. 무력감을 느끼지도 피곤하지도 않고, 자기혐오의 구덩이에 빠지지도 않는다. 친구와 가족들에게 거짓말을 하지 않아도 된다.

산딸기와 복숭아가 아무리 맛있어도 엽기떡볶이나 프라이드치킨만큼 많이 먹을 수는 없다. 산딸기와 복숭아는 더 깊고 더 복잡한 포만감을 촉발한다. 그리고 그 이유는 이상하게 들리겠지만 독성과 관련이 있다. 자연이 만드는 음식은 인간이 만드는 음식에 비해 약간의 독성 문지방이 있다. 그래서 곧 배고픔 신호가 꺼져 많이 먹을 수가 없다.

모든 것에는 독성이 있다. 심지어 물과 산소도 사람을 죽일 수 있다. 모두 용량의 문제다. 한편 이것은 프라이드치킨과 탄산음료와 같은 가공식품의 역설적 문제다. 이것들은 지나치게 독성이 없다.

115

독성이 너무 없어서 적게 먹을 수 없다. 그래서 우리는 이것들을 계속해서 지나치게 먹게 된다.

　이 차이는 '깊은 포만감Deep Satiety'이라고 부르는 문제로 귀결된다. 근본적으로 과식은 포만감을 느끼지 못하기 때문에 발생한다. 음식이 몸의 욕구를 '다중적 레벨'에서 충족시키면 음식은 완성된 느낌을 주고 단지 배가 꽉 찬 느낌과는 다른 차원의 만족감을 제공한다. 식물의 이차화합물은 깊은 포만감을 구성하는 중요한 요소다. 향미가 진한 음식에 식물의 이차화합물이 더 많이 들어 있으므로 진한 향미가 있는 식품이 일반적으로 포만감이 더 높다.

음식 중독을
치유한
고구마

- - - - - - - -

╋   첫 장에서 소개한 웬디 솔가닉의 이야기를 마무리해 보자. 웬디는 강박적으로 먹었다. 감정적으로 먹을 때도 있었다. 그리고 과식을 했다. 그녀의 어린 시절 기억은 먹을 것으로 인한 문제들과 자신의 외모에 대한 나쁜 이미지뿐이었다. 어린 웬디는 엄마 몰래 부엌에서 남은 음식을 먹었다. 그리고 단것에 대해 끝없는 욕망이 있었다. 어머니는 웬디가 먹는 설탕의 양을 제한했다. 그러자 웬디는 설탕이 든 간식을 구하는 데 창의력을 발휘했다. 중학교 때는 친한 친구에게 매일 돈을 빌려서 점심시간에 아이스크림을 사 먹었다. 친구는 그런 웬디를 말리지 않았고 돈을 갚으라고 요구하지도 않았다. 그녀는 약간 과체중이었지만, 비만은 아니었다. 그럼에도 자신이 아주 뚱뚱하다고 느꼈다. 그녀는 자신의 몸이 불편했다. 어딘가 마음속 깊은 곳에 큰 문제가 있다고 느꼈다.

웬디의 첫 다이어트는 웨이트워처스에서 시작했다. 그때가 열다섯 살이었다. 웨이트워처스에서 체중을 좀 줄이면 마음속 문제가 해결될 것 같았다. 그녀 앞에 어떤 지옥문이 열려 있는지 웬디는 아직 알지 못했다. 칼로리를 제한하는 다이어트는 그녀의 강박 행동을 줄이지 못하고 오히려 부채질했다. 웬디는 다이어트를 해서 초과 체중을 감량하는 데는 쉽게 성공했지만, 결국엔 허기를 이기지 못하고 폭식하거나 몰래 먹었다. 다이어트를 할 때마다 체중이 줄었다가 곧바로 원래 체중으로 되돌아왔다. 다이어트와 요요를 너무 많이 반복해서 나중에는 횟수를 헤아리지도 않게 되었다. 고등학교, 대학교를 나와 대학원을 거쳐 결혼하고 세 자녀를 갖게 되기까지 이런 악순환은 반복되었다. 양배추수프 다이어트, 해독 다이어트, 사우스비치 다이어트, 탄수화물 중독 다이어트, 웨이트워처스 등 유행하는 모든 다이어트를 번갈아 시도했다. 그리고 매번 요요로 끝났다. 웬디는 자신이 점점 싫어졌다.

그녀는 날씬하고 싶었고, 건강하고 싶었다. 적당한 체중을 유지하면서 살고 싶었다. 그러나 방법을 찾지 못했다. 먹는 문제를 제외하면 그녀의 인생은 완벽했다. 자존심이 강했던 그녀에게 과체중은 무시할 수 없는 결함이었다. 그것이 그녀를 미치게 했다.

그녀는 다시 웨이트워처스에 가입했다. 이번에는 기적이 일어났다. 모임에서 만난 여자가 그녀를 조엘 퍼먼 박사가 쓴 『살기 위해 먹기Eat to Live』를 읽어 보라고 추천했다. 퍼먼 박사는 책에서 칼로리는 낮지만 영양은 많은 식물성 식품을 주로 먹는 자연 식물식을 주장했다. 그녀는 자연 식물식과 관련된 모든 자료를 뒤졌다. 그녀는 자연 식물식에 매료되었다. 웨이트워처스와 자연 식물식을 함께 하면서 마침내 다이어트가 괴롭지 않게 되었다. 무엇보다 자연 식물식은 먹는 양을 제한하지 않아서 배불리 먹을 수 있는 점이 좋았다. 영양 결핍 때문에 배고프고, 화나게 했던 다른 다이어트보다 효과적이었다.

하지만 자연 식물식을 하던 중 그녀에게 위기가 찾아왔다. 몇 년에 걸쳐 14킬로그램 정도 체중을 줄여 가던 도중에 요요가 찾아와 23킬로그램이 다시 쪄버린 것이다. 웬디는 수년간 이 식단을 유지했으나 점점 더 밀가루 음식을 먹지 않고 버티기가 힘들어졌다. 가장 취약한 순간에 자신을 유혹하는 밀가루 가공식품을 보면 무너지고 말았다.

평일 오후 5시 무렵이 위험한 순간이었다. 직장에서 지쳐서 돌아와 저녁 식사 준비를 하는 시간이었다. 아이들 점심 도시락을 풀면 먹다 남은 빵이 나온다. 주로 크림치즈를 바른 베이글이다. 대부분 거의 손대지 않은 채로 돌아오는 먹음직스런 크림치즈 베이글. 긴 하루를 보낸 보상이자 저녁 식사를 준비할 에너지를 보충하자는 생각에 의지력이 약해진다. 절대로 먹으면 안 된다고 마음속으로 외치지만 대개 웬디의 손은 이미 베이글을 집어 들었다. 그녀는 어찌할 바를 몰랐다. 그때 로스앤젤레스에서 유명한 건강식 강사 겸 요리사인 셰프 AJ가 도와주겠다고 나섰다.

웬디와 셰프 AJ는 오후 5시의 위기에 대해서 집중적으로 이야기를 나누었다. AJ는 오후 5시가 마녀의 시간 같다고 말했다. 이때는

무엇이 포만감을 주는가

두뇌에 포도당이 떨어지는 시간이어서 몸이 칼로리를 찾는 것이라고 했다. 셰프 AJ는 위기의 시간인 오후 5시에 다른 것을 먹어 보라고 권했다. AJ는 허기진 상태로 귀가했을 때 먹기 좋은 음식은 감자나 고구마라고 했다. 특히 고구마를 권했다.

AJ의 충고에 따라 웬디는 일본 고구마를 사서 오후 5시에 먹었다. 이것은 웬디가 했던 최고의 실험이 되었다. 가공식품 중독이 멈춘 것이다. 오후 5시에 고구마를 먹는 것은 웬디에게 꼭 필요한 치료제였다. 웬디는 고구마의 질감과 맛이 좋았다. 고구마를 먹자 아이들이 남긴 도시락에 손대지 않게 되었고 오랫동안 허기를 무디게 해주었다. 고구마가 두뇌에 안정감을 준 것 같았다. 고구마에 든 파이토케미컬 중에는 세로토닌 레벨을 올리는 것도 있다. 말할 것도 없이, 웬디는 감자와 고구마의 팬이 되었다.

여러 해 동안 웬디는 조엘 퍼먼 박사의 방법을 따랐던 사람들이 성취한 극적인 효과를 기대하며 전분의 섭취를 제한해 왔다. 고구마를 매일 먹는 것이 모든 사람에게 마법을 일으킬 것인가? 그녀는 그렇지 않을 것 같다고 말한다. 그러나 만약 당신이 설탕 중독이라면 한번 시도해 볼 만하다. 오후 5시에 고구마를 먹음으로써 웬디는 밀가루 가공식품을 끊을 수 있었다. 머릿속에 마법이 일어나서 다시는 밀가루를 갈망하지 않게 되었다. 그녀는 장담컨대 고구마가 자신을 구했다고 한다.[31]

웬디 솔가닉은 설탕에 중독된 뇌를 치유하고, 음식 중독에서 벗어나려면 채소와 과일을 더 먹는 것만으로는 부족하다고 한다. 그녀는 식사 후 가득 찬 느낌이 아닌 기분 좋은 포만감이 중요하다고 말한다. 그래야 나중에 폭식하지 않기 때문이다. 웬디는 온갖 다이어트로 점철된 인생을 통해 모든 사람에게 들어맞는 완벽한 다이어트 비법이 없음을 경험적으로 실감했다.

웬디의 다이어트는 아직도 진행 중이다. 그녀는 계속해서 몸무게가 줄었으며 자신에게 효과가 있는 음식과 없는 음식을 가려낸다. 무엇보다도 거울을 볼 때 편안해졌다. 이제는 할 수 있다는 자신감이 주는 심리적 안정감 때문이라고 그녀는 생각한다.

"더는 음식과 당분이 무서운 적이 아니에요. 이제는 음식 생각이 내 모든 시간을 지배하지 않아요."

그렇다고 웬디가 절대로 과식하지 않았던 것은 아니다. 가끔씩 그녀는 평소 먹던 방식에서 벗어나기도 한다. 하지만 자신을 책망하지 않고 건강한 식단으로 즉시 돌아온다. 그녀는 다른 과식자들이 자신처럼 음식에서 평화를 되찾기를 소망한다.

무엇이 포만감을 주는가

맛의 희석화

5

농산물 속 미량영양소가 줄고 있다

- - - - - - -

+ 연세 지긋하신 분들이 종종 '요즘 음식은 옛날만 못해'라며 불평하신다. 지난날의 기억을 미화하거나 나이 들어 미각이 둔해진 탓으로 치부당하지만, 이분들의 불만은 옳다. 음식의 향미가 변했기 때문이다. 향미가 점점 밍밍해졌다.

해리 클리는 야생종 토마토와 현대적인 상업용 토마토의 향미 화합물을 비교했다. 야생종과 상업용 토마토의 향미 화합물은 적게는 두 배에서 많게는 일곱 배까지 차이가 났다. 토마토의 향미가 희석되면 영양소도 같이 희석된다. 상업용 토마토는 야생종 토마토보다 탄수화물과 수분 함량이 높지만 단백질, 미네랄, 비타민, 파이토케미컬 같은 영양소는 부족하다.

야생종과 상업용 토마토의 영양상 차이는 과거와 현재의 토마토를 비교했을 때도 유사하게 나타난다. 대대적인 종자 개량으로 토마토 수확량은 지난 30년간 무려 세 배나 늘었다. 그러나 그사이 토마

맛의 희석화

토에 들어 있는 칼슘, 비타민 A, 비타민 C 등은 현저히 감소했고, 나트륨 함량은 14배나 증가했다.[32] 1999년의 토마토는 1950년의 토마토보다 칼슘은 57퍼센트, 철분은 29퍼센트, 비타민 C는 21퍼센트 감소했다. 탄수화물은 소폭 증가했고 지방은 변함이 없었다. 대량영양소는 그대로인 상태에서 미량영양소만 감소한 것이다.

하우스 재배 시금치는 같은 종자를 파종한 노지 시금치보다 면적당 생산량이 세 배다. 하우스 시금치는 노지 시금치에 비해 탄수화물과 지방을 제외한 미량영양소가 심각하게 희석된다. 신안군의 노지 재배 시금치는 농촌진흥청이 분석한 전국 시금치 평균값보다 베타카로틴은 일곱 배, 철분과 칼슘은 세 배나 많았다. 우리는 이 차이를 맛으로 실감한다. 노지 시금치는 하우스 시금치보다 향미가 훨씬 좋다. 미국의 쿠시연구소Kushi Institute는 1975년부터 1997년 사이에 채소 12종에서 칼슘은 27퍼센트, 철분은 37퍼센트, 비타민 A는 21퍼센트, 비타민 C는 30퍼센트가 감소했다고 보고했다. 영국에서도 유사한 보고가 있었다. 1930년과 1980년 사이에 영국에서 생산된 채소 20종에서 칼슘은 19퍼센트, 철분은 22퍼센트, 포타슘은 14퍼센트 감소했다. 어떤 연구자들은 할아버지 세대들이 오렌지 한 개에서 섭취하던 비타민 A와 같은 양을 얻으려면 지금은 오렌지 여덟 개를 먹어야 한다는 결과를 발표했다.[33]

과일의 미네랄 함량이 점점 줄고 있음을 실감하는 가장 좋은 예는 사과다. 요즘 사과는 껍질을 벗겨 오래 두어도 변색되지 않는다. 사과가 변색되는 것은 사과의 철분이 공기에 노출되어 산화하

기 때문인데 미국의 NGO 단체인 영양안전연구소Nutrition Security
Institute에서 발표한 자료에 따르면 사과의 철분은 1914년 중간 정
도 크기 사과 한 개당 4.6밀리그램에서 1992년 0.18밀리그램으로
96퍼센트나 감소했다. 사과를 먹으면 철분이 보충된다는 영양 정보
는 구세대의 유물이 되었다. 철분의 감소와 함께 향미 화합물도 감
소했다. 요즘 사과는 향미가 약하다.

크기는 커지고 성장 속도는 빨라졌지만
영양소는?

과거에 비해 요즘 농산물의 영양소가 크게 감소했다는 주장은
2004년 미국 텍사스 주립대학교 도널드 데이비스Donald Davis 교
수의 연구가 발표되면서 영양학계의 정설이 되었다. 데이비스 교수
는 미국 농무부가 보유한 43종의 채소와 과일에 들어 있는 영양소를
1950년과 1999년 데이터로 비교했다. 지난 50년간 단백질, 칼슘, 인,
철, 리보플라빈(비타민 B2), 비타민 C 함량이 상당히 감소했음을 확인
했다. 대략 30퍼센트에서 50퍼센트까지 감소했다. 데이비스 교수는
이것은 농업 관행이 영양보다는 생산량, 성장 속도, 크기, 질병 저항
성 같은 특질을 개선하는 데 역점을 두었기 때문이라고 말한다.
　"수확량이 더 많고, 질병 저항성이 더 크고, 기후 적응성이 더 높
은 작물을 개발하려는 노력은 작물을 더 크고 더 빨리 자라게 했다.

맛의 희석화

그러나 영양소를 만들고 흡수하는 작물의 능력은 빨라진 성장 속도를 따라가지 못했다."³⁴

우리가 모르는 사이 같은 양의 영양분이 더 커진 식물의 부피 안에서 희석되었다. 이것을 '희석 효과'라고 부른다. 데이비드 교수는 희석 효과를 이렇게 설명했다. "오렌지주스 한 컵에 물 한 컵을 더하면, 모든 영양소의 농도는 50퍼센트로 줄어듭니다." 농부들은 수확량에 따라 돈을 받으므로 수확량을 늘리는 방법을 연구하는 데 매진할 수밖에 없다. 하지만 그 이면의 단점은 농부들도 잘 알지 못한다. 현재 다수확 농산물은 비타민과 미네랄 이외에 다른 영양소, 특히 파이토케미컬이 크게 감소했다고 추정된다. 1950년대에는 폴리페놀 같은 식물의 이차화합물은 측정하지도 않았다.

음식의 향미가 약해지면서 미량영양소가 감소하는 현상은 곡물에서도 발견된다. 미국의 대평원에서 생산되는 밀에 함유된 미네랄은 지난 100년간 20~30퍼센트 감소했고 단백질은 50퍼센트나 줄었다. 같은 기간에 밀의 단위 면적당 생산량은 두 배 증가했다. 생산량 증가는 화학비료와 농약의 사용, 다수확 품종의 개발에 의한 결과다. 특히 질소 비료를 사용하면 농작물의 영양소는 감소하지만, 수분 함량은 늘어난다고 보고되었다.

미국의 농학자 노먼 볼로그Norman Borlaug는 오랜 연구 끝에 수확량이 많은 앉은뱅이 밀을 개발해 1970년 노벨 평화상을 수상했다. 매우 가치 있는 업적임에 틀림없다. 파키스탄은 이 성과를 통해 더 많은 밀을 수확하여 더 많은 인구를 먹여 살렸고, 굶주림을 방지

할 수 있었다. 그러나 그가 알지 못했던 점은, 앉은뱅이 밀이 필수 열량을 채워 주었지만 현재에 이르러 '숨은 기아'라는 문제를 일으킬 수도 있다는 사실이었다. 숨은 기아란 열량은 충분히 섭취하지만 충분한 미량영양소를 섭취하지 못하는 상태를 말한다. 그 효과는 아이들이 자라고 배우는 능력의 감소를 비롯한 여러 문제로 이어질 수 있다. 같은 현상이 동아시아에서도 나타난다. 녹색혁명은 우리의 주식인 쌀의 생산량을 획기적으로 늘렸지만, 쌀에 포함된 미량영양소는 크게 감소시켰다. 일부 전문가는 '숨은 기아' 현상이 저개발국가에만 국한되지 않는다고 말한다. 우리 몸은 일정량의 칼로리를 소모할 때마다 일정 수준의 미량영양소가 필요하다. 칼로리와 동반되어야 하는 미량영양소가 부족하면 건강에 좋지 않다. 폴리네시아, 뉴질랜드, 호주 등지의 토착민들이 먹는 전통 식단은 현대인보다 미네랄과 지용성 비타민 섭취량이 다섯 배에서 스무 배나 높았다. 수렵채집 생활을 하던 토착 원주민들은 주식으로 무엇을 먹든 간에 비만, 당뇨, 심장병, 고혈압 같은 문명세계의 질환이 없었다.[35]

맛의 희석화

정크푸드가
된
닭고기

- - - - - - - -

＋　　　　농산물의 대량생산이 미량영양소를 20~30퍼센트 감소하는 선에서 그쳤다면, 그나마 우리는 감사했을 것이다. 진짜 문제는 맛에 있었다. 대량생산이 가능해지면서 농산물의 향미가 떨어졌다. 맛있게 먹기 위해 농산물에도 가짜 맛을 첨가하기 시작했다. 희석된 영양소와 합성 향미료의 조합은 후폭풍을 몰고 왔다.

　닭고기가 이를 가장 잘 보여 준다. 닭고기는 밍밍한 맛이라 인위적인 향미가 가장 많이 첨가된다. 닭고기가 밍밍함의 나락으로 추락하기 시작한 사건은 1948년에 있었다. 미국의 식품점 체인 A&P푸드는 이상적인 닭의 모형을 왁스wax로 만들어서 전국에 보냈다. 그 모형과 똑같은 살아 있는 닭에 1만 달러의 상금을 걸었다. 왁스로 만든 닭 모형은 흉곽이 비정상적으로 크고 넓었으며 몸집이 비대했다. 그 모형처럼 풍성한 가슴살을 가진 커다란 닭을 최단기간에 길러 내는 양계업자가 그 상금을 받을 수 있었다.

'내일의 닭Chicken of Tomorrow'이라고 불리는 이 행사는 하워드 피어스Howard Pierce가 기획하였다. 그는 당시 가장 큰 식품점 체인이었던 A&P푸드의 가금류 연구 책임자였다. 1940년대의 미국 양계산업은 최고의 호황을 누렸다. 2차 세계대전으로 소고기와 돼지고기의 배급제가 시행되면서 미국인들은 닭고기 소비를 두 배로 늘렸다. 그러나 1945년, 전쟁이 끝나면서 미국인들이 소고기와 돼지고기를 다시 찾기 시작했고 하워드 피어스는 닭고기 수요가 바닥으로 추락할 것을 우려했다.

1940년대 미국의 닭고기는 지금과 전혀 달랐다. 현재의 기준으로 보면 가격이 비쌌고 대개는 달걀산업의 부산물이었기 때문에 크기도 다양했다. 먼저 브로일러(구이용 영계)가 있었다. 0.7킬로그램 정도였고 아주 부드러워서 브로일러의 불 아래에서도 익힐 수 있었다. 그다음에 프라이어(튀김용 닭)가 있었다. 브로일러보다 크고 질기지만 엄청 큰 편은 아니었다. 프라이어 다음엔 로스터(통구이용 성계)가 있었고 마지막으로 파울(노계)이 있었다. 파울은 늙은 암탉으로 너무 질겨서 수프와 스튜로밖에 사용하지 못했다. 저녁 만찬을 준비한다면 브로일러나 프라이어가 필요했다. 그러려면 당시로서는 상당한 비용이 들었다. 피어스는 미국에 정말 필요한 것은 큰 가슴살 닭고기의 안정적인 공급이라고 생각했다. 그래서 탄생한 것이 '내일의 닭' 경연 대회였다.

1946년과 1947년에 '내일의 닭' 지역 예선이 열렸다. 1948년, 지역 예선 우승자들이 한자리에 모여 '내일의 닭' 전국 대회를 가졌다.

메릴랜드주의 부화장에 전국 25개 주의 3만 1,680개의 달걀이 모였다. 달걀들이 부화해 병아리가 태어나자 똑같은 우리에서 단백질 20퍼센트, 지방 3.5퍼센트, 섬유질 7퍼센트로 구성된 특제 사료를 먹였다. 12주하고 이틀이 지나자 마침내 때가 되어 도살되었다. 그런 후 평가회를 가졌다. 밝은 불빛 아래서 심사위원들은 털이 뽑힌 닭들을 크기의 균일성, 피부의 질, 가슴의 길이와 깊이, 넓이 그리고 부화율, 사료 효율, 무게 같은 실적들로 평가했다. 캘리포니아 밴트리스 부화장에서 온 닭 50마리가 1등을 차지했다. 뚱뚱한 캘리포니아 코니시 수탉과 뚱뚱한 뉴햄프셔 암탉을 교배해 태어난 닭이다. 이 닭들은 무척 컸다. 평균 1.7킬로그램. 사료 효율은 3.17이었다. 이것은 닭의 무게 1킬로그램당 3킬로그램이 조금 넘는 사료가 소요되었다는 뜻이다.

1923년, 병아리가 1킬로그램의 작은 브로일러가 되는 데 16주가 걸렸고 사료 효율은 4.7이었다. 밴트리스 부화장의 닭들은 괄목할 만했다. 다른 브로일러보다 0.5킬로그램이 더 나갔고 그렇게 클 때까지 사료는 덜 들었다. 기적의 닭이라 부를 만했다. 맛은 어땠을까? 아무도 모른다. 심사위원들은 맛은 평가하지 않았다. 경연 대회의 목적은 왁스 모형과 똑같은 닭을 만드는 데 있었기 때문이다.

'내일의 닭' 경연 대회는 닭의 크기와 성장 속도가 사육 방식에 따라 달라질 수 있다는 점을 보여 주었다. 성장률과 살집의 양은 고정된 물리 법칙이 아니다. 어떤 수탉이 어떤 암탉과 짝짓기를 하느냐에 따라 닭의 유전자를 바꿀 수 있다. 이것으로 우리나라의 닭고기

맛에도 어두운 그림자가 드리워졌다. 1951년에는 내일의 닭 우승자가 1948년에 비해 2주나 빨리 닭을 살찌웠고 1973년에는 결승점까지 8주 반밖에 걸리지 않게 되었다.

모든 것이 피어스의 계획대로 진행되었다. 값이 싸지고 고기가 더 두툼해지자 닭고기 소비는 지속적으로 증가해서 1967년에 이르자 미국인들은 1948년보다 두 배나 더 많이 닭고기를 먹었다. 2006년에 이르자 닭고기는 너무나 싸고 흔해져서 미국인들은 1948년보다 다섯 배가량이나 더 먹게 되었다.

건강하지 않은 식품일수록
많이 먹게 된다

'내일의 닭' 경연 대회는 더 이상 열리지 않는다. 하지만 '내일의 닭' 경연 대회는 사실상 끝나지 않았다. 수많은 가금류 학자들이 교배를 통해 닭을 개선하는 데 헌신하였다. 그 결과 상상이 불가능했던 획기적인 개선이 계속해서 이루어졌다. 오늘날의 육계는 1948년에 가장 빨리 자랐던 육계보다 약 절반의 시간, 35일이면 출하된다. 그리고 무게는 0.7킬로그램 더 나간다. 더 믿기 어려운 것은 이렇게 자라는 데 사료는 3분의 1 정도 덜 들어간다. 다리는 아주 짧고 몸집은 뚱뚱하다. 한때는 민첩하게 뜀박질을 잘했지만 지금은 뒤뚱뒤뚱 겨우 걷는다. 가슴이 너무 넓고 두꺼워서 현대의 닭들은 똑바로 잘 서

지도 못한다.

피어스의 꿈은 영광스럽게 현실화되었다. 닭고기는 미국에서 가장 많이 소비되는 고기다. 닭고기는 싸다. 1948년 2.3킬로그램짜리 닭 한 마리는 3달러였다. 2014년의 물가로 환산하면 30달러. 2014년 미국의 슈퍼마켓에서 파는 닭 한 마리는 7달러다. 오늘날 닭고기 값은 '내일의 닭' 경연 대회 시절에 비해 4분의 1 정도에 불과하다.

우리가 먹는 요즘의 닭고기는 향미가 약하고 맛이 없다. 기본적으로 맛이 없다는 것은 건강하지 않다는 뜻이다. 수만 마리의 닭을 한곳에서 키우는 대형 양계장은 자동화되어 사료를 자동으로 투여하고 가능한 한 모든 출입을 엄격히 통제한다. 닭들의 면역력이 약하기 때문이다. 자동화되었지만 매일 아침 주인이 꼭 해야 하는 일이 있다. 죽은 닭을 거두어 버리는 일이다. 아침이면 계사마다 수십 마리의 닭이 죽어 있다. 원인은 고혈압이나 심장병 같은 퇴행성 질환이다. 30일 정도밖에 안 된 어린 닭이 이런 노년기 질환을 앓는 것은 고도비만 때문이다. 대부분 양계장들은 넘어져 다치지 않게 바닥을 폭신하게 만드는데도 닭들이 제 몸무게를 이기지 못해 넘어져 다리뼈가 골절되기도 한다. 아픈 닭은 글루타티온 같은 항산화 물질이 부족해진다.

닭이 무엇을 먹느냐가 닭고기의 맛을 결정한다. 향미가 근육에 축적되려면 풀과 풀벌레가 필요하다. 닭은 먹이의 30퍼센트를 풀로 먹는 동물이다. 주로 옥수수와 콩으로 만든 사료만 먹이는 양계장의 닭은 오메가-6 지방산이 과잉될 뿐만 아니라 향미도 축적되지 않는다. 향미와 함께 풀에서 얻는 영양소와 파이토케미컬도 없다. 당연히 포만감을 주어 과식을 막아 줄 식물의 이차화합물도 없다.

닭고기에 향미가 부족한 또 다른 이유는 대부분 닭이 영계인 데 있다. 닭이 근육에 향미를 축적하려면 시간이 걸린다. 긴 시간 성장해야 하는데 요즘 닭은 35일 만에 출하된다. 가금류 과학 잡지의 한 논문에서는 요즘 육계의 성장 속도를 다음과 같이 표현하다. "만약 사람이 요즘 육계처럼 빨리 자란다면 막 태어난 신생아는 2개월 후 300킬로그램이 될 것이다." 한마디로 우리는 거대한 병아리를 먹는 셈이다.

닭고기는 원래 별다른 양념 없이 구워도 맛있었다. 하지만 대량 생산 되는 요즘 닭고기는 향미가 거의 없다. 치킨업계 사람들은 닭고기는 양념에 따라 맛이 좌우되는 '빈 캔버스'라고 말한다. 프라이드치킨은 생닭을 육색 고정제, 수분 보존제, 육질 연화제 등이 첨가된 소금물에 절여서 전前처리하는 염지 과정을 거친 후 향신료가 잔뜩 들어간 튀김가루에 버무려 튀겨 낸다. 튀긴 닭에 향신료와 MSG, 설탕이 주재료인 양념소스를 덕지덕지 바르면 요리가 완성된다. 이제 닭고기는 향신료와 양념 맛으로 먹는 음식이다.

언젠가 프랑스에서 양념 없이 브로일러에 구워 낸 맛있는 닭고기를 맛본 적이 있다. 국립공원 내에 있는 계사에서 방목하여 키운 프랑스 토종닭이었다. 닭고기 특유의 향이 진하게 났고 맛있었으며 매우 만족스러웠다. 한 마리를 성인 다섯 명이 배부르게 먹었다. 프랑스 토종닭은 그것이 단지 단백질과 지방, 그 이상이었기 때문에 나를 만족시켰다. 거기에는 우리 몸에 필요한 다른 것들이 들어 있다. 비타민, 미네랄, 오메가-3 지방산, 항산화제 등. 놀랍게도 몸은 그것을 바로 알아챈다. 프랑스 토종닭은 또한 식물의 이차화합물을 갖고 있었다. 프레드 프로벤자는 이차화합물이 충분한 포만감과 강한 연관이 있다고 말한다. 식물의 이차화합물이 닭고기 속에 있어도 마찬가지다.

건강하지 않은 식품일수록 많이 먹게 된다. 시골 마당에서 자유롭게 키운 토종닭을 구해서 먹어 보라. 한 마리면 4인 한 가족에게 충분하다. 향미가 부족하여 인위적으로 맛을 낸 치킨은 과식을 부른다. 영양소가 부족하고 인위적으로 맛을 내서 과식을 유발하는 식품은 '정크푸드'로 불려야 한다. 닭고기는 정크푸드가 되었다.

밍밍한
음식의
습격

✚   향미가 희석되는 현상은 현대 농업 전반에 걸쳐 발생하는
문제다. 종자 개량, 화학비료, 비닐하우스, 지력 쇠퇴, 토양 미생물
감소 등 다양한 원인이 밍밍한 음식을 만들어 냈다. 닭고기는 향미
를 잃었다. 토마토는 밍밍해졌고 옥수수, 밀, 딸기, 상추도 각각의 고
유한 맛이 약해졌다. 모든 음식이 묽게 변했다.

상추를 예로 들어 보자. 상추는 진한 쓴맛이 났고 먹고 난 후에는
졸음이 왔다. 그래서 점심에는 상추쌈을 먹지 말라는 말도 있었다.
잘라낸 아래쪽에서 흰 진액이 나오는 것도 가끔 볼 수 있었다. 상추
는 향미가 진했고 상추를 먹음으로써, 그것과 관련된 식물의 이차화
합물 영향을 느낄 수 있었다. 모두가 지난 일이다.

식품회사들이 밀가루와 설탕에 향미를 덧입히기 위해 저렴한 해
결책으로 합성 향미료를 개발했다. 그 용도를 넘어서서 지금처럼 합
성 향미료를 대량으로 사용하게 된 것은 농산물의 향미가 약해졌

기 때문이다. 단적인 예로 버터가 있다. 요즘 버터에는 합성 버터향이 첨가된다. 마가린에 버터 맛을 주려고 합성 버터향을 개발했던 바로 그 업계가 지금은 진짜 버터에 합성 버터향을 첨가한다. 어쩌다가 버터는 마가린 신세가 되었을까? 우유가 묽어졌기 때문이다. 1948년, 평균적인 젖소의 1일 착유량은 7킬로그램 정도였다. 젖소들은 들판에서 풀을 먹고 겨울엔 건초를 먹었다. 오늘날 젖소들은 격납고 같은 공간에서 양계장의 닭들처럼 밀집되어 끊임없이 공급되는 옥수수와 콩을 먹는다. 한 마리당 평균 착유량은 하루에 30킬로그램에 달한다. 기능이 최고급인 홀스타인 젖소는 90킬로그램도 생산한다. 1948년보다 1,200퍼센트 증가한 수치다. 현대의 우유는 현대의 닭고기와 토마토처럼 밍밍하고 물 같다.

1948년 딸기 1킬로그램이 생산되던 면적에서 현재는 5.5킬로그램을 생산한다. 1940년대 중반 이후 단위 면적당 생산량은 양파가 200퍼센트 늘었고, 마늘이 250퍼센트, 브로콜리가 300퍼센트, 토마토가 500퍼센트 늘었다. 단위 면적당 곡물 수확량은 1948년 이후 쌀이 약 3배, 옥수수가 4배, 감자가 3배, 밀이 2.5배, 콩이 2배 늘었다. 암탉은 달걀을 2배 더 낳고, 돼지는 25퍼센트 더 크고 25퍼센트 더 어리며, 소는 절반 정도의 나이에서 60퍼센트나 고기가 더 많다. 해를 거듭하면서 우리는 땅에서 점점 더 많은 수확을 쥐어짜 냈다. 그 결과 우리의 농작물은 향미가 약해졌다.

1960년대의 미국 옥수수는 1930년대의 옥수수와 겉보기엔 똑같았다. 하지만 맛은 같지 않았다. 1960년의 미국 농부들은 30년 전보다 세 배나 더 많은 옥수수를 생산했다. 옥수수의 양은 많아졌지만 맛은 반대로 약해졌다. 옥수수 맛이 점차 묽어졌다. 옥수수 과자가 팔리지 않는 것은 당연했다. 맛의 희석되어 만들어진 빈 공간을 합성 향미료가 채웠다. 도리토스를 개발한 아치 웨스트의 천재성은 트렌드를 읽은 데 있었다. 식재료는 묽어지고 합성 향미료 기술은 좋아졌다. 그는 이 두 트렌드를 결합했던 것이다. 인공적으로 향미를 낸 음식이 맛 제국의 영토를 점령한 데는 그럴 만한 이유가 있었다. 재료가 변했기 때문이다. 과일, 고기, 곡물, 채소는 고유의 향미를 잃어가고 있었다.

밍밍한 재료에 합성 향미료를 더하는 일이 정크푸드에 국한되지 않는다. 이런 현상은 우리가 집으로 배달해 먹는 음식, 식당에서 사 먹는 요리, 시장에서 사 오는 기본적인 식재료에 이르기까지 음식 전반에 침투하였다. 닭고기, 과일 주스, 심지어 향신료로 쓰이는 허브도 예외가 아니다. 모든 음식이 점점 더 밍밍해졌으며 이에 따라서 더 많은 시즈닝을 넣고 있다. 앞에서 설명한 프라이드치킨이 그 단적인 예다.

캔 커피에 합성 커피향을 첨가하고 초콜릿 제품에 합성 초콜릿향을 넣는 까닭은 비싼 원료를 절약하기 위한 경제적 목적이 크지만, 사과주스에 천연 사과즙과 함께 합성 사과향을 첨가하는 이유는 그럴 수밖에 없기 때문이다. 요즘 사과는 사과향이 진하지 않다. 같은 이유로 허브티에 허브향이 첨가된다.

밍밍한 식재료의 한계를 극복하기 위해 가장 흔히 사용되는 방법은 설탕과 소금이다. 풍요로웠던 향미 대신 더 달고 더 짜게 만드는 전략이다. 고급 한정식 식당에 가서 음식을 먹어 보면 한식이라고 하기 어려울 만큼 설탕과 물엿 등이 과다하게 사용된다. 설악산 아래 즐비하게 늘어선 산채 정식 전문점에서도 더덕에 물엿을 넣은 고추장을 두텁게 발라 굽는다. 더덕의 향이 약하기 때문이다. 설탕과 물엿은 칼로리에 비해 미량영양소가 극히 부족하기 때문에, 이것으로 양념한 음식을 먹는 사람은 포만감을 느끼기 어렵다. 한식의 정크푸드화 현상이다. 토마토, 당근, 채소들도 밍밍하다. 그래서 사람들은 이것들을 먹지 않거나 또는 영양을 무디게 하는 달고 짜고 기름진 양념과 소스를 듬뿍 끼얹는다. 모든 음식이 정크푸드화하는 중이다. 밍밍한 음식은 본질적으로 건강하지 않다.

몸에 각인되는 영양 지혜

말벌이
애벌레를 찾는
비법

- - - - - -

✚　　1980년 초, 미국의 목화 농장주들은 당시 유행하던 천적을 이용한 해충 구제법을 목화 잎을 먹어치우는 애벌레를 퇴치하는 데 적용하려 했다. 후보로 떠오른 천적은 기생 말벌이었다. 기생 말벌은 애벌레의 몸속에서 깨어나 구더기로 자라면서 애벌레를 안쪽에서부터 먹어치운다. 그러다가 말벌로 변태하고 짝짓기한 후 새로운 애벌레를 찾아서 다시 그 속에 알을 낳는다.

농장주들은 수백만 마리의 기생 말벌을 키웠다. 그런 다음 말벌들을 종이 봉지에 담아 비행기에 싣고 애벌레가 들끓는 목화 농장 위로 뿌렸다. 기생 말벌을 통해 목화에 독한 농약을 뿌리지 않고도 애벌레를 퇴치하는 것이 최종 목적이었다. 이론상 그럴듯했지만 잘되지 않았다. 종이 봉지가 땅에 떨어졌을 때, 기생 말벌은 사람들이 기대하던 대로 움직이지 않았다. 웬일인지 말벌들이 애벌레를 찾아내지 못했다.

몸에 각인되는 영양 지혜

말벌은 어떻게 넓은 벌판 위로 날면서 과일 안에 숨어 있거나 이 파리 뒤에 붙어 있는 2.5센티미터 정도의 작은 애벌레를 찾아낼까? 멀리서 애벌레가 있는 위치를 속단할 수도 없고, 그 많은 이파리들을 일일이 다 뒤져볼 시간도 없다. 드론으로 해운대 해변에서 잃어 버린 머리핀을 찾는 것만큼이나 확률적으로 희박한 게임이다. 곤충학자 조 루이스W. J. Lewis와 유기화학자 짐 툼린슨J. H. Tumlinson은 말벌이 애벌레를 찾아내는 비법은 경찰견이 죄수를 추적하는 것과 같은 방식, 즉 '냄새'라고 생각했다.

이들은 애벌레가 있는 케이지에 말벌을 넣고 관찰했다. 말벌이 애벌레 속에 알을 낳는 광경을 볼 것으로 기대했다. 말벌은 솟구쳐 올라 이리저리 날아다니더니 전등에 앉았다. 그것이 끝이었다. 말벌과 애벌레를 바꾸어 가며 실험을 계속했지만, 결과는 달라지지 않았다. 애벌레는 냄새를 거의 발산하지 않았다. 말벌이 냄새를 잘 맡는다면 애벌레로서는 냄새를 풍기지 않는 쪽이 유리하다.

다음에 이들은 애벌레를 나뭇잎 위에 올려놓고 케이지에 말벌을 투입했다. 두 번째 실험도 별로 성공적이지 못했다. 말벌은 나뭇잎에 약간 관심을 보여서 이파리 위로 날거나 때로 이파리에 앉기도 했지만 애벌레에 가까이 가지는 않았다. 그러나 흥미로운 결과가 나왔다. 애벌레가 잎을 갉아먹을 때는 말벌의 활동이 급격히 증가했다. 말벌은 안테나를 세우고 비행을 시작했다. 지그재그로 이리저리 비행하다가 애벌레를 정조준하여 직선으로 날아들었다. 더 흥미로운 점은 말벌들이 애벌레가 없는, 반쯤 갉아먹은 이파리에도 끌렸다는 점이다. 식물이 말벌에게 마치 말을 거는 것 같았다.

조 루이스와 짐 툼린슨은 식물과 말벌 사이에는 초보적이지만 일종의 커뮤니케이션이 존재한다고 생각했다. 커뮤니케이션의 매개는 냄새였다. 식물은 자기를 먹어치우는 애벌레에게 냄새를 발산하고 말벌은 그 냄새로 애벌레의 위치를 파악하는 것이다.

애벌레에게 피해를 당한 식물은 몇 시간 후 화학 물질을 방출한다. 그 화학 물질은 아주 독특해서 말벌은 어떤 종류의 벌레가 이파리를 먹는지 알 수 있다. 어떤 것은 회색담배나방이고 어떤 것은 옥수수 이삭 벌레다. 옥수수 이삭 벌레 속에는 알을 낳지만 회색담배나방에는 알을 낳지 않는 종류의 말벌에게 이것은 중요한 정보다. 이 신호는 목표물이 되는 애벌레가 어디쯤 있는지 대강의 위치를 알려 준다. 한편 애벌레에게 공격을 당하는 식물은 애벌레가 이파리에 상처를 낼 때마다 즉각적으로 냄새 신호를 발산한다. 이것은 "나는 다쳤어"라고 말하는 경보로서 말벌에게 애벌레의 정확한 위치를 알려 준다. 목화밭에서 애벌레를 찾는 말벌은 이 신호를 이용해서 목표를 겨냥하고 애벌레 위에 올라타서 침을 삽입한다.

비행기에서 살포된 후 애벌레를 찾아가지 못했던 수백만의 말벌에게는 많은 문제가 있었다. 말벌 공장에서 키워진 말벌은 옥수수와 콩가루를 먹인 애벌레 속에서 알을 까고 나왔다. 애벌레용 배합 사료다. 목화 잎이 아니었다. 말벌의 구더기가 애벌레 속에서 자랄 때, 애벌레가 먹는 먹이의 화학적 흔적이 말벌 구더기에 각인되고 자라서 말벌이 되었을 때 그 냄새를 찾아가도록 프로그램되는 것으로 밝

몸에 각인되는 영양 지혜

혀졌다. 비행기에서 살포된 말벌은 엉뚱한 냄새를 찾았던 것이다. 목화 잎을 먹는 애벌레를 찾게 프로그램되지 않았던 것이다.

식물이 상처를 입었을 때 발산하는 신호용 화학 물질은 정확히 무엇이었을까? 루이스와 툼린슨은 잎을 면도칼로 그어서 잘라낸 후 그 부위의 냄새를 모았다. 그리고 이것을 가스크로마토그래피로 분석했다. 이들이 발견한 화합물 중 가장 주된 것은 시스-3-헥세놀 cis-3-hexenol이었다.[36] 보통 리프알코올로 알려진 것으로, 풀을 베거나 잔디를 깎은 후 나는 냄새다. 식품업계에서는 딸기향의 주요 성분으로 사용한다. 말벌에게 이것은 애벌레가 여기 있다고 말하는 식물의 냄새 신호다. 말벌은 목화 잎을 먹는 애벌레 속에 살 때 이 냄새에 노출되며 이 냄새를 좋아하게 된다.

식물의
이차화합물은
어디에 쓸까

시스-3-헥세놀은 식물의 이차화합물이다. 지금까지 어림 잡아 4만 5천 종의 이차화합물이 확인되었다. 아직 확인되지 않은 것까지 합하면 총 백만 개 이상이 존재할 것으로 추정된다. 시스-3-헥세놀은 딸기향의 주성분이다. 바닐라향의 주성분인 바닐린과 계피향의 주성분인 시나믹알데하이드도 식물의 이차화합물이다. 음식에 특유의 향미를 부여하는 향미 화합물들은 모두 식물의 이차화합물이다. 목화가 시스-3-헥세놀이라는 식물의 이차화합물을 이용해 말벌과 초보적인 소통을 했다면 인간은 어떨까? 인간은 식물의 이차화합물이라는 신호를 매개로 음식과 밀접한 관계를 맺어 왔다. 그리고 현대의 식품산업은 식물의 이차화합물이라는 신호를 위조하거나 미약하게 위축함으로써 우리의 건강을 위협한다. 음식을 이해하려면 식물의 이차화합물을 이해해야 한다.

식물은 많은 물질을 만든다. 탄수화물과 단백질, 핵산, 지질 등은 세포의 기능을 수행할 때 없어서는 안 될 필수 화합물이다. 또한 이들 물질의 합성과 분해 과정에서 나타나는 중간 대사 물질과 대사의 조절 과정에 관여하는 물질들도 마찬가지로 필수 화합물이다. 이들은 일차화합물이다. 그러나 식물체에는 생존에 필수적이지 않은 화합물들이 많이 있는데, 이것들을 식물의 이차화합물이라고 한다. 지난 200년간 과학자들은 식물이 만들어 낸 많은 화합물이 무슨 용도인지 잘 몰랐다. 식물은 필요 이상으로 화합물을 만드는 것 같았다. 어떤 화합물은 분명히 필수적이었다. 예를 들어 셀룰로오스는 식물의 구조에 필요하다. 엽록소는 식물이 태양의 에너지를 흡수하게 해 준다. 이런 중요한 화합물이 없으면 식물은 살지 못한다. 이것들은 일차화합물이다. 식물의 일차화합물은 종류가 많지 않다. 그런데 이차화합물은 아주 많았다. 만들어 놓고도 사용하지 않는 듯 보이는 그 수많은 화합물은 도대체 뭐란 말인가? 1806년 독일 약학자가 양귀비에서 모르핀을 분리한 이후로 과학자들은 식물의 이차화합물이 가진 약리적 작용에만 관심을 가졌다. 식물에서 유용한 물질을 분리해 내는 일이다.

1950년대, 독일 출신의 과학자 고트프리트 프랭켈Gottfried Fraenkel은 식물이 이런 이상한 화합물을 생산하는 데는 분명한 목적이 있다고 생각했다. 그는 녹색식물의 영양적 조성이 매우 유사함에도 곤충마다 주로 갉아먹는 식물 종이 다른 것에 주목했다. 일반적으로 곤충들은 십자화과 식물들을 잘 먹지 않는다. 겨자유배당체라는 독성 물질이 있기 때문이다. 그러나 유럽 배추벌레는 겨자유배당체를 생산하는 십자화과 식물을 주로 먹고 산다. 유럽 배추벌레의 먹이 중에 십자화과 식물이 아닌 것도 일부 포함되는데 그것들은 예외 없이 겨자유배당체를 만든다. 유럽 배추벌레는 겨자유배당체를 발라주기만 하면 어떤 종류의 이파리도 잘 먹는다.

고트프리트 프랭켈은 식물이 이런 화합물을 생산하는 목적은 곤충을 쫓기 위해서라고 결론 내렸다. 이 기능은 대개의 경우 잘 작동했다. 그러나 어떤 곤충은 내성을 진화시켰다. 그리고 이런 곤충은 그 독성 화합물을 견딜 뿐 아니라 선호하게 되었다. '나를 먹지 마'라는 화학적 메시지가 어떤 곤충에게는 '나를 먹어'로 바뀐 것이다. 그리고 이 행운의 곤충은 그 식물을 독차지한다. 프랭켈은 이런 화합물을 '촉발 물질'이라고 불렀다.[37]

식물은 셀 수 없이 많은 독을 만든다. 투구꽃은 아코니틴이라는 독을 품었다. 이것을 먹으면 구역질, 구토, 설사를 일으키고 신경마비가 온다. 쥐가 소철을 먹으면 사이카신이라는 물질이 종양을 일으켜 많이 먹으면 1주일 안에 죽는다. 식물은 진화 과정에서 뛰어난 화학적 전략을 디자인했다. 먹히지 않으려는 것이다.

식물이 화학적 전략을 고안하자 그것을 먹는 동물은 대응 전략이 필요했다. 중독되어 죽고 싶은 동물은 없을 것이다. 그래서 동물은 먹어도 좋은 것과 피해야 할 것을 구별하는 시스템을 진화시켰다. 세이지브러시에는 탄닌이 들어 있는데, 세이지브러시를 경험한 염소는 세이지브러시의 섭취량을 조절하게 된다. 식물의 독성에 대응한 동물의 지혜는 단지 식물의 독성을 피할 뿐 아니라 식물의 독성을 교묘하게 이용하는 수준으로 진화했다.

1959년 고트프리트 프랭켈은 어떤 곤충은 다른 곤충을 모두 도망가게 하는 강한 독을 좋아한다는 점을 들어 이를 지적했다. 가장 잘 알려진 예가 제왕나비다. 제왕나비 유충은 알칼로이드 유액을 분비하는 식물을 먹는다. 알칼로이드는 제왕나비의 몸에 쌓이고 새들이 제왕나비를 먹으면 아프고 토한다. 새들은 제왕나비에 대한 회피 반응을 형성한다. 제왕나비가 화려한 밝은 색인 이유다. 새들에게 이 색은 메스껍게 느껴질 것이다. 새들은 제왕나비를 한번만 먹어도 이것을 피하는 영양 지혜가 형성된다. 식물의 전략 물질이 나비에게도 똑같은 방식의 전략이 된 것이다.

곤충이나 초식동물 같은 포식자에 대항하는 독성 이외에도 식물은 곰팡이와 싸우는 물질, 세균에 대항하는 이차화합물도 필요했다. 식물이 화학전에 사용할 무기만 필요했던 것은 아니다. 때로는 유인 수단도 필요했다. 과일 향이 그것이다. 과일은 오메가-3 지방산과 같은 귀중한 영양소를 동원하여 항미 화합물을 발산함으로써 동물이 과일을 먹도록 꼬드기고 씨를 퍼뜨리는 진화적 목적을 달성한다. 이때 식물의 향기를 구성하는 이차화합물은 '여기에 영양소가 있어'라는 신호로 작용한다.

그러나 식물의 이차화합물 가운데 가장 중요한 것은 독도 아니며 유인 물질도 아니다. 이것은 지구상에서 가장 독성이 강한 물질로부터 자신의 세포와 조직을 보호하기 위한 보호제다. 식물은 이 가공할 물질로부터 자신을 보호하는 전략을 끊임없이 발전시켜야만 했다. 지구상에서 이 물질을 피할 곳은 없기 때문이다. 바로 산소다.

산소는 20억 년 전까지만 해도 지구상에 없었다. 산소가 등장하자마자 무자비한 살상이 시작되었다. 쇠못에 붉게 녹이 쓸 듯이 산소는 원시 생명체들을 산화시켰다. 대규모 멸종이 이루어졌다. 산소의 독성을 제어하는 정교한 화합물들을 만들어 낸 일부 생명체는 가까스로 살아남았다. 그런데 어떤 생명체는 한 발 더 나가 산소를 참아 낼 뿐 아니라 산소를 이용해 에너지를 만들어 내면서 번성했다. 지구의 역사를 통틀어 산소처럼 드라마틱한 이미지 변신을 한 물질도 없다. 위험한 물질에서 절대적으로 필요한 물질로 바뀐 것이다. 제왕나비도 염소도 인간도 이것이 없으면 살지 못한다. 에베레스트에 오르는 등반가들은 작은 산소통을 가지고 간다. 병원에서는 산소를 대용량으로 구입한다.

그러나 산소는 아직도 독성이 있다. 그래서 식물과 동물의 세포 안에는 산소의 공격을 방어하는 물질인 항산화제가 있어야만 한다. 항산화제의 기능이 약해지면 산소가 DNA를 손상시켜 건강한 세포가 암세포로 변할 수도 있다. 식물의 이차화합물 중 많은 종류가 항산화제다. 동물은 식물의 항산화제를 섭취함으로써 건강을 유지하는 방법을 터득했다. 항산화제로 기능하는 식물의 이차화합물 중 유명한 것이 비타민 C, 레스베라트롤Resveratrol(폴리페놀의 일종), 베타카로틴이다.

염소의
영양 지혜

＋　　야생의 염소는 하루에 50종이 넘는 식물을 먹는다. 염소가 먹는 모든 식물에는 이차화합물이 들어 있다. 염소는 식물의 이차화합물과 밀접한 관계를 맺는다. 그중에서 가장 많이 연구된 것이 염소가 독성이 있는 식물을 이용하는 방법이다.

식물 독은 이차화합물로서 초식동물에게 먹히지 않기 위한 화학적 전략으로 만들어졌다. 식물 독은 다른 식물 독으로 중화할 수 있다. 가령 탄닌과 테르펜을 섞으면 독성이 감소한다. 재미있는 것은 양들이 이것을 이용한다는 점이다. 비터브러시에는 탄닌이 들어 있다. 그래서 양들은 비터브러시를 조금은 먹을 수 있지만 많이는 못먹는다. 세이지브러시에는 독성이 강한 테르펜이 들어 있다. 양들은 일반적으로 세이지브러시를 멀리한다. 그러나 두 식물이 같이 있으면 양들이 비터브러시와 세이지브러시를 동시에 먹는 것이 관찰되었다. 양의 위장에서 비터브러시의 탄닌이 세이지브러시의 테르펜과 결합하여 독성 효과가 현저히 준다.

염소는 독보리(화본과 식물)를 먹다가 짬짬이 마황을 먹는다. 독보리의 독을 마황으로 중화하는데, 이런 방식으로 염소는 독보리를 더 많이 먹을 수 있다. 초식동물들은 독초를 피할 수 있을 뿐 아니라 독초의 성질을 교묘하게 이용한다. 초식동물들은 어떻게 이런 지혜를 터득했을까? 초식동물이 식물의 독성을 활용하는 전략은 후천적 학습을 통해 터득했다는 사실이 밝혀졌다. 이것은 '영양 지혜'라고 불리는 현상의 일부이다.

1989년 1월 프레드 프로벤자 교수는 트럭 한가득 블랙브러시 새순을 싣고 연구용 농장으로 갔다. 그곳에는 염소들이 있었다. 염소들은 블랙브러시의 붉은 새순을 먹지 않는다. 독소가 있기 때문이다. 그의 계획은 블랙브러시 새순을 액체 추출물로 만들어 성분별로 분리하고 한 번에 하나씩 염소들의 먹이에 섞어 주는 것이었다. 그는 염소들이 사료 속의 독소를 감지하고 먹이를 먹지 않을 것으로 예측했다.

그러나 실험은 대실패였다. 프로벤자가 블백브러시 추출물의 성분을 하나씩 계속 투여하는 동안 염소들은 즐겁게 먹기만 했다. 마침내 마지막 성분 하나만 남았다. 탄닌이었다. 그의 이론이 맞는다면 탄닌은 염소가 피해야 하는 독소다. 프로벤자는 탄닌을 염소의 아침 식사 구유에 부었다. 염소들은 탄닌을 뿌린 사료에 머리를 박고 게걸스럽게 먹어치우기 시작했다. 염소들은 먹이에 포함된 독소를 인지하지 못한 것이 분명했다. 어렵게 구한 연구 자금을 날리는 순간이었다.

염소들이 탄닌이 든 먹이를 아무렇지도 않게 먹어치운 대참사의 날, 프로벤자는 염소 우리 옆의 작은 사무실에서 남은 옵션에 대해 생각했다. 탄닌을 추출하는 데 이미 수개월이 걸렸다. 전날 염소들이 탄닌을 흡입하는 정도로 보아 탄닌은 딱 한 번 더 먹어 볼 양이 남아 있었다. 내일 아침에 염소들에게 탄닌이 든 사료를 한 번 더 먹여보자. 그것밖에 달리 해볼 것이 없었다.

다음 날 아침, 프로벤자는 염소 구유에 탄닌을 넣은 사료를 채웠다. 그러나 이번에는 염소들이 먹지 않았다. 한번 냄새를 맡고는 근처에도 오지 않았다. 전날에는 그렇게 잘 먹던 것을 다음 날엔 전혀 먹지 않았다. 바로 탄닌의 독성 때문이다. 염소들은 밤새 메스꺼움과 거북함에 시달렸던 것이다. 다음 날 탄닌 냄새를 맡았을 때, 그것은 경고로 다가왔다. 이것은 너희를 아프게 할 것이다.

염소가 독소를 피하는 행동은 타고나지 않고 학습되는 것이었다. 블랙브러시의 새순에 독이 있다는 것을 아는 염소들에게도 블랙브러시에서 추출한 순수한 탄닌은 처음 접하는 먹이였다. 하지만 일단 탄닌을 맛본 염소들은 탄닌의 향미를 싫어한다. 염소들은 어떤 것을 먹었을 때 몸에 나타나는 효과를 그것의 향미로 기억했다. 좋고 싫은 향미의 기억 체계, 이것이 염소들의 영양 지혜였다. 초식동물이 식물의 화학적 전략에 대응하여 진화시킨 시스템이다.

염소들의 영양 지혜는 목숨을 지키는 정도에 그치지 않는다. 염소들의 영양 지혜는 이것은 먹고 저것은 먹지 마 하는 식의 간단하고 초보적인 수준이 아니다. 그보다는 일종의 천재성에 가깝다. 프레드 프로벤자가 실시한 실험을 하나 더 보자. 이 실험에서 그는 미네랄 영양소 인을 사용했다. 인은 뼈와 치아를 구성할 뿐 아니라 세포 간 커뮤니케이션에도 꼭 필요한 미네랄이다. 인이 없으면 살 수 없다. 프로벤자는 열 마리 양을 우리에 넣고 인이 결여된 사료를 먹였다. 양들이 임상적으로 인 결핍에 도달했을 때, 그는 사료에 메이플향을 뿌려서 주었다. 양들이 메이플향이 나는 사료를 먹은 후, 프로벤자는 튜브를 이용해 인을 직접 양의 위장 속에 주입했다. 양들이 인을 맛보지 못하게 하는 것이 중요했다. 메이플향 사료를 먹이고 인을 주입하기를 6일간 반복했다. 며칠 후, 이 양들이 메이플 향기가 나는 사료를 다시 받았을 때, 그 사료에 인은 없었지만 양들은 달게 먹었다. 양들의 몸은 메이플향을 인으로 여겼다. 양들의 혈액에 인이 없을수록 양들은 메이플향 사료를 더 잘 먹었다.

양들이 그저 처음부터 메이플을 좋아했던 것은 아니었을까? 다른 우리에 열 마리가 더 있었다. 프로벤자는 그 우리에는 메이플 대신 코코넛향 사료를 주었다. 이 양들은 몸속에 인이 부족해지면 코코넛향을 찾았다. 인이 부족한 양들에게 메이플과 코코넛향 사료를 주고 선택하게 하면, 양들은 각자 인과 연결된 향의 사료 쪽으로 갔다. 인 결핍이 사라지면 메이플과 코코넛향에 대한 선호도 사라졌다. 그러나 양들은 잊지 않았다. 프로벤자가 이 양들에게 다시 인 부족을 유도하면 양들에게는 그 향에 대한 갈망이 다시 생겼다.

프로벤자는 이 실험으로 '식후 효과Post-ingestive Feedback'라는 현상을 증명했다. 식후 효과는 향미에 대한 선호가 경험적으로 누적되어 습득되는 현상이다. 양들은 처음 메이플과 코코넛향을 맛보았을 때는 별로 좋아하지 않았다. 메이플과 코코넛향에 대한 선호는 양들의 몸이 사료의 향미와 필요한 미네랄 사이에 연결이 생김으로써 만들어졌다.[38]

프로벤자는 칼슘으로 비슷한 실험을 했다. 결과는 같았다. 미네랄뿐만 아니라 탄수화물로도 같은 결과를 얻었다. 저칼로리 사료를 먹던 양들이 위장을 가득 채우는 탄수화물과 짝을 이루는 향미를 맛보자 재빨리 그 향미를 좋아하게 되었다. 단백질도 마찬가지였다. 단백질이 필요한 어린 양들은 더 빨리 단백질을 선호하기 시작했다.

또 다른 실험에서 프레드 프로벤자는 양들에게 보통의 사료에 케브라초 나무 추출물을 섞은 것과 일반 사료를 주고 자유롭게 선택하게 했다. 케브라초 나무 추출물은 항기생충 효과가 있다. 건강한 양들은 케브라초 나무 추출물이 섞인 사료를 맛보고 더는 먹지 않았다. 프레드 프로벤자는 양들을 모두 기생충에 감염시키고 케브라초 나무 추출물이 섞인 사료를 주었다. 그제야 양들은 케브라초 나무 추출물을 아주 잘 먹었다. 아울러 양들의 기생충 숫자도 감소했다.

염소와 양들의 입맛에는 영양학적 기능뿐 아니라 의학적 기능도 있다. 입맛은 양들을 약효가 있는 먹이로 이끌었다. 아픈 양들은 그들에게 필요한 약이 들어 있는 향미를 선호했다.

초식동물은 먹이를 먹고 난 후 그 먹이의 건강상 이점과 그때 느꼈던 향미를 기억한다. 식후 효과라고 부르는 이 현상을 통해 양과 염소는 영양사 뺨치는 노하우를 터득한다.

향미라는 언어

그런데 양들은 몸이 케브라초를 필요로 한다는 것을 어떻게 알았을까? 양은 어떻게 무엇을 먹어야 하는지, 무엇을 먹으면 안 되는지를 알았을까? 그것은 느낌이다. 동물은 특정한 상태에서 특정한 음식을 갈망한다. 기생충에 감염된 양은 케브라초의 향미를 원한다. 새끼를 밴 염소는 이전에 먹었던 것 중에서 단백질이 풍부하게 들어 있던 먹이가 갑자기 먹고 싶어진다. 탄수화물이 부족해진 양은 탄수화물이 풍부한 먹이의 향미가 몹시 그리워진다. 몸에 필요한 것은 맛이 좋다. 그래서 동물들은 자기한테 필요한 것을 먹는다.

불나방의 애벌레는 기생충에 감염되면 기생충에 독성으로 작용하는 알칼로이드가 든 식물을 좋아하게 된다. 유럽 명금은 면역력을 증강하는 플라보노이드라는 식물의 이차화합물을 좋아한다. 벌새는 수지를 먹음으로써 진균증에 대항한다. 기생충에 감염된 침팬지는 비터리프라고 불리는 식물의 잎을 씹어 먹는다.

기생충에 감염된 양들이 잘 먹었던 케브라초 나무 추출물에는 수천 가지 이상의 이차화합물이 들어 있다. 이 중에서 케브라초의 독특한 향기를 구성하는 향미 화합물이 반드시 기생충을 억제하는 물질일 필요는 없다. 식물의 이차화합물 중 일부에만 향이 있다. 캡사이신 같은 식물의 이차화합물, 인과 같은 미네랄, 비타민 C 등의 영양소는 휘발성이 없다. 이것들은 음식 위를 떠다니지 않는다. 향기가 없다. 그래서 몸은 느낄 수 있는 것을 느낀다. 떠다니는 향기를 느끼고 이것을 몸에 남는 식후 효과와 연결한다. 그러므로 향미는 라벨과 같다. 향미는 먹은 음식을 기억하고 구별하기 위해 유기체가 사용하는 화학적 상표인 셈이다.

향미는 화학적 언어, 자연의 모국어다. 비터브러시는 탄닌으로 염소에게 말을 건다. 목화 잎은 테르펜, 세스퀴테르펜, 알코올로 말벌에게 말한다. 과일은 유혹적인 향미로 당신을 꼬드긴다. 그러나 향미라는 언어는 만국 공용어가 아니다. 당신이 누구이며, 어떤 상태인가에 따라 의미가 달라진다. 기생 말벌에게 시스-3-헥세놀은 '애벌레가 여기 있어'를 의미한다. 식물에게 이것은 '우리가 공격당하고 있어'다. 사람에게 이것은 '풀'이라는 라벨이다.

오랜 기간 축적된
인간의
영양 지혜

＋　　음식에서 향미를 느끼는 능력 면에서 인간은 다른 어떤 동물보다 뛰어나다. 당신은 회사나 집 근처 여러 중식당에서 파는 짜장면들을 구별할 수 있고, 커피빈과 맥도널드 커피의 향미를 구별하며, 어머니의 김치찌개와 아내의 김치찌개를 구별한다. 우리는 까다로운 고객들이다. 향미와 식후 효과 사이에 문제가 생기기 전까지 인류사의 대부분을 통틀어 우리 인간도 눈부신 영양 지혜의 탑을 구축하고 살았다.

　　1930년대 알래스카의 유콘강 지역을 탐험하던 유럽인들은 괴혈병으로 고생했다. 그들은 인디언 추장에게 괴혈병에 걸리지 않는 비결을 물었다. 추장은 이렇게 대답했다. "우리는 큰사슴을 사냥하여 배를 가르고 등 쪽에서 콩팥 바로 위, 기름 속에 두 개의 작은 공 모양의 것을 꺼내 가족 수대로 잘라서 공평하게 나누어 먹는다." 바로 '부신(좌우 콩팥 위에 각각 한 개씩 있는 삼각형의 작은 내분비선)'이다. 동물의

부신에는 비타민 C가 농축돼 있다.[39]

이누이트들은 일각고래를 중요하게 생각한다. 결혼식 잔치에서 일각고래의 고기는 절대로 빠질 수 없는 음식이다. 잔칫상에 일각고래를 올릴 때 같은 크기의 정육면체 형태로 반듯하게 잘라서 놓는데 반드시 고래의 바깥쪽 피부가 한쪽에 붙어 있어야 한다. 일각고래의 피부에는 비타민 C가 있다. 유니콘을 닮은 이 신비한 고래는 이누이트들에게는 생존의 열쇠였다.

인디언과 이누이트 들은 오로지 향미 감각에 의지해 그들에게 필요한 영양소를 찾아냈다. 향미와 그것이 대표하는 영양소의 관계는 생존을 결정지었다. 일각고래의 피부를 몇 차례 맛보고 나면 일각고래의 피부에서 느껴지는 맛과 그것이 포함한 비타민 C를 느낀다. 사슴의 부신도 마찬가지다. 몸에 비타민 C가 부족해지면, 이누이트들은 일각고래가 먹고 싶었고 유콘강의 인디언들은 사슴의 부신을 먹고 싶었다.

올리브유는 처음엔 거부감이 들지만 한번 맛을 들이면 열렬한 팬이 된다. 식후 효과를 거쳐서 차츰 좋아지는 이런 향미를 후천적 기호라고 한다. 올리브유는 후천적 기호를 대표하는 식품의 예로 자주 거론된다. 올리브유의 긍정적인 식후 효과는 항염증인데, 이것을 처음 발견한 사람이 심리생물학자 게리 보샹Gary Beauchamp이다.

1999년 게리 보샹은 이탈리아에서 동료 과학자들과 식도락 여행을 즐겼다. 시실리 근처의 한 중세마을에서 올리브유 시식회가 열렸다. 그와 동료 과학자들이 올리브유를 잔에 따라 냄새를 맡고 공기와 접촉시키며 맛을 보았다. 마을에서 게리 보샹이 최상급 올리브유를 마셨을 때, 그를 괴롭혔던 프로젝트 하나가 뇌리에 떠올랐다.

그 프로젝트는 감기약을 만드는 한 영국계 제약회사의 고민을 해결하는 것이었다. 이 제약회사는 기존의 감기약에 이부프로펜이라는 항염증제를 추가한 이후 맛이 쓰다는 고객들의 불만에 봉착해 있었다. 게리 보샹은 실험실에서 이부프로펜을 맛보았다. 이부프로펜은 쓴맛이 나지 않는다. 대신 목이 타는 듯한 특이한 느낌이 있었다. 이 느낌은 목의 뒤쪽에서 발생했다. 보샹은 목의 통증을 줄이는 방법을 고안해야 했다. 그리고 이부프로펜의 문제는 한동안 게리 보샹의 뇌리에서 잊혀졌다. 그런데 이탈리아의 최상급 올리브유에서 이부프로펜을 먹었을 때처럼 목구멍을 거슬리게 하는 느낌이 있었다. '아하' 하는 순간이었다. 게리 보샹의 머릿속에 하나의 가설이 격렬하게 떠올랐다. 올리브유에 항염증 성분이 함유된 것이 분명하다. 이 항염증제는 이부프로펜과 똑같은 대사 경로로 작용할 것이다. 그리고 이 항염증 성분은 지중해 식단의 건강 효과와 관련이 있을 것이다.

그는 올리브유를 실험실로 가져와 분석했다. 얼마 뒤에 올리브유에 항염증 성분이 발견되었다. 그는 이것을 올레오캔탈Oleocanthal이라고 명명했다. 올레오캔탈은 방어 기능이 있는 이차화합물이다. 이것은 목구멍을 자극하고 이부프로펜과 마찬가지로 프로스타글란딘 시스템을 억제하는 대사 경로로 작용한다. 다른 점은 이부프로펜에 비해 부작용이 거의 없다는 점이었다. 《네이처》에 발표된 논문에서 보상은 지중해 식단의 효능으로 알려진 암, 심장병, 알츠하이머 예방 효과는 올레오캔탈을 지속적으로 소량 섭취하는 것과 관련이 있다고 말했다.[40]

올리브유를 처음 맛본 사람들은 목을 간질이는 느낌을 싫어한다. 전문가들에게는 목을 간질이는 느낌이 품질을 평가하는 척도다. 올리브유를 기침 하나, 기침 둘, 기침 셋으로 등급을 매기기도 하는데 기침 수가 많을수록 좋은 기름이다. 유럽연합은 목을 태우는 듯한 느낌을 최상급 올리브유라고 규정한다. 이 모든 것이 영양 지혜다. '학습된 향미 선호' 또는 '후천적 기호'라고도 부르는 것이다. 처음에는 좋아하지 않았으나 일단 몸에서 건강에 좋다고 인지하면 맛있다고 느낀다. 올리브유의 목을 태우는 느낌은 건강에 좋기 때문에 좋게 느껴지는 것이다.

클라라 데이비스의
아이들

+ 인간에게 영양 지혜가 있음을 드라마틱하게 밝힌 실험 하나가 있다. 1932년 시카고의 소아과 의사 클라라 데이비스는 미혼모와 미망인 들을 설득하여 그들의 어린 자녀들을 데려오게 했다. 클라라 데이비스는 이 아이들을 6년간 키우면서 영양학 사상 유례가 없는 실험을 했다. 클라라 데이비스가 맡은 15명의 아기들은 생후 6개월에서 11개월이었고, 모유 이외의 다른 음식은 입에 댄 적도 없었다. 실험은 이 아이들에게 34가지 종류의 음식을 제공하고 원하는 대로 자유롭게 먹도록 놔두는 것이었다. 34가지 음식 리스트는 물, 감자, 옥수수죽, 보리, 소고기, 양고기, 뇌, 당근, 순무, 대구, 복숭아, 오렌지주스, 바나나, 양배추 등이었다. 음식은 모두 천연 식재료였다. 설탕은 물론 버터, 크림, 치즈도 없었다. 다만 소금은 뿌릴 수 있게 허용했다. 매일 이렇게 음식이 차려졌다. 실험은 '자기 선택'을 측정하는 것이었다. 아이들에게는 음식이 주어지기만 할 뿐 이것을

몸에 각인되는 영양 지혜

먹어라 저것을 먹어라 하는 부추김은 없었다. 무엇을 먹든 얼마큼
먹든 아이들 마음이었다.

클라라 데이비스의 자유 선택 식단

1. 물	18. 감자
2. 우유	19. 상추
3. 발효유	20. 오트밀
4. 천일염	21. 밀
5. 사과	22. 옥수수죽
6. 바나나	23. 보리
7. 오렌지주스	24. 호밀 크래커
8. 파인애플	25. 소고기
9. 복숭아	26. 양고기
10. 토마토	27. 골수
11. 비트	28. 젤라틴
12. 당근	29. 닭고기
13. 콩	30. 췌장
14. 순무	31. 뇌
15. 콜리플라워	32. 간
16. 양배추	33. 콩팥
17. 시금치	34. 생선

아이들은 무엇을 먹었을까? 최초 2주간 아이들은 34가지 음식을 모두 조금씩 먹으며 샘플링했다. 시간이 지나면서 아이들마다 선호하는 음식이 생겼다. 갑자기 선호하는 음식이 바뀌기도 했다. 일반적인 공통점도 발견되었다. 아이들은 식물성 단백질보다 우유, 고기, 간, 콩팥 같은 동물성 단백질을 선호했다. 그리고 어떤 아이들의 식사는 놀라울 정도로 독특했다. 한 아이는 오렌지주스 0.5리터와 간을 아침 식사로 먹었다. 어떤 아이는 생선, 바나나, 우유를 저녁으로 먹었다.

전체적으로 아이들은 놀라울 정도로 균형 잡힌 식단을 구성했다. 데이비스의 표현에 따르면 아이들은 왕성했다. 변비는 찾아볼 수도 없었고 감기는 3일밖에 가지 않았다. 아이들이 성장하면서 단백질이 필요하면 단백질 섭취량을 늘렸다. 성장이 느려지고 활동량이 많아지면 에너지 섭취량이 늘어났다. 아이들에게 급성단핵증이라는 전염병이 돌았을 때는 이유는 알 수 없으나 생 소고기, 당근, 비트의 섭취량이 증가했다. 몇몇 아이는 실험이 시작될 당시 건강이 나쁜 상태였다. 네 명은 영양실조였고 세 명은 비타민 D 결핍으로 생긴 구루병에 걸려 있었다. 특히 구루병이 심한 아이에게는 매 끼니마다 대구 간유를 한 잔씩 주었다. 대개 아이들은 대구 간유를 싫어한다. 그러나 이 아이는 구루병에서 회복될 때까지 불규칙적으로 매번 다른 양을 섭취했다. 일단 회복되자 이 아이는 간유를 한 방울도 먹지 않았다.

실험이 끝날 무렵, 아이들의 건강 상태는 아주 좋아졌다. 아이들을 본 소아과 의사 조셉 브레네만은 '지금까지 내가 본 아이들 중 최고의 표본'이라고 말했다. 데이비스는 이렇게 결론지었다. "서로 다른 음식에 다른 비율로 포함된 30가지 이상의 필수 영양소를 자유자재로 균형 있게 섭취한 것으로 볼 때 아이들에게는 내재된 영양 기제가 있음이 분명하다."[41]

로마네 콩티가
비싼 데는
이유가 있다

✚ 데이비스가 실험한 아이들이 가장 좋아한 음식 중에는 과일이 있었다. 과일에 들어 있는 섬유질과 비타민을 고려하면 과일은 영양 지혜의 훌륭한 예다. 과일은 익어 가면서 당분이 많아질 뿐 아니라 향미 화합물을 분출한다. 식물의 이차화합물의 조합이 매력적으로 바뀌어 과일 향이 그윽해진다. 그러다가 너무 익으면 비타민, 산, 식물의 이차화합물이 감소하며 균형이 무너진다. 이 시점의 과일은 너무 달고 역하다.

좋은 과일과 나쁜 과일은 이차화합물의 차이다. 예를 들어 금빛 속살이 맛있는 아타울포 망고는 멕시코인이 망고 중에 으뜸으로 여기는데, 일반 망고보다 식물의 이차화합물의 밀도가 두 배나 높다. 비타민 C도 훨씬 더 많다. 작은 야생 블루베리는 덩치만 큰 재배 블루베리보다 더 강렬한 맛이 나며 식물의 이차화합물도 훨씬 더 많이 들어 있다. 일반적으로 과일이나 채소는 향이 강할수록 이차화합물의 밀도가 높다. 향기는 과일을 고르는 가장 중요한 기준이다.

인간이 과일을 좋아하는 것은 당분 때문만은 아니다. 그 증거로 인간이 식물의 이차화합물을 당분 없이도 섭취하는 사례가 있다. 식물의 이차화합물을 대단위 농축액으로 만들어 내는 거대한 산업이 있다. 오랫동안 농작물의 희석화에 맞섰던 이 산업은 와인이다. 와인용 포도는 과일용 포도의 3분의 1 정도만 생산된다. 선호되는 크기도 다르다. 와인용 포도는 향미가 응축된 작은 것이 좋은 반면에 과일용 포도는 과즙이 터져 나오는 커다란 것이 좋다. 수확 시기도 다르다. 와인용 포도는 식물의 이차화합물이 농축되어야 하므로 더 늦게 수확된다. 와인용 포도 농부들에게 수확량은 부차적 문제다. 이들은 생산량이 적은 재래종 포도를 선택하고 되도록 산비탈 같은 악조건에 노출하여 포도나무가 더 '분투'하게 한다. 악조건으로 인해 식물의 방어 기제가 촉진됨으로써 과일에 식물의 이차화합물이 가득 찬다. 포도가 열리기 시작하면 농부들은 커다랗고 보기 좋은 열매들은 솎아 내고 작고 볼품없는 것들만 남겨서 이것들이 화학적으로 더 강해지게 한다. 와인의 열성 팬들은 같은 지역에서 같은 해에 생산된 같은 품종의 와인이 농장에 따라 어떻게 향이 다른지도 구별할 수 있다. 가령 부르고뉴에서 생산되는 피노누아 와인 중에서 '로마네 콩티Romane-Conti'라는 농장에서 생산된 와인은 바로 옆 농장의 같은 와인보다 수백만 원을 더 주고도 구하기가 어렵다. 로마네 콩티의 특별함은 결국 이차화합물의 차이에서 비롯한다.

와인용 포도 재배자들의 노하우를 마트에서 물건을 구입할 때 적용하면 식물의 이차화합물의 집적도가 높은 과일을 살 수 있다. 작은 과일을 고르는 것이다. 농산물의 희석화 현상을 연구한 도널드 데이비드 교수는 작은 과일은 값도 싸면서 맛도 좋다고 한다.

인류의 이차화합물에 대한 사랑은 나뭇잎에도 이어진다. 인간은 식물의 이차화합물이 풍부한 나뭇잎을 좋아한다. 사람들이 선호하는 이차화합물이 함유된 나뭇잎의 대표적인 예가 차다. 차의 역사는 5000년 전 중국에서 시작되었다. 당나라 시대에 들어 다도가 완성되었으며 신라를 비롯한 주변 국가로 차 문화가 퍼져 나갔다. 녹차와 홍차는 김이 나는 머그컵에 담긴 식물의 이차화합물이다. 말린 녹차 잎은 무게의 40퍼센트에 달하는 폴리페놀을 함유한다. 녹차는 플라보노이드 함유량이 가장 높은 음료다. 녹차 200밀리리터 한 컵에는 266밀리그램의 플라보노이드가 들어 있다.

인간의 식물 섭취는 때로 매우 독특한 양상을 띤다. 우리가 좋아하는 식물 중에는 염소가 먹는 것보다 식물의 이차화합물이 훨씬 더 많은 것들이 있다. 우리는 이런 식물의 엄청난 이차화합물을 연간 수백만 톤씩 소비한다. 인류는 이 이상하고 강력한 식물들을 최소 6000년 전부터 음식에 첨가해 왔다. 네안데르탈인의 치아 사이에도 이것이 끼어 있었다. 인간은 이것을 사랑하며 이것 때문에 전쟁도 벌였다. 다름 아닌 향초와 향신료다. 현재의 향신료 문화는 고기를 보존하기 위해 향신료를 사용하던 과거의 유물이라는 주장이 있다. 하지만 향신료는 채식 요리에도 쓰였다. 수백 년 전 유럽의 귀족들은 음식이 상할 위험이 없었는데도 이국적인 열대 향신료를 요리에 뿌리기 위해 턱없이 많은 돈을 지불했다. 향신료는 칼로리가 낮다. 처음 접하면 먹기 어려운 것도 많다. 그럼에도 왜 그토록 많은 향신료들이 요리에 쓰이고 있을까? 식물의 이차화합물이 만드는 식후 효과 때문이다. 향신료는 우리 몸에 좋다.

고수와 회향은 염증을 억제하는 효과가 있다. 생강은 임신 여성의 구토와 구역질을 덜어 주는 효과가 있고 암세포를 죽이며 혈압을 조절하는 데 도움을 준다. 계피는 제2형 당뇨가 있는 사람의 혈당을 낮춘다. 후추에는 항우울증 성분이 있으며 소화를 촉진한다. 정향은 혈소판 활동을 조절한다. 바질은 바이러스를 죽이고 염증을 방지하는데, 고지혈증에 걸린 쥐의 콜레스테롤 수치를 낮춘 결과도 보고되었다. 강황이 든 카레를 먹는 나이든 싱가포르인은 그렇지 않은 싱가포르인보다 인지력이 높다. 강황은 항기생충 효과가 있고 심장을 보호하며 항암 작용을 하는 것으로 추정된다. 항산화, 항암, 항균 효과가 없는 향초와 향신료를 찾는 것이 더 어렵다.

우리는 아직 초보적 수준에서 식물의 이차화합물이 주는 건강 효과를 이해할 뿐이다. 고수와 바질 같은 자연물에 특허가 나지는 않으므로 연구 자금이 흘러들지 않기 때문이기도 하지만, 의료계와 학계가 예방에는 별 관심이 없다는 것이 가장 큰 이유다. 사람들은 향초와 향신료를 약처럼 먹지 않고, 향신료를 장기간에 걸쳐 소량으로 섭취한다. 평생 동안 조금씩 먹은 효과, 이것이 중요하다. 식물이 왜 이차화합물을 만드는지 떠올려 보자. 이차화합물은 생물학적 힘이다. 식물은 다른 생명체에게 무엇인가를 하기 위해 이것을 만든다. 박테리아를 죽이고, 염소나 곤충을 쫓고, 꿀벌을 끌어들이고, 친구에게 경고를 하는 등. 식물의 이차화합물은 살아 있는 몸에 무엇인가를 한다. 우리의 과학 지식은 아직 식물의 이차화합물이 가진 힘을 잘 모르지만, 우리 몸은 분명히 식후 효과를 통해 이를 잘 알 것이다.

우리는 왜 영양 바보가 되었는가

슈퍼마켓에 널린 섭취 자극제

- - - - - -

✚ 　영양 지혜에 관한 한 '네발 달린 약사'라고 할 만한 양과 염소를 순식간에 영양 바보로 만들어 버리는 제품이 있다. 축산업계에서 사용하는 수크램이라는 강력한 향미료다. 수크램은 255그램 한 봉지로 1톤이 넘는 가축 사료에 향미를 줄 수 있다. 버터와 캐러멜과 솜사탕이 합쳐진 듯한 달콤한 우유향이 난다. 양과 염소 들은 수크램을 넣은 사료에 환장한다.

일반 건초와 수크램을 섞은 건초를 두고 양에게 선택하게 하면 대부분 수크램을 섞은 건초를 선택한다. 양들은 구유에 코를 박고 수크램을 섞은 사료를 허겁지겁 먹는다. 양들은 수크램으로 처리한 사료를 선호할 뿐 아니라 섭취량도 일반 사료를 먹을 때보다 15퍼센트 정도 더 많다. 향미료가 첨가되면 양들은 건초를 전날보다 더 많이 먹는다.[42] 수크램은 양들이 실제로 먹는 것과는 다른 것을 먹는다고 양을 속인다. 달콤한 우유향이 나는 수크램은 양들에게 어미젖을 상기시킨다. 그래서 수크램은 특별히 새끼 돼지들에게 효과가 크다. 새끼 돼지는 이유離乳 후 사료를 잘 먹지 않는 경향이 있는데 수크램이 이 문제를 해결할 수 있다. 수크램은 어미의 젖을 먹었을 때와 똑같은 쾌락 버튼을 누른다. 그러나 가축들이 먹는 것은 어미젖이 아니다. 농부들은 사료에 수크램을 섞음으로써 어미젖이라는 라벨을 건초, 옥수수, 콩 같은 사료에 붙일 수 있다. 동시에 단맛도 올릴 수 있다. 동물들은 이것을 아주 맛나다고 느낀다.

수크램은 맛없는 사료를 맛있게 할 뿐 아니라 사료 효율을 개선한다. 수크램을 같이 먹이면 가축은 살이 더 잘 찐다. 농부들에게는 보너스다. 수크램이 사료 효율을 높이는 생물학적 이유는 단맛 수용기가 입뿐만 아니라 장에도 있기 때문이다. 수크램에 들어 있는 인공 감미료가 새끼 돼지들의 장에 있는 이 수용기를 자극해서 소화효소가 분비되고 장의 영양분 흡수를 증가시킨다.[43] 이것은 영양 혼란을 일으키는 레시피이며 그 혼란은 아주 깊다.

이탈리아의 과학자들이 짚 펠릿Straw Pellets에 라이그래스Rye Grass(방목을 위해 초지에 심는 사료용 풀)와 정향 향미료를 뿌려 주었다. 염소들은 향미료를 뿌린 쪽을 선호했다. 특히 라이그래스를 좋아했다.[44] 일본의 연구자들도 건초에 향미료를 뿌림으로써 같은 효과를 얻었다. 이들은 이 화합물을 '섭취 자극제'라고 불렀다.[45]

슈퍼마켓에는 섭취 자극제들이 널려 있다. 천연 착향료, 합성 착향료, MSG, 그 외에 미각 수용기를 자극하는 여러 물질의 군단이다. 이것들은 감자칩에도 있고 딸기샌드에도 있다. 버터, 소시지에도 섭취 자극제가 들어 있다. 슈퍼마켓의 이른바 건강 구역에서도 섭취 자극제를 피해갈 수 없다. 바나나 우유와 두유에도 다량의 설탕과 함께 향미료가 들어 있다. 요구르트에도 들어 있고 개 사료에도 들어 있다. 우리는 매년 수백만 파운드의 합성 향미료를 식품에 뿌리고, 짜내고, 집어넣는다. 그리고 우리는 사람들이 계속 먹어대는 것을 보고 경악한다.

천연향의 향기 물질 조합을 확인하고 공장에서 대량생산하기까지 수개월, 수년이 걸렸다. 바닐라의 경우 100년이 걸렸다. 그러나 지금은 불과 몇 주면 가능하다. 향미료 회사들은 열대의 우림이나 감귤 과수원으로 팀을 파견하여 독특하고 새로운 향을 사냥한다. 그리고 실험실로 가져와 재생산한다. 2012년 세계에서 가장 큰 향미료 회사인 지보단은 멕시코로 연구팀을 보냈고 진짜 망고와 똑같은 망고향 개발로 이어졌다. 지보단은 심지어 가상 향미 합성기를 개발했다. 이것은 향미료를 실시간으로 섞어서 최적의 체리향, 딸기향 등이 나오게 한다. 지보단은 이 장치를 '어린이 관능시험단'에게 써보게 했고, 아이들이 좋아하는 체리향을 만들 수 있었다. 지보단의 간부는 "이로써 아이들이 어떤 향을 최고의 체리라고 여기는지 알게 되었다"고 말한다.[46]

우리는 왜 영양 바보가 되었는가

무엇이 됐든
딸기 맛이
날 수 있다

- - - - -

✚　　자연에서는 물질과 향미의 관계가 견고하다. 그곳에선 오직 딸기만이 딸기 맛이 난다. 하지만 도시에서는 와플이든 요구르트든 드링크든, 그 무엇이든 딸기 맛이 날 수 있다. 농작물의 희석 효과 때문에 이것들은 심지어 진짜 딸기보다 더 딸기 같은 맛이 나기도 한다. 도시에서는 음식이 거부하기 힘든 화학적 거짓말을 속삭인다. 거짓말을 속삭이는 합성 향미료는 프레드 프로벤자가 '가짜 다양성'이라고 부르는 것을 만들어 낸다.

프레드 프로벤자는 동네의 마트를 예로 들어 이것을 설명했다. 어느 마트에서나 숨이 턱 막히는 가짜 다양성의 보고는 음료수 냉장고다. 이곳에는 설탕물들이 제각기 숲속에서 가장 영양가 높은 과일인 척하며 폼을 잡는다. 세븐업은 레몬과 라임인 척하고, 환타는 오렌지인 척, 코카콜라는 콜라 열매인 척, 코코넛 워터는 코코넛인 척, 이프로 부족할 때는 복숭아인 척한다.

어떤 음료든 포도로 시작하는 것들은 정제수를 첫 번째 성분으로 하고 액상과당이 두 번째, 그리고 세 번째로 복숭아주스가 들어간다. 그럼에도 포도에이드가 포도 맛이 나는 이유는 여섯 번째 성분 때문인데 바로 합성 착향료다. 이것은 포도향이 나는 화합물인 메틸 안트라닐레이트Methylanthranilate일 가능성이 높지만, 확인할 길이 없다. 제조사들이 비밀로 하기 때문이다.

음식이 '영양'이라는 고속도로의 목적지라고 상상해 보자. 향미는 이 고속도로의 이정표와 같다. 향미는 어디로 가는지를 알려 주고 당신을 실제 영양분으로 데려다 준다. 갈림길이 있고 그 위에 커다랗게 포도라는 표지판이 있다. 자연에서 당신이 그 길을 택한다면 당신은 많은 양의 비타민 C와 K, 약간의 티아민, 리보플라빈, 포타슘, 당분과 섬유질 그리고 온갖 식물의 이차화합물(페놀산, 플라보노이드, 탄닌, 프로안토시아닌 등)에 도착할 것이다. 마트에서는 포도라는 같은 이정표가 나와도 당신의 몸을 포도에이드로 데려간다. 섬유질은 없고 약간의 비타민 C와 심각한 양의 당분이 있는 곳이다. 자연에서 딸기 맛을 느끼려는 욕망은 비타민, 미네랄, 섬유질, 식물의 화합물, 그리고 약간의 당분이 있는 딸기에게 데려간다. 슈퍼마켓에서 이 같은 욕망은 당신을 딸기콜라다로 데려간다. 물과 설탕이다. 또는 딸기와플과 딸기요구르트로 데려간다. 겉포장에 그려진 탐스러운 딸기 그림은 아이들을 기쁘게 하고, 에너지 넘치게 하고, 자유롭게 하고, 자신감 넘치게 하는 향기가 난다. 자연에서 향미는 당신을 각각 다른 영양학적 목적지에 데려가지만 마트에서는 모든 맛이 한곳으로 당신을 인도한다. 설탕이다.

신체는 같은 맛의 음식을 먹는 데 권태를 느낀다. 그러므로 그 맛을 바꾸면 더 먹도록 자극할 수 있다. 식품산업은 근본적으로 같은 재료에 다양한 인공의 맛을 더함으로써 설탕과 밀가루를 더욱 많이 먹게 한다. 불행하게도 인간의 영양 지혜는 가짜 다양성의 함정에 쉽게 빠진다. 대부분 정크푸드가 고효율의 칼로리를 담은 고도로 정제된 탄수화물로 만들어지기 때문이다. 정제 탄수화물은 그 대상이 염소이건, 양이건, 소건, 아니면 인간이건 간에 굉장히 빠르고 강한 반응을 일으킨다. 이 반응은 맛에 대한 강력한 선호도를 갖게 한다. 우리의 몸은 큰 에너지와 연결된 향미를 좋아한다. 식품산업은 바로 그 사실을 알아냈다. 문제를 일으키는 식품은 매우 빨리 흡수되는 고밀도의 에너지가 있다. 음식을 추출하고 정제하면 반응의 강도는 상승하고, 그것은 곧 선호도의 강도를 상승시킨다. 그래서 우리는 그러한 음식을 선호하게 된다.[47]

세포에서 포도당을 연료로 불태울 때 활성산소가 만들어진다. 활성산소에 의해 조직이 손상되는 것이 산화 스트레스다. 지난 20년간 광범위한 연구로 우리는 지속적인 산화 스트레스가 만성 염증을 일으키고 만성 염증은 암, 당뇨, 심혈관 질환 같은 대부분 만성 질환의 원인이 된다는 사실을 알게 되었고, 그 기제가 밝혀졌다. 산화 스트레스 때문에 염증이 생기면 정상 세포가 종양 세포가 되기 쉽고, 종양 세포가 잘 죽지 않으며 증식하기 쉽다. 산화 스트레스는 조직에 인슐린 저항을 유도하여 비만을 일으키는 원인도 된다.

활성산소를 중화하려면 항산화제가 필요하다. 항산화제는 우리 몸에서 만들어지기도 하고, 음식으로 섭취하기도 한다. 대부분 항산화제는 식물의 이차화합물이다. 정제 탄수화물의 섭취는 항산화제 부족을 부채질했다. 농작물의 희석 효과로 일상적인 항산화제의 섭취도 감소했다. 우리의 몸은 항산화제를 보급하기 위해 다양한 향미를 원하는 욕구 상태를 만들었다. 그러나 우리 몸은 자연의 향미와 그것과 짝 지워진 항산화제 대신 공장에서 만들어진 가짜 다양성을 공급받았다. 그 결과 우리는 잘못된 음식을 대량으로 원하는 영양 바보가 되었다.

영양 지혜에
혼란이
오다

✚　　　스코틀랜드 북쪽 셰틀랜드제도의 양들은 놀랍게도 새끼 제비갈매기를 먹었다. 양들은 제비갈매기 새끼의 머리를 물고 흔들어 몸을 떼어 버리더니 이내 삼키고 태연하게 풀을 뜯었다. 정확하게 다리만 떼어 먹을 때도 있었다. 섬에는 양이 50마리밖에 없었지만, 다리나 머리가 절단되어 죽은 제비갈매기 새끼는 200마리가 넘었다. 양들이 채식주의를 위반한 이 사건은 미네랄을 보충하기 위한 것으로 밝혀졌다. 같은 지역, 이너헤브리디스제도의 붉은 사슴도 미네랄이 필요하면 슴새의 새끼를 먹는다.[48]

영양은 행동을 조종한다. 가축에게 비타민이나 미네랄이 결핍되면 가장 먼저 생기는 신호가 평소 먹던 먹이의 섭취량 감소다. 소는 필요한 영양분을 얻지 못하면 그만 먹는다. 이전에는 맛있던 사료가 맛없어지고 소는 다른 것을 찾는다. 오늘날 사람들에게는 이런 현상이 일어나지 않는다. 오히려 반대의 현상이 일어난다. 사람들은 미량영양소가 결핍되어도 같은 것을 더 많이 먹는다.

딸기 아이스크림, 딸기와플 그리고 비타민 C를 첨가한 딸기주스를 좋아하는 소녀가 있다고 가정해 보자. 식후 효과를 통해 딸기향은 설탕, 우유, 밀가루, 비타민 C와 연결된다. 이런 식으로 같은 향이 서로 다른 영양분과 짝을 이루면 영양 지혜가 교란된다. 몸은 언제 딸기를 먹어야 할지 모르게 된다.

비타민 B_1이 부족한 아이가 비타민 B_1이 첨가된 시리얼을 먹는 경우를 상상해 보자. 아침 식사용 시리얼은 첨가 영양소가 합성 착향료와 결합된 정교한 속임수다. 게다가 설탕까지 듬뿍 들어가 있다. 첨가된 비타민 B_1으로 인해 이 아이는 설탕 덩어리인 이 시리얼에 대한 강한 향미를 선호할 뿐 아니라 비타민 B_1이 풍부한 천연 식품에 대한 애착을 형성할 기회를 박탈당한다. 이 아이는 비타민 B_1이 부족할 때 귀리, 현미, 아스파라거스, 감자, 오렌지 같은 천연 식품 대신 시리얼을 찾을 것이다.

다이어트 콜라에는 공공연한 비밀이 있다. 다이어트 콜라를 먹으면 오히려 더 뚱뚱해진다는 사실이다. 인공 감미료를 섭취하는 사람들에게 비만, 대사 질환, 고혈압, 심장병, 당뇨의 위험이 심각하게 높다. 신경과학자 수전 스위더S. E. Swithers에 따르면 생쥐에서 인공 감미료는 물질대사 교란을 일으킨다. 여기서 물질대사 교란이란 단맛이 의미를 잃는 것이다. 즉 몸이 단맛을 임박한 칼로리로 여기지 않는다. 그래서 쥐는 단맛을 너무 많이 먹게 되고 몸무게가 늘어난다. 영양 지혜의 정반대 현상이다.[49] 인공 감미료가 몸을 칼로리 바보로 만들어 버린 것이다. 인공 감미료는 인간의 몸에서 지방 세포 형성을 촉진할 수 있다.[50] 예일대학교의 신경과학자 다나 스몰D. M. Small은 다음과 같은 가설을 세웠다. 만약 인공 감미료를 먹는 것이 단맛과 칼로리와의 관계를 지워 버린다면 그 지워진 관계를 뇌 속에서 측정할 수 있다. 여학생들의 밀크셰이크 뇌 영상 실험과 비슷하게 다나 스몰은 참가자들에게 설탕을 먹게 하고 뇌 영상을 촬영했다. 인공 감미료를 먹은 사람들은 단맛을 느낄 때 뇌의 해마가 다르게 빛났다.[51] 가짜 맛은 후각뿐 아니라 미각을 통해서도 영양 지혜를 혼란에 빠뜨린다.

자연 상태의 염소가 미네랄 중 인을 얻지 못하는 경우가 발생한다면 염소는 다른 식물을 찾아 나설 것이다. 인이 풍부한 식물을 찾으면 그 식물에 대한 향미를 선호할 것이다. 그리고 이 취향은 일반화된다. 주기적으로 뜯어 먹고 필요하면 갈망이 생긴다. 자연에서는 다양한 것을 먹어야 할 영양학적 이유가 분명하다. 반면 우리는 미량영양소와 합성 향미료를 식품에 뿌림으로써 다양한 진짜 음식을 찾아야 할 동기를 잃어버렸다.

인간은 이제 가축과 다름없어 보인다. 우리는 성숙하지도 않은 나이에 피둥피둥 살이 찌는 경지에 도달했다. 공장 식 축산을 가능하게 한 것은 미량영양소가 첨가된 고에너지 배합 사료 덕분이었다. 하나씩 차례로 사료에 첨가된 비타민, 미네랄 등 미량영양소는 속성 사육을 가능하게 했다. 옥수수와 콩에 미량영양소를 더하면 최대 중량이 보장된다. 여기에 약간의 합성 착향료를 더하면 배합 사료에서 심지어 풀이나 어미젓 맛이 난다. 가축은 배합 사료의 문제점인 폐고혈압 같은 임상 문제가 효율성을 잠식하기 직전에 도살된다. 우리가 먹는 많은 음식이 배합 사료와 다를 바 없다.

우리는 자신을 서서히 병들게 하는 음식을 강렬하게 갈망한다. 비행기에서 투하된 기생 말벌과 같다. 잘못된 음식을 먹도록 프로그램된 것이다. 영양소는 도외시한 채 칼로리만 찾아다니는 칼로리 괴물이 되었다.

나는
음식에 중독된
것일까

⊹   폭식, 감정적 과식, 스트레스성 과식, 강박성 과식 등 바람
직하지 않은 과식을 하는 모든 사람은 자신이 음식에 중독되었는지
를 묻는다. 스스로를 해치면서까지 같은 행동을 반복하는 것을 우리
는 중독이라고 한다. 이성은 분별 있게 먹으라고 하는데, 행동은 정
반대로 움직이기 일쑤다. 많이 먹으면 건강에 좋지 않다는 것을 잘
알지만, 무언가가 영양이 낮은 음식을 대량으로 섭취하게 강제한다.

영양 블로거 크리스 거너스Kris Gunnars는 음식 중독과 약물 중독
이 정확히 같은 현상이라고 말한다. "나는 알코올 중독, 니코틴 중
독, 약물 중독에서 회복 중이다. 재활원에 여러 번 다녀왔고, 감옥에
도 갔었고, 약물 과다 복용으로 여러 차례 응급실에 실려 갔었다. 그
러다가 약물과 술을 몇 년째 잘 끊었다. 그런데 이번에는 건강하지
못한 음식에 중독되었다. 나는 중독이 어떤 것인지 잘 안다. 음식 중
독은 약물 중독과 정확히 같다. 증상, 사고방식의 변화가 정확히 일

치한다. 다만 물질이 바뀌었을 뿐이다. 그 결과도 결코 더 가볍지 않다."[52]

'중독Addiction'이라는 말은 전통적으로 알코올과 마약을 반복적으로 과용하는 사람에게 해당했다. 최근에는 도박과 같은 특정 행동도 알코올이나 마약과 동일한 방식으로 뇌의 화학 물질에 영향을 준다는 것이 밝혀졌다. 최근의 연구들은 마약 중독과 관련된 신경생물학적 경로와 음식 섭취를 조절하는 신경생물학적 경로가 동일하다는 것을 보여 준다. 식품 또는 식품이라는 명칭으로 불리는 가공된 화합물이 마약 오남용과 같은 범주에 있음을 확인해 주는 연구가 많아졌다.

정크푸드는 거부하기 어려운 향미가 있다. 설탕, 지방, 소금 그리고 합성 향미료의 결합에서 오는 불가항력적인 향미가 주는 강한 보상이 음식 중독의 원인이다.[53] 그러나 이것이 다가 아니다. 중독은 그 물질이 우리를 만족시킬 능력이 부족할 때 발생하기도 한다. 중독은 그 물질에서 두뇌가 기대한 혜택이 오지 않을 때 생긴다. 쾌감과 고통은 우리가 유리한 행동을 반복하도록 격려하고 불리한 행동을 피하도록 강제하는 쪽으로 진화하였다. 뇌는 유익한 행위에 앞서 기대감과 욕망을 느끼고 그 행동을 실제로 수행할 때는 쾌감을 느낀다. 욕구가 충족되고 만족스러우면 기대감과 쾌감은 가라앉고 다른 것에 주의를 돌린다. 그러나 중요한 욕구가 충족되지 않으면 우리의 뇌는 그 욕구를 충족시킬 기회를 증가시킨다.[54] 중독은 가장 깊숙한 곳의 욕구를 충족하려고 어떤 것을 원하고 갈망하는 것이다. 욕구를 해소할 수 없을 때, 우리의 몸은 그것을 원하는 느낌으로 가득 차서 중독 상태를 거부할 수 없다.

중독성 물질은 우리들의 이런 욕구를 충족해 주겠다는 일종의 사기다. 그것은 우리에게 어떤 혜택을 주겠다고 약속한다. 하지만 그 혜택은 절대로 오지 않는다. 흡연은 일시적으로 정신을 명료하고 예술적 영감을 주지만 시간이 지나면 명료성은 오히려 더 낮아진다. 처음의 혜택을 얻기 위해 다시 흡연을 해도 최소한의 욕구를 해소할 뿐이다. 카페인도 마찬가지다. 모든 중독은 비슷하다.

1973년 노벨 생리의학상 수상자인 니콜라스 틴베르헨Nikolaas Tinbergen은 자연환경에서 발견되는 핵심 신호를 과장한 인조물로 동물들을 속여 넘길 수 있음을 보여 주는 획기적인 실험을 했다. 핵심 신호가 있을 때, 동물은 과장된 신호에 진짜보다 더 열성적으로 반응하였다. 그 결과는 종종 동물을 죽음에 이르게 했음에도 동물은 인간의 눈으로 보기에 어처구니없이 비현실적인 가짜 자극에 잘 속았다.

작은 명금은 회색 반점이 있는 작고 푸르스름한 알을 낳는다. 니콜라스 틴베르헨은 작은 명금에게 검은 물방울무늬가 들어간 큼직하고 새파란 알을 주었다. 어미새들은 진짜 알보다 훨씬 크고 색깔과 무늬가 더 강렬한 가짜 알을 열정적으로 품었다. 너무 커서 계속 미끄러지는데도 진짜 알은 거들떠보지도 않은 채 가짜 알을 품었다.

그는 나비에서 암컷 몸통의 무늬가 떨리는 동작이 유일한 짝짓기 유발 인자임을 발견했다. 진짜 나비보다 더 선명한 줄무늬와 더 규칙적인 동작을 보여 주는 몸통 모형을 만들어 수컷들에게 보여 주었다. 수컷들은 살아 있는 섬세한 암컷을 내팽개쳐 두고 판지로 만든 원통 모형에게 달려들었다. 심지어 날개도 필요 없었다. 그는 가짜 알과 가짜 몸통 같은 과장된 신호를 '초정상 자극Supernormal Stimuli' 으로 명명했다.

진화심리학자 디어드리 배릿Deirdre Barrett은 사람들이 정크푸드를 과도하게 좋아하는 현상을 초정상 자극으로 설명한다. 초콜릿은 초정상 자극의 좋은 예다. 초콜릿에는 우리 조상들이 살던 때보다 훨씬 더 농축된 설탕과 지방, 더 자극적인 향이 들어 있다. 그래서 우리는 이것을 좋아한다. 어떤 사람들은 초콜릿을 너무 좋아해서 건강을 해치면서까지 먹는다. 생존 가능성을 증가시키는 목표물이나 행위들에 대해 동물이 느끼는 쾌감과 기대는 인위적인 방식으로 쉽게 모방되고 조작될 수 있다. 인간도 이런 테크닉에 쉽게 속는다.[55] 여자들이 화장으로 입술을 밝게 하고 가슴에 임플란트를 넣어 성형하는 이유는 모두 여성성을 과장하기 위한 것이다. 남자들은 이 과장된 신호에 매력을 느낀다.

합성 향미료는 오늘날 인간 세계에서 가장 위험한 초정상 자극이다. 합성 바닐라는 바닐라향의 기본적 특징을 모방한 핵심 신호인데 식품산업은 이것을 자연 상태보다 더 강하게 투입함으로써 신호를 과장한다. 인간은 이 초정상 자극에 진짜보다 더 끌린다. 그런데 정크푸드가 가진 과장된 자극은 그것에 기대하는 자연적인 유익성과는 상관없다. 이성적으로 정크푸드에 영양이 거의 없다는 것을 알지만 진짜처럼 보이고 진짜 향미가 나며 심지어 더 맛이 좋아서 먹게 된다. 일단 먹으면 일시적으로 기분이 좋아진다. 두뇌는 정크푸드를 먹는 순간 지상에서 가장 맛있는 음식을 먹고 있는 느낌을 받는다. 뇌가 그 효용성을 잘못 예측한 결과다. 우리의 몸은 정크푸드의 초정상 자극에 반응하여 두 가지를 기대한다. 에너지와 영양이다. 맛있는 것에는 영양이 풍부하다는 자연의 원칙에 따라 우리 몸은 칼로리와 함께 많은 영양을 기대한다. 비타민과 미네랄, 식물의 이차화합물 같은 것들을 기대하지만 정크푸드는 그중 겨우 에너지만 줄 뿐이다. 다만 소화관에서 정크푸드를 분해 흡수하면서 그 효용성이 환상이었음을 인식한다. 그 순간부터 기분 좋았던 느낌은 사라지고 전보다 더 기분이 나빠진다. 두 번째 정크푸드를 먹을 때는 첫 번째보다 더 나빠진다. 그리고 뒤따르는 기분 나쁜 금단 증상은 더 악화된다. 뇌는 더 스트레스를 받고 더 맹렬하게 행복감을 원하게 된다. 정크푸드를 더 폭식하면 기본적인 행복감도 주지 못한다. 환상은 걷히고 우울감은 더 깊어진다. 시간이 지나면서 보통 수준의 기분을 갖기 위해 필요한 정크푸드의 양은 더 늘어난다. 폭식의 양은 더 늘고 기분은 더 엉망이 된다.

한 익명의 음식 중독자는 자신의 블로그에 이런 글을 남겼다. "경험해 보지 않은 사람들은 음식 중독이 만들어 내는 더러운 기분을 알지 못한다. 존재의 모든 면이 굴욕적이다. 이성적 사고가 어렵고 목표를 세우기 위한 힘을 이끌어 내기에 역부족이다. 그 고통으로 말하자면 다리를 다쳐 피가 바닥으로 흩뿌려지는 것 같다. 정크푸드

를 끊으면 다시 행복해지리라 기대하지만 덫에서 풀려나기가 어렵다."⁵⁶

칼로리와 향미는 주지만 영양가는 없는 밀가루, 설탕, 식용유, 합성 향미료로 구성된 가공식품은 중독성이 있다. 그리고 우리는 과도하게 섭취하는 경향이 있다. 비만인 사람들은 많이 먹지만 미량영양소가 결핍일 때가 많다. 포도당 대사와 인슐린 신호 경로에 중요한 역할을 하는 비타민과 미네랄 부족은 비만이 당뇨로 진행되는 한 가지 요인이다.⁵⁷

식용유 한 잔을 따라 놓고 바라보면 먹고 싶은 생각이 드는가? 설탕을 한 컵 덜어서 식탁 위에 놓고 쳐다보라. 먹고 싶은 생각이 드는가? 전혀 아니다. 작은 백색의 크리스털이 아무리 예쁘고 달다 하더라도 설탕을 한 컵 씹어 먹고 또 씹어 먹는 사람은 없다. 우리의 뇌가 이 정도로 어리석지는 않다. 우리의 뇌는 정제된 단맛의 결정체를 음식으로 느끼지 않는다. 설탕이 음식으로 맛있게 느껴지는 것은 합성 향미료와 인공색소, 다른 인위적인 혼합물과 섞인 후다. 우리의 뇌는 이 가짜 음식에 반응하여 쾌감 신호를 내보낸다. 음식은 칼로리와 영양을 의미하고 이것은 곧 생존이다. 그러나 음식의 약속은 지켜지지 않는다. 아무리 많이 먹더라도 필요한 것을 얻지 못한다. 음식의 중독성은 그 안의 성분뿐 아니라 그 안에 없는 것 때문에 발생한다.

우리는 왜 영양 바보가 되었는가

향미료 뒤에 숨은 악마

8

설탕의 등장과
함께
생겨난 질병

＋　　지금까지 우리는 현대인들이 왜 나쁜 음식을 갈망하는지
알아보았다. 이제부터는 향미료에 속아서 먹게 되는 나쁜 음식 자체
의 문제를 더 깊게 파헤쳐 보자. 합성 향미료를 뿌려서 먹는 음식들
은 정제 식품이다. 한마디로 밍밍한 것들이다. 향미도 없고 식물의
이차화합물도 없으며 미네랄과 비타민도 거의 들어 있지 않으면서
칼로리만 높은 음식들이다. 정제 식품은 백설탕, 흰 밀가루, 투명한
식물성 식용유로 대표된다. 이 세 가지 식재료가 인류사에 등장하면
서 온갖 질병들이 새로 생겨났다.

　　설탕이 처음 만들어진 것은 기원전 2000년경 인도에서였다. 기
원전 327년 인도에 도착한 알렉산더 군대의 사령관 네아르쿠스는
벌이 없음에도 갈대의 줄기에서 꿀이 만들어진다는 사실에 놀랐다.
그는 사탕수수를 가리켜 '벌 없이 꿀을 만드는 갈대'라고 했다. 기원
전 320년 인도를 다녀온 그리스인 메가스테네스는 설탕을 '돌꿀'이

라고 소개했다. 돌이라고 표현한 것으로 미루어 이때 이미 결정 형태의 설탕을 만들었다고 확인할 수 있다. 설탕을 제조하는 과정은 5세기 힌두교 문헌에 나타난다. 인도인들은 사탕수수 즙을 끓이고 햇볕에 말렸다.[58]

고대의 힌두 의사들은 당뇨를 설탕에 탐닉해서 생기는 부자들의 질병이라고 생각했다. 유기화학이 발전하기 전이므로 이들의 생각은 순수한 임상 관찰에서 나온 것이었다. 설탕이 당뇨를 일으킨다는 가장 오래된 기록은 고대 인도의 명의 수슈르타Sushruta가 남긴 의서 『수슈르타 삼히타Sushruta Samhita』이다. 수슈르타는 기원후 300~500년 사이 인도 북서부 갠지스 강변에 살았다. 우타르프라데시라고 불리는 지역으로 현재 이곳은 인도의 사탕수수 주요 재배지다. 수슈르타는 부유한 상류층에서만 발견되는 만후메하Madhumeha라는 질병을 기록했는데 증상은 이러했다. 환자는 기운이 없고 소변이 자주 마렵고 목이 마르며 탈진한다. 개미들이 환자의 소변으로 무리지어 모여든다. 만후메하는 인도어로 '단 오줌'이라는 뜻이다. 그는 만후메하가 쌀, 밀가루, 설탕을 많이 먹어서 생긴다고 기록했다. 수슈르타가 만후메하라고 부른 병이 당뇨라는 데는 의심의 여지가 없다. 수슈르타는 설탕을 만들고 남은 당밀을 먹으면 살이 찌고 비만이 된다고 기록했다.[59]

이집트에서 사탕수수가 재배된 것이 기원후 600년경이고 그로부터 100년 후 사탕수수는 사이프러스, 크레타, 북아프리카와 스페인 남부까지 전래되었다. 그러나 중세 유럽인은 대부분 설탕을 잘 몰랐다. 중세 유럽에서 비만은 매우 희귀한 질환이었으며 왕족과 부자들에게 한정되어 있었다. 유럽에는 기원후 990년경에 이집트와 시리아에서 온 설탕이 베니스 항구를 통해 처음 수입되었다.[60] 그리고 십자군 원정대의 귀환으로 설탕에 대한 소문이 퍼져 나갔다.

1138년 스페인에서 태어난 유대인 의사 모세스 마이모니데스 Moses Maimonides는 이집트로 건너가 카이로 구시가지에서 살았는데, 그는 여기서 재미있는 사실을 발견했다. 스페인에는 당뇨가 전혀 없었는데 이집트에서는 흔했다. 그는 20명 이상의 당뇨 환자를 보았다고 기록했다.[61] 설탕은 당시 이집트에서는 쉽게 구할 수 있었지만, 스페인에서는 매우 비싸고 진귀한 품목이었기 때문이다.

향미료 뒤에 숨은 악마

비만 역병의
역사적
시작

비만이라는 역병이 전 세계로 퍼지고 있다. 우리나라도 예외가 아니다. 비만을 전염병으로 본다면 인류에게 발생한 역병 중 단연 최대 규모다. 모든 역병에는 진원지가 있다. 비만 역병이 처음 발생한 곳은 17세기 영국과 네덜란드였다.

영국의 의사 토비아스 베너Tobias Venner는 '비만Obesity'이라는 말을 처음 사용한 의사다.[62] 1500년까지 유럽의 평민 사이에서 비만 현상은 물론 비만이라는 말조차 없었다. 당시에는 뚱뚱하다는 뜻으로 'corpulency'라는 단어가 사용되었다. 뚱뚱한 사람도 매우 드물었다. 그러나 1600년대 초부터 비만과 관련된 합병증에 대한 보고가 영국과 네덜란드에서 쏟아지기 시작했다. 런던에서 환자를 보던 의사 토머스 쇼트Thomas Short는 1727년에 쓴 『비만의 원인과 영향에 관한 담론A Discourse Concerning the Causes and Effects of Corpulency』에서 다음과 같은 문구로 시작한다. "그 어떤 세대도 우리보다 많은 비만 케이스를 보지 못했다."[63] 네덜란드 의사 스테판 블랑카르트Stephan Blankaart는 1683년 네덜란드에서 비만의 증가에 대해 기록했다. 네덜란드 의사 맬컴 플레밍Malcolm Flemyng은 한창 증가하는 비만을 질병으로 보아야 한다고 주장했다. 당시 영국 의사들은 프랑스 뚱보 한 명당 영국 뚱보는 수백 명이라고 자조했다고 전해진다.

당시 영국과 네덜란드는 주변국들이 전혀 먹지 않던 것을 많이 먹었다. 바로 설탕이었다. 영국은 스페인의 무적함대를 격퇴하여 신대륙의 설탕을 독차지했고 네덜란드는 동인도제도에서 생산된 설탕을 독점 거래하게 되었다. 결과적으로 두 나라에서 설탕의 가격은 평민이 먹을 수 있는 수준까지 떨어졌다.

중세 유럽의 평민들은 설탕을 구할 수 없었지만 왕가에서는 즐겨 먹는 식품이었다. 영국의 에드워드 1세는 1287년 1,877파운드의 설탕을 구입했고 이듬해인 1288년에는 6,258파운드의 설탕을 주문했다. 이 시기에 이탈리아에 살았던 유명한 가톨릭 성직자 토마스 아퀴나스는 설탕을 좋아했다. 그는 설탕을 약으로 여겨서 금식 중에도 즐겨 먹었다. 그는 매우 뚱뚱했다.[64] 그는 "설탕은 영양 때문이 아니라 소화를 쉽게 하기 위해 먹는다"라고 말했다. 그러므로 약을 먹는 것이 금식에 어긋나지 않듯이 설탕은 금식을 깨는 것이 아니라고 생각했다.

설탕과 설탕을 넣은 술을 많이 마시면서 유럽의 많은 왕들과 고위 성직자들이 뚱뚱해진 것 같다. 영국의 노르만 왕조를 연 정복자

향미료 뒤에 숨은 악마

윌리엄은 만년에 너무 뚱뚱해져서 프랑스의 필립 왕이 임신부 같다고 놀릴 정도였다. 윌리엄은 이 말에 진노하여 1087년 파리 근처 도시 망트를 습격하여 불태웠다. 윌리엄은 이 전투에서 복부 부상을 입고 결국 죽음을 맞이했다. 신성로마제국 황제 카롤루스 뚱보왕 Charles the Fat, 스페인 국왕 뚱보왕 산초Sancho the Fat 등 뚱뚱한 왕들이 기원후 1000년 전후로 나타나기 시작한다.

그러나 일반 백성들에게 설탕은 여전히 너무 비쌌다. 13세기 유럽에서 설탕 1파운드의 가격은 치즈 14킬로그램, 달걀 4백 개와 맞먹었다. 1937년 설탕 1파운드가 치즈 85그램, 달걀 두 개의 가격과 같았던 것과 비교하면 설탕 가격이 얼마나 비쌌는지 알 수 있다.[65]

중세 영국에서 설탕은 부유한 자들만이 누리는 특권이었다. 대부분 사람의 식탁은 누룩 없이 구운 귀리나 호밀 빵, 우유와 치즈, 채소, 닭고기와 돼지고기로 채워졌다. 달콤한 맛을 원한다면 꿀이 있었지만 귀했다. 언어학자들에 의하면 영어의 'honeymoon허니문'은 신부가 가져오는 꿀과 벌꿀 술이 결혼 한 달 후면 바닥났기 때문에 생긴 말이라고 한다.

콜럼버스는 신대륙으로 향하던 첫 번째 항해에서 카나리아제도의 바깥쪽 섬 라고메라에 들른다. 이곳에서 그는 섬 행정관의 미망인 베아트리스를 만났다. 그녀는 30세였고 빼어난 미인이었다고 한다. 둘 사이에 로맨스가 있었는지는 확인되지 않으나 콜럼버스는 4일간 머무르려던 일정을 연장하여 수주 동안 머물렀다. 콜럼버스는 두 번째 항해에서도 베아트리스를 만나려고 라고메라섬에 기항

했다. 베아트리스는 콜럼버스에게 사탕수수대를 주어서 신대륙으로 가져가게 했다. 콜럼버스는 그 사탕수수를 산토도밍고에 심었다. 아메리카 대륙에 처음 심은 사탕수수였다. 1516년 신대륙에서 생산된 설탕이 처음 유럽으로 들어왔다. 설탕 무역은 스페인과 포르투갈이 대부분을 차지했다. 1588년 영국이 스페인 무적함대를 격퇴하여 신대륙의 설탕 생산에서 지배적 위치를 장악했다. 1600년에 이르러 서인도제도의 설탕 시장을 독점하면서 영국의 서민들도 설탕을 먹을 수 있게 되었다.

1600년대의 영국인들이 설탕을 먹을 수 있는 가장 값싼 방법은 설탕이 든 음료를 마시는 것이었다. 북아프리카 마데이라섬과 포르투갈에서 수입되는 포트Port, 셰리Sherry, 마데이라Madeira 와인은 설탕이 많이 들어 있다. 당시 영국에서 인기 있던 음료로 히포크라스가 있었다. 포도주에 설탕과 시나몬을 넣은 것이었다. 설탕을 넣은 와인에 우유와 달걀을 넣어 익히면 색포셋Sackposet이라는 푸딩이 되는데 결혼식 음식으로 즐겨 먹었다. 설탕과 함께 다른 음료도 도입되었다. 홍차는 1610년 인도에서 영국에 소개되었고 커피는 1615년 아프리카에서, 코코아는 1650년 아메리카 대륙에서 들어왔다. 홍차, 커피, 코코아의 본토에서는 설탕을 타서 먹지 않았지만 영국인들은 설탕을 넣었다. 1690년대에 이미 설탕을 넣은 홍차와 커피가 일반화되었다. 런던에 커피하우스와 티하우스가 생겨났다. 1700년대에 이르러 영국인들은 아침과 오후에 설탕을 넣은 홍차를 마시는 관습을 갖게 되었다.[66]

향미료 뒤에 숨은 악마

영국인들의 설탕 사랑은 수입 설탕 물량의 급증을 가져왔다. 1660년 1,200배럴의 설탕이 수입되었다. 1700년에는 5만 배럴 1753년에는 11만 배럴로 늘어났다. 1700~1800년 사이 영국인의 1인당 설탕 소비량은 다섯 배나 늘었다. 반면에 프랑스는 변화가 없었다. 영국이 아메리카 대륙에서 수입되는 대부분 설탕을 독점하자 네덜란드는 1602년 네덜란드 동인도 회사를 설립해 동인도제도에서 설탕을 수입하기 시작했다. 자바섬은 주요 설탕 생산지로 발전했다. 암스테르담은 유럽의 설탕 교역 중심지로 떠올랐다. 이 무렵 런던과 암스테르담 거리에 뚱뚱한 사람들이 나타나기 시작했다.

고립
원주민들의
비극

✚ 　　슈바이처Albert Schweitzer 같은 선교 의사들은 20세기 초 아프리카나 북아메리카 대륙의 외진 곳에서 원주민들이 서양 문명에 노출되면서 질병의 양상이 변해가는 것을 꼼꼼히 기록해서 남겼다. 슈바이처가 서아프리카에 도착한 것이 1913년 4월 6일이었다. 그는 다음 날 아침부터 40여 년간 하루 평균 30~40명의 환자를 돌보았다. 말라리아, 수면병, 한센병, 상피병, 열대성 이질, 옴 같은 풍토병과 감염이 주요 질환이었다. 41년째 되던 해 그는 처음으로 맹장염 환자를 만났다. 아프리카인들이 걸리지 않는 문명의 질환은 맹장염뿐만이 아니었다. 그곳에는 암도 없었다. "가봉에 도착해서 암 환자를 전혀 볼 수 없어 매우 놀라웠다. 암이 전혀 없다고는 할 수 없겠지만, 다른 오지 의사들의 경우처럼, 암이 극히 드물다고 말할 수밖에 없다"라고 그는 기록하였다. 그런데 가봉에서 병원을 연 지 10년 후부터 암 환자가 조금씩 증가하기 시작했다. 원주민들이 점점 더 백

인들의 생활방식을 따라 하기 때문이라고 그는 생각했다.

이런 경험을 한 의사는 슈바이처만이 아니었다. 1902년 새뮤얼 허턴Samuel Hutton은 캐나다 래브라도 해안에서 환자들을 돌보기 시작했다. 슈바이처가 일하던 서아프리카와 지리적으로나 문화적으로 극단에 위치한 곳이었다. 이곳에 사는 이누이트족은 기본적으로 고기를 먹었으며 채소는 거의 먹지 않았다. 전통적인 자신들만의 식생활을 고수하던 이누이트들에게는 유럽의 질병이 극히 드물었다. 가장 두드러진 것이 암이었다. 래브라도에서 11년간의 경험 후에 그는 이렇게 정리했다. "에스키모에게서 암이 생겼다는 말은 듣지도 보지도 못했다." 천식과 맹장염도 없었다. 반대로 유럽인 마을 근처에 살면서 유럽식 식단을 채용한 이누이트인들은 괴혈병에 걸리고 활기가 없었다. 이들은 빵, 비스킷, 당밀, 홍차, 소금에 절인 생선과 돼지고기를 먹었다.

서양 음식이 전해지기 전에 고립된 인구 집단에는 암이 없었다. 고립 원주민들은 불가피하게 차츰 서양 음식에 노출되는데 이들에게 가장 먼저 도착한 것들이 설탕, 당밀, 흰 밀가루, 백미 같은 초창기 탄수화물 가공식품이었다. 탐험가들은 많은 양의 밀가루, 설탕, 쌀 등을 싣고 다니면서 만나는 원주민들과 교역하거나 나누어 주었다. 찰스 다윈이 승선했던 비글호 선원들은 댄스파티를 열도록 설득하기 위해 호주 원주민들에게 쌀과 설탕을 주었다. 1892년 알래스카 배로 지역 에스키모들은 이미 서양 음식의 맛을 알았고 특히 빵과 설탕을 좋아했다고 기록되어 있다. 밀가루와 설탕은 20세기 초까지 고립 인구 집단과 교역한 주된 물품이었다. 고립 인구 집단에 밀가루와 설탕이 도착하고 나면 암, 비만, 당뇨, 고혈압, 심장 질환, 충치, 맹장염, 위궤양, 변비 같은 서양 문명의 질병이 발생했다.

방송 당시 큰 인기를 모았던 MBC 다큐멘터리 〈아마존의 눈물〉에서 소개된 브라질의 고립 원주민 조엘 부족에는 뚱뚱한 사람이 없었다. 다큐멘터리에 아마존강 유역 밀림에 사는 여러 원주민 부족이 소개되는데 현대 문명과의 접촉이 빈번한 부족들은 겉보기에도 건강 상태가 좋지 않았고 퉁퉁하게 살이 쪄 있었다. 반면에 브라질 현대 사회와 완벽하게 차단되어 그들만의 구석기식 생활양식을 지키는 부족들은 활력이 넘쳤으며 날씬했다.

스코틀랜드 출신 영양학자 로버트 맥카리슨Robert McCarrsion은 히말라야 산악 지역에서 문명으로부터 멀리 떨어진 고립 부족들을 9년간 연구했다. 그는 이 지역에서 연간 400건 이상의 수술을 했는데 암 환자는 단 한 명도 보지 못했다고 기록했다. 맥카리슨은 이들이 건강한 이유를 '자연에서 얻은 단순한 음식'에 있다고 보았다. "이 지역에 연간 수입되는 설탕의 양은 미국 도시의 한 호텔에서 하루 동안 사용되는 설탕의 양에도 미치지 못할 것이다"라고 말했다. 그는 히말라야 산맥이 있는 인도 북부와 타 지역 민족들의 건강을 비교 연구했는데 북부 지역 민족들이 월등히 건강했다. 이 역시 북부 지역 사람들의 음식에는 풍부하고 타 지역에는 부족한 비타민 같은 영양소 때문이라고 그는 생각했다. "북부인들은 우유, 버터, 채소, 과일, 고기 등 균형 잡힌 식사를 했다. 그리고 이들은 자연이 준 모든 영양분이 잘 보존된 통밀을 먹었다"라고 썼다.[67] 맥카리슨을 비롯한 상당수의 초기 연구자들은 암과 같은 문명의 질환들이 하나의 원인, 즉 정제 탄수화물이 문제라고 생각했다. 그는 문명의 만성 질환들이 밀가루와 설탕을 과도하게 사용해 생긴다고 주장했다.

고대인들에게는 암이 극히 드물었다. 2010년 영국 맨체스터대학교의 로잘리 데이비드Rosalie David 연구팀은 고대 이집트의 미라와 그리스의 문헌들을 분석함으로써 이런 결과를 도출했다. 이들은 수백 구의 미라를 진단했는데 그중 암은 단 한 건밖에 없었다. 고대 그리스의 문헌 조사에서도 암을 암시하는 경우는 거의 없었다. 이를 근거로 데이비드 교수는 고대에는 암이 매우 희귀했으며 암은 현대에 와서 나타났다고 주장했다. 현대에 와서 고대에 없던 소아암이 급증한 것으로 미루어 암이 단지 인간의 수명이 늘어나 증가한 것은 아니다. 데이비드 교수는 "자연환경에서 암을 일으키는 것은 없다. 그러므로 암은 공해와 식습관의 변화 등 인간이 만든 질병이다"라고 말했다.[68] 1975년 리처드 돌Richard Doll과 브루스 암스트롱Bruce Armstrong은 식사와 암 사이의 기념비적 연구를 발표했다. 국가별로 설탕 섭취량이 높을수록 암으로 인한 사망률이 증가했던 것이다.

설탕과
사탕수수의 차이는
99퍼센트

━━━━━━

+   설탕은 포도당과 과당이 결합한 이탄당이다. 설탕을 먹으면 효소에 의해 포도당과 과당으로 나누어진다. 포도당은 우리 몸의 주요 에너지원으로 지구상 생명체들이 오랫동안 사용한 물질이고, 과당 역시 과일 등에 두루 존재하는 평범한 물질이다. 밀가루는 전분이 주성분으로서 소화되면 포도당으로 변한다. 설탕과 밀가루의 영양학적 단순성 때문에 우리는 오랫동안 이것들의 위험성을 인식하지 못했다. 밀가루와 설탕의 위험이 바로 이 단순성에 있다는 사실은 최근에야 알려졌다.

설탕은 원재료인 사탕수수와 다르며 밀가루는 통밀과 전혀 다르다는 점에 처음 주목한 사람은 영국인 의사 조지 캠벨George Campbell이었다. 그는 1950년대 남아프리카공화국 더반에서 당뇨 클리닉을 운영하였다. 그에게 오는 당뇨 환자들에게는 분명한 패턴이 있었다. 클리닉에 오는 당뇨 환자들 다섯 명 중 네 명이 더반 근교 나탈 지역의 가난한 인도인 마을 사람들이었다. 나탈 지역의 대부분 인도인은 19세기 후반에 남아프리카로 이주했던 사탕수수 플랜테이션 노동자였다. 1950년대 후반 캠벨이 이들을 연구하기 시작했을 때, 이들 중 70퍼센트 이상이 빈곤선 이하로 살았고 많은 이가 사탕수수 산업에 종사하였다. 캠벨은 나탈 인도인 사회를 여러 차례 조사했다. 어떤 마을은 중년 남자 중 당뇨 비율이 33퍼센트에 달하기도 했다. 그의 당뇨 클리닉은 10년간 6,200명의 인도인 당뇨 환자를 치료했는데, 인도인 지역사회 전체 규모는 고작 25만 명이었다. 이 사람들 사이에서 당뇨병이 급증했다. 발병률로 보면 세계 최고였다.

조지 캠벨은 이 지역과 인도 본토의 당뇨 유병률을 비교했다. 인도 본토의 당뇨 유병률은 1퍼센트였다. 일단 유전적 원인은 배제되었다. 나탈 인도인들은 사탕수수 농장 안팎에서 일했으므로 캠벨은 분명히 설탕이 주된 원인이라고 의심했다. 인도에서 1인당 연간 설탕 소비량은 5킬로그램 정도였지만 나탈 인도인들은 36킬로그램이었다. 나탈 인도인들의 식단에서 지방이 차지하는 비율은 매우 낮았다. 그러므로 지방이 범인일 수는 없었다. 과도한 열량 섭취를 원인으로 볼 수도 없었다. 이들 나탈 인도인들은 어떤 때는 하루에 1,600칼로리 이하로 살았으니, 거의 기아에 해당하는 수준이었다. 그럼에도 이들은 매우 뚱뚱했고 당뇨를 앓았다.

조지 캠벨은 이 지역 원주민인 줄루족에게서도 도시와 시골에서 당뇨 유병률이 크게 차이가 나는 것을 발견했다. 병원 기록을 보면 도시의 줄루족은 당뇨의 위험에 처해 있었다. 그러나 시골 지역의 줄루족에게서는, 수천 건의 건강 검진 결과, 단 한 건의 당뇨도 발견되지 않았다. 캠벨이 실시한 1957년의 조사에서 도시의 줄루족은 1인당 연간 36킬로그램의 설탕을 먹었고, 시골 줄루족은 3킬로그램의 설탕을 먹었다. 지방은 총 칼로리의 20퍼센트 이하로 비슷했다.

그런데 한 가지 특이한 점이 있었다. 사탕수수를 베는 고된 일을 하는 노동자들에게는 당뇨가 전혀 없었다. 이들 노동자들은 사탕수수대를 씹어서 즙을 빨아먹는 양이 하루에 0.2~0.4킬로그램에 달했다. 캠벨은 설탕이 몸을 해롭게 하는 이유는 빠른 흡수와 대사를 가능케 하는 정제 과정에 있다고 믿었다. 사탕수수대를 씹으면 천천히 흡수되어 비교적 안전하다고 생각했다.[69]

사카린병의 원인

비슷한 시기, 정제된 밀가루와 설탕의 문제를 고민하던 또 다른 영국인 의사가 있었다. 피터 클리브Thomas Latimer Peter Cleave는 2차 세계대전에 참전하여 영국 군함 킹조지5세호에서 군의관으로 복무했다. 당시 많은 수병이 변비로 고생하였다. 수병들의 주식은 정제 밀가루였다. 피터 클리브가 선택한 해결책은 수병들의 음식에 밀기울을 뿌려 주는 것이었다. 그는 밀기울 포대를 들고 군함에 탑승하여 수병들에게 밀기울을 처방했다. 이로 인해 그는 '밀기울 사나이'라는 별명을 얻었다. 피터 클리브의 의도는 수병들의 장운동을 그들이 발사하는 함포처럼 원활하게 하는 데 있었다. 그가 탄 군함은 독일 전함 비스마르크 침몰 작전에서 성공을 거두었다. 비스마르크호가 침몰할 때 피터 클리브는 함교에 있었다. 당시 한 장교가 그에게 이렇게 말했다고 전해진다. "의사 선생도 훈장을 받아 마땅합니다. 우리들의 장을 시계처럼 정확하게 해주었으니까요."

그로부터 50년 후인 2010년, 인도의 과학자들이 밀기울의 혈당 조절 효과를 실험했다. 이들은 45세에서 50세 사이의 당뇨 환자 30명을 두 그룹으로 나누어 한쪽은 하루에 20그램의 밀기울을 먹게 하고 다른 쪽은 평상시처럼 먹게 했다. 실험 기간은 6개월이었다. 실험 시작과 종료 시점에 공복 혈당과 당화혈색소가 측정되었다. 밀기울을 먹은 그룹은 공복 혈당이 평균 22.8mg/ml 낮아졌다. 8.3 이상이던 당화혈색소 수치는 6.41로 떨어졌다. 밀기울을 먹지 않은 쪽은 별다른 변화가 없었다.[70]

1962년 퇴역할 때까지 피터 클리브는 싱가포르, 몰타 등 주로 해외에 주둔한 해군 병원에서 근무했다. 그는 나라마다 만성 질환에서 차이가 있다는 사실을 직접 경험할 수 있었다. 전통 식단이 무엇이든 거기에 설탕, 밀가루, 흰쌀이 더해지면 얼마 후 만성 질환들이 나타났다. 정제 탄수화물이 원인이라는 것이 가장 합당한 설명이었다. 거의 전적으로 동물성 식품만 먹던 이누이트, 마사이, 삼부루 유목민, 호주 에보리진뿐 아니라 히말라야의 훈자, 케냐의 키쿠유족 같은 농경민도 서양 문명이 전파된 후 똑같은 질병이 나타났다. 처음엔 충치, 그다음엔 비만과 당뇨였다.

피터 클리브와 조지 캠벨은 편지를 주고받기 시작했다. 1966년 그들은 심장병, 당뇨, 비만 등 서양의 만성 질환들은 모두 정제 탄수화물에 뿌리를 두었으며, 이 질환을 '사카린병'이라고 명명했다.[71] 사카린은 설탕이라는 뜻이다. 이들은 자신들이 명명한 사카린병의 유일한 원인이 설탕과 정제 밀가루의 섭취가 증가했기 때문이라고 믿었다. 사카린병에 포함되는 모든 질환이 1900년대 이전에는 존재하지 않았다. 사카린병은 오늘날 대사증후군과 거의 일치한다. 이 질환들은 설탕과 흰 밀가루 섭취가 늘어나는 비율로 같이 증가하였다.

피터 클리브는 설탕과 밀가루의 문제를 정제에 의한 농축에 있다고 보았다. 사탕수수에서 설탕을 정제하면 원래 들어 있던 성분의 99퍼센트가 제거되고 설탕 시럽만 남는다. 사탕수수에서 설탕으로 가공하면 원래 성분의 1퍼센트만이 남는 것이다. 밀가루도 정제하면 밀기울의 90퍼센트가 제거된다. 이와 함께 특유의 향미도 사라진다. 정제 탄수화물은 자연적으로 존재하는 탄수화물에 비해 성분이 턱없이 단순해진다.

향미료 뒤에 숨은 악마

탄수화물이냐 지방이냐는 중요하지 않다

✚ 밀가루는 밀의 외피를 벗겨 만들어진다. 밀의 껍질에는 섬유질과 거의 모든 비타민과 단백질이 들어 있다. 껍질 안쪽은 녹말이다. 녹말은 포도당 분자들이 길게 연결된 것이다. 설탕은 사탕수수와 사탕무의 겉껍질에서 설탕이 들어 있는 즙을 분리하여 만들어진다. 양쪽 모두 정제할수록 흰색이 되며 비타민과 미네랄, 단백질, 섬유질은 낮아진다. 유사한 과정을 거치는 백미도 마찬가지다.

통밀은 제분 과정을 거치면 도정 후 24시간 내에 통밀에서 발견되는 영양소의 절반이 파괴되거나 변형된다. 72시간 이후에는 비타민 B, 비타민 E, 섬유소 등 밀 낟알의 씨눈과 밀기울에 있던 모든 영양소가 사라진다. 밀에서 유익한 모든 것이 없어지는 셈이다. 도정 후 공기 중 산소에 노출되어 산화되지 않고 용케 버틴다 하더라도 정제와 표백 과정을 이길 수는 없다. 밀이라는 무수한 영양분의 결집체는 밀가루라는 단순 탄수화물로 바뀐다.[72] 밀가루는 밀이 아니다. 마찬가지로 설탕은 사탕수수가 아니다.

정제는 분명히 약점이었다. 그러나 대부분 사람이 흰 밀가루를 선호했다. 시각적으로 더 매력적이었으며 빵을 만들기가 쉬워서 제빵업자도 좋아한다. 지방분이 적었기 때문에 쉽게 상하지 않았으며 더 오래 보존되었다. 흰 밀가루는 단백질, 미네랄, 비타민이 낮아서 벌레나 쥐가 잘 먹지 않는다. 쥐는 껍질을 벗기지 않은 벼는 잘 먹지만 껍질을 벗긴 백미는 먹지 않는다. 흰 밀가루, 백설탕, 백미는 오랜 운송 기간에도 썩지 않고 쥐들이 잘 먹지 않아서 장기간 항해에 적합했다. 방앗간 주인들은 제분하고 남은 밀기울을 가축 사료용과 산업용으로 따로 팔 수 있어서 좋았다. 어떤 영양학자들은 흰 밀가루가 통밀가루보다 더 소화가 잘된다고 주장했다. 이들은 통밀가루는 섬유질 때문에 단백질과 탄수화물이 완전히 소화되지 않는다고 주장했다. 『알프스의 소녀 하이디』에도 도시의 저택에 살게 된 하이디가 흰 빵이 통밀 빵보다 영양가가 높다고 믿고 흰 빵을 산골로 가져가려고 몰래 숨기는 대목이 나온다.

19세기 중반이 되자 흰 밀가루는 대중이 쉽게 사 먹을 만큼 값이 싸졌다. 강철 롤러 제분기의 발명 덕이었다. 그전까지는 귀족들만 흰 밀가루를 먹었고 서민들은 통밀가루를 먹었다. 19세기 중반까지 설탕도 사치품이었다. 사탕무 재배가 유럽 전역으로 확대되면서 설탕도 값이 한층 싸졌다. 1874년 영국에서 설탕에 대한 관세가 철폐되면서 설탕의 소비는 하늘로 치솟았다. 이에 따라 비스킷, 케이크, 초콜릿, 과자, 음료수의 발달이 이어졌다. 1차 세계대전이 시작되던 해 영국인은 이미 연간 1인당 41킬로그램의 설탕을 소비했다. 100년 만에 500퍼센트의 증가였다. 미국인은 연간 36킬로그램 이상을 먹었다. 아시아 국가에서 쌀을 찧는 절구를 기계식 방앗간으로 대체해 가난한 사람도 백미를 먹을 수 있게 된 것은 20세기 중반부터다.

만성 질환은 우리가 아직 적응하지 못한 급속한 환경 변화에 기인한다. 어떤 생물 종이든 환경의 비자연적 특성에 대처하여 적응하려면 충분한 시간이 필요하다. 따라서 어떤 환경 조건의 위험성을 평가하려면 그 조건이 얼마나 오래되었는가를 보아야 한다. 탄수화물의 정제는 농경의 도입 이후 가장 드라마틱한 인간 영양의 변화였다. 20만 년의 요리 역사에서 탄수화물의 집약은 불과 한 세기 정도에 불과하므로 인류가 여기에 아직 적응하지 못한 것은 당연한 일이다. 한 세기는 진화의 관점에서 보면 정말로 짧은 시간이다.

자연 탄수화물 vs 정제 탄수화물

탄수화물을 정제하면 과다 섭취가 발생하고 소화 흡수 속도가 증가하여 몸에 해로워진다. 사과 한 개에 들어 있는 당분은 티스푼 한 개 정도다. 가령 사과 세 개는 먹기 어렵지만 설탕 세 스푼은 쉽게 먹을 수 있으므로 당분 섭취량이 증가한다. 정제 탄수화물은 쉽게 소화되어 흡수 속도가 빨라진다. 이 때문에 혈당이 치솟고 췌장에서 인슐린을 과도하게 분비한다.

일반 대중은 물론 학계에서도 자연 상태의 탄수화물과 인공적인 정제 탄수화물을 구별하지 않았다. 이 때문에 오랫동안 정제 탄수화물과 질병과의 연관성을 밝히지 못했다. 많은 연구자가 설탕과 과일을, 흰 밀가루와 통밀가루를 등가로 여겼다. 비만과 암을 연구한 대부분의 연구자는 지방, 단백질, 총 탄수화물의 섭취만을 측정했다. 이로 인해 정제 탄수화물의 잠재적인 영향은 간과되었다.

부의 급속한 증대는 불가피하게 인구 집단의 식단 변화를 통해 영양 전이를 발생시킨다. 육류 소비가 증가하고 이에 따라서 포화지방 섭취가 증가한다. 곡물 섭취가 감소함에 따라 탄수화물 섭취는 감소한다. 그러나 섭취하는 탄수화물은 더 정제된 것들이다. 현미는 백미로 대체되고 통밀가루는 흰 밀가루로 대체된다. 음료와 사탕 등으로 설탕 섭취는 급격하게 증가했다. 연구자들은 비만과 지방 섭취의 증가, 비만과 동물성 식품 섭취 증가, 비만과 탄수화물 섭취 감소 사이의 관계를 조사할 때 탄수화물의 정제가 미치는 영향을 알아채지 못했다.

미국 미네소타대학교 안셀 키즈Ancel Keys 교수가 1950년대 후반 일본의 낮은 심장병 발생이 저지방 고탄수화물 식단 덕분이라고 주장했을 때, 그는 설탕 섭취량에는 전혀 관심을 두지 않았다. 당시 일본에서는 지방 섭취량만 낮았던 것이 아니라 정제 탄수화물 섭취량도 낮았다. 일본인의 설탕 섭취량은 1963년 기준으로 1인당 연간 18킬로그램 이하였다.

안셀 키즈가 연구한 7개국에서 심장병 발병률이 아주 낮았던 크레타섬 같은 곳은 1960년 1인당 설탕 섭취량이 연간 7킬로그램에 불과했다. 설탕과 꿀, 과자, 아이스크림 등을 모두 포함한 양이다. 1947년 록펠러재단 연구에 따르면 크레타섬 사람들은 연간 4.5킬로그램 이하의 설탕과 단것을 먹었고 빵은 전적으로 통곡물이었다. 지중해식 식단의 놀라운 효과를 이야기할 때 생선, 올리브유, 채소의 섭취뿐 아니라 설탕과 정제 밀가루를 먹지 않는 것도 포함해야 한다.

역학자들이 식품 섭취량을 분석할 때 자연 탄수화물과 정제 탄수화물을 구별한 것은 1990년대에 들어서다. 채소와 통곡물 형태의 자연 탄수화물과 밀가루와 설탕 형태의 정제 탄수화물을 구별하지 않았던 과거의 조사 방식은 비만과 암 연구는 물론 다이어트 산업까지 심각한 혼선을 주었다.

1960년대 파푸아뉴기니 고산지대에 거주하던 투키센타Tukisenta 부족은 칼로리의 94.6퍼센트를 탄수화물에 의존했다. 그럼에도 투키센타 부족은 매우 날씬했고 당뇨병 같은 성인병이 없었다. 탄수화물 섭취량이 높으면 인슐린 대사에 문제가 있다는 편견을 가진 연구자들이 투키센타 부족민들에게 100그램의 경구포도당부하검사를 실시했다. 보통 75그램이 사용되므로 상당한 양이었다. 검사 결과 투키센타 부족민들은 매우 놀라운 대사적 건전성을 보여 주었다. 포도당 100그램 용액을 마시게 하고 1시간 후 측정한 혈당 수치가 공복 혈당과 별반 차이가 없었던 것이다. 노인들도 마찬가지였다. 미국인들의 경우 50세 이상 성인들은 같은 조건에서 혈당이 평균

180mg/dL까지 높아진다. 투키센타 부족의 주식은 고구마였다. 이들은 거의 고구마만 먹고 살았다.

　탄수화물과 지방을 비교하는 다이어트 실험들에서도 유사한 오류가 반복되었다. 2016년 지방의 누명을 벗긴다는 취지로 제작되었던 한 다큐멘터리에서 지방 위주의 식단과 탄수화물 위주의 식단을 비교 실험했다. 방송에 등장한 지방 식단의 피실험자는 생갈비, 생삼겹살, 아보카도, 녹색 채소를 먹었다. 탄수화물 식단의 피실험자는 라면, 도넛, 과자, 케이크, 배달시킨 떡볶이를 먹었다. 실험 결과는 불 보듯 뻔했다. 사실 지방 식단과 탄수화물 식단의 비교가 아니라 자연 식단과 가공 식단의 비교 실험이나 마찬가지였다. 이 실험이 의미 있으려면 라면, 도넛, 과자, 케이크, 떡볶이 대신 고구마, 감자, 귀리, 퀴노아(남아메리카 안데스산맥의 고원에서 자라는 비름과의 작물이자 곡식), 채소, 과일을 먹였어야 했다. 그랬다면 양쪽 모두 거의 같은 수준으로 결과가 나왔을 것이다.

　탄수화물이냐 지방이냐는 중요하지 않다. 포화지방이냐 불포화지방이냐를 따지는 것도 큰 의미가 없다. 빵도 고기도 모두 건강한 음식이 될 수 있다. 그러려면 그 음식은 에너지원이 되는 대량영양소뿐 아니라 미네랄, 비타민, 항산화 물질 같은 미량영양소가 충분해야 한다. 그러므로 문제는 그 음식이 온전하게 자연을 담았는지에 있다. 우리는 그 음식이 온전하다는 것을 음식의 향으로 알 수 있다. 사탕수수는 특유의 구수한 향이 있다. 밀도 향이 있다. 그러나 흰 밀가루와 백설탕은 향이 없다.

향미료 뒤에 숨은 악마

정제 식용유는
제3의
살인자

- - - - - - -

✚ 　　내가 고등학교에 다니던 무렵 동네에 '한주소금'이라는 정제 소금이 유행한 적이 있었다. 그해 우리 집도 한주소금으로 김장을 담갔다. 나는 그해를 김장 참사의 해로 기억한다. 정성껏 만든 김치에서 어처구니없을 만큼 쓴맛이 나서 온가족이 생고생을 했다. 그 일이 있고 나서 우리 집은 다시는 정제 소금을 쓰지 않았다. 한주소금은 깨끗하고 불순물이 없다며 광고했다. 어머니는 배추를 절이며 곱고 하얀 빛깔의 소금에 감탄했다. 회색빛의 굵은 천일염은 오히려 촌스럽게 느껴졌다. 그러나 막상 한주소금으로 담근 김장은 맛이 너무 없었고 쓴맛이 났다. 나는 한주소금에 해로운 불순물이 있는 것은 아닐까 의심했다. 그러나 한주소금에는 불순물이 전혀 없었다. 그렇다면 왜 100퍼센트 염화나트륨이 지저분한 천일염보다 맛이 못할까? 시간이 훨씬 지나서야 그 이유를 알았다. 천일염에는 염화나트륨 이외에도 다양한 미네랄이 들어 있다. 우리는 소금을 통해

미네랄도 섭취한다. 천일염의 미네랄은 또 음식의 맛에 영향을 미친다. 미국에서 한식당을 운영하는 셰프들은 신안 천일염을 애용한다. 서해 천일염이 아닌 미국 소금으로는 한식 특유의 맛이 살아나지 않는다는 것이 이유다. 특히 김치는 한국산 천일염이 아니면 제 맛을 내기 어렵다고 한다.

음식을 만드는 재료가 정제된 단일 화합물이면 대부분 참사에 가까운 문제를 일으킨다. 정제 설탕이 그랬고 정제 밀가루가 그랬다. 자연의 향보다 지극히 단순한 합성 향미료도 마찬가지였다. 이제부터 이야기할 기름도 그렇다. 정제 식용유는 설탕, 밀가루에 이은 제3의 살인자다.

인도에 식물성 정제유가 전해진 것은 1980년대였다. 인도 정부와 협업관계를 구축한 다국적 식품회사들이 식물성 정제유를 인도 사람들의 부엌에 들여왔다. 콩기름, 옥수수기름, 해바라기씨기름이었다. 인도인들은 전통적으로 요리용 기름으로 '기Ghee버터'를 애용했다. 기버터는 소젖을 발효해 휘저어 만든 원시적 형태의 버터다. 그런데 다국적 식품회사에서 기버터는 동물성이라서 동맥경화를 일으키니 대신 식물성 기름을 먹자는 대규모 상업적 캠페인을 벌였다. 10년이 채 안 되어 도시에 거주하는 대부분 인도인이 물소젖 기버터를 식물성 정제유로 대체했다. 때를 같이하여 매우 낮았던 심장병과 당뇨병 유병률이 급격히 증가하기 시작했다.[73]

콩기름, 옥수수기름, 해바라기씨기름 같은 식물성 정제유는 오메가-6 지방산의 비율이 매우 높아서 염증을 일으키며 비만을 촉발하는 것으로 이미 잘 알려져 있다. 그 외에도 다른 심각한 문제가 있다. 정제 과정에서 귀중한 영양소가 사라진다는 점이다. 콩이나 옥수수는 원래 기름을 얻기 위한 작물이 아니다. 그냥 압착하면 기름이 많이 나오지 않는다. 그래서 유기용매로 콩의 지방을 녹여 내고 나중에 유기용매를 제거하는데 이 과정에서 기름 이외의 다른 성분도 모두 사라진다. 항산화 물질 등을 포함한 대부분 식물의 이차화합물이 함께 제거된다. 콩에서 기름을 짜고 남은 대두박은 가축 사료로 사용된다. 기름을 짜내기 위해 대단위로 재배되는 콩은 수확량이 많고 제초제에 내성을 갖게 유전자를 변형하였다. 이런 콩으로 기름을 짜면 기름에서 역한 냄새가 나서 먹을 수 없다. 정제 과정은 나쁜 냄새를 없애는 부수적인 효과도 있는 셈이다.

인류가 사용했던 전통적인 요리용 기름들은 향이 매우 강하다. 참기름과 들기름이 향 때문에 사랑받고, 이탈리아인이 사랑하는 올리브유도 처음에는 먹기에 부담스러울 정도로 향이 강하다. 기버티나 코코넛오일 같은 포화지방이 주성분인 요리용 기름들도 특유의 향이 있다. 향이 강한 전통 기름들은 식물의 이차화합물이 풍부하다. 참기름은 항산화 물질이 풍부해서 상온에서 장기간 보관해도 상하지 않는다. 동물 실험에서 정제 콩기름은 설탕보다도 비만 및 당뇨 유발 효과가 강했다. 캘리포니아대학교 연구진들은 생쥐에게 정제 콩기름, 코코넛오일, 과당을 먹여서 비교했다. 코코넛오일을 먹은 쥐는 문제가 없었고, 정제 콩기름과 과당을 먹인 쥐는 살이 찌고 당뇨가 생겼는데 정제 콩기름 쪽이 훨씬 정도가 심했다.[74] 정제 콩기

름은 암을 유발하지만 기버터는 항암 효과가 있었다.[75]

정제 기름 vs 압착 기름

당뇨를 발생시키는 원인에 대해 지방 원인설과 탄수화물 원인설이
거의 한 세기에 걸쳐 충돌했다. 그러나 고지방 식단이냐 고탄수화물
식단이냐를 따지는 것은 의미가 없다. 그보다는 정제 식단인가 비정
제 식단인가를 따지는 것이 더 타당하다고 밝혀졌다. 요리용 기름
역시 정제 탄수화물과 자연 탄수화물의 경우처럼 정제 기름과 압착
기름을 구별하지 않았던 것이 심각한 혼선을 야기했다. 정제 기름은
어떤 경우에도 몸에 좋지 않다.

　지방은 종류가 매우 다양하다. 지방은 일단 포화지방과 불포화지
방으로 나뉜다. 포화지방은 다시 단사슬, 중사슬, 장사슬로 나뉜다.
건강한 기름으로 알려진 기버터와 코코넛오일의 주성분은 단사슬
지방산이다. 단사슬 지방산은 체내에 축적되지 않고 연료로 사용된
다. 모유에는 라우르산 같은 중사슬 포화지방산이 들어 있다. 옥수
수를 먹여 키운 소고기에는 팔미트산이라는 장사슬 포화지방산이
많다. 염증을 유발하고 몸 안에 쌓이는 것으로 알려졌다.

　불포화지방산은 단일 불포화지방산과 다가 불포화지방산으로
다시 나뉜다. 단일 불포화지방산 중에 대표적인 것이 올레인산인데,
올리브유의 주성분이며 항염증 기능이 있다. 이것은 오메가-9 지방

산으로 분류된다. 다가 불포화지방산은 오메가-3와 오메가-6로 다시 나뉜다. 오메가-3 지방산은 항암, 항염증 기능이 있고 반면에 오메가-6 지방산은 염증을 일으키고 암을 유발할 수 있다. 그 밖에도 공액리놀레산CLA 같은 지방산은 오메가-6 지방산이 변형된 것이지만 항암 효과가 높다.

지방산의 소우주는 넓고 깊어서 아직도 우리는 그 심연에 무엇이 기다리고 있는지 알지 못한다. 당장 내일 새로운 지방산이 발견되었는데, 그것에 CLA보다 열 배 뛰어난 항염증 기전이 있다고 한들 놀랄 일이 아니다. 우리가 지방산을 분석하여 그 기전을 연구하는 것은 중요하지만 당장 이 지식을 이용해 섭식을 안내하는 것은 어리석은 일이다. 아직 다 모르기 때문이다. 19세기에 근대 영양학이 시작된 이후 우리는 계속해서 같은 실수를 반복하였다. 요즘은 기버터에서 힌트를 얻어 단사슬 지방산을 알약으로 만들어 건강보조식품으로 팔기도 한다. 이 역시 분명 실패할 것이다. 기버터가 좋다 해서 반드시 단사슬 지방산이 좋다는 것은 아니기 때문이다. 기버터에는 단사슬 지방산 이외에도 풀을 먹은 물소의 우유에서 유래한 다른 수많은 영양소가 들어 있다.

정제 식품은
왜
몸에 나쁠까

✚　　많은 사람이 인슐린을 유익한 호르몬으로 인식한다. 인슐린은 혈액 속의 포도당을 조직 세포 속으로 들여보내 에너지원이 되거나 지방으로 저장되도록 돕는 역할을 한다. 인슐린이 없으면 혈액 속에 포도당이 아무리 많아도 세포는 에너지를 공급받지 못해 굶는다. 우리 몸은 먹을 것이 부족할 때를 대비하여 일정량의 지방을 몸 안에 축적하려는 경향이 있다. 인슐린은 에너지로 사용하고 남은 여분의 포도당을 지방으로 변환하여 몸 안에 저장한다. 제1형 당뇨는 췌장이 인슐린을 만들지 못해서 생기는 질병이다. 제1형 당뇨 환자들은 밥을 많이 먹어도 기운이 없고 살이 찌지 않는다. 인슐린이 부족하기 때문이다. 인슐린은 매우 중요한 호르몬이다.

그러나 인슐린이 너무 많으면 더 큰 재난을 초래한다는 사실이 밝혀졌다. 인슐린이 많으면 대사증후군을 일으키고 나아가 여러 종류의 암을 발생시키는 단초를 제공하며 암세포가 더 빠르게 증식된다. 어떻게 이토록 필수적인 호르몬이 생명을 지지하는 아군에서 무서운 적군으로 돌변할 수 있을까?

인슐린은 증식 인자이기 때문에 세포 안에 인슐린이 많으면 세포의 빠른 분화를 촉발한다. 이 과정에서 어떤 세포는 DNA 통제 기능을 상실할 수도 있다. 아주 작은 양의 인슐린도 세포 배양 접시에 한 번만 떨어뜨리면 DNA 가닥을 손상하기에 충분한 산화 스트레스를 준다. 이런 상태로 6일간 두면 DNA 가닥에 손상을 줄 수 있는 인슐린의 농도가 처음보다 10분의 1로 줄어든다.[76] 이것은 인슐린이 높은 상태로 장기간 지속되는 것이 얼마나 위험한지를 보여 준다.

세포에서 포도당을 연료로 불태울 때 활성산소가 만들어진다. 산소 원자에 전자가 결합하면 비교적 비활성인 상태에서 맹렬하게 반응하는데 이것이 활성산소이다. 이것은 생물학적으로 바람직하지 않은 상태다. 활성산소는 어떤 대상을 산화해 서서히 손상시킨다. 못에 녹이 슬어 부식되고 약해지는 것과도 같은 원리다. 활성산소 때문에 조직이 손상되는 것을 산화 스트레스라고 부른다.

인슐린이 만성적으로 지나치게 많이 분비되면, 여러 종류의 암 발생 위험도를 증가시킨다. 특히 더 공격적이고 전이가 잘되어 예후가 좋지 않은 암들을 만든다. 예를 들어 전립선암은 혈중 인슐린 농도가 높은 남자들에게서는 발생 건수가 두 배 정도 증가한다.[77] 혈중 인슐린이 높으면 암 발생 위험도가 높아진다는 것이 여러 연구에서 일관성 있게 나타난다.

인슐린 레벨이 올라가 있는 고인슐린 상태는 제2형 당뇨의 주된 특징이지만 당뇨로 진단 받지 않은 사람들에게도 광범위하게 나타난다.[78] 왜 이런 현상이 나타날까? 과식, 과체중, 비만과 관련이 있다. 체중이 증가하면 지방 세포는 전신 염증을 유발하는 사이토카인을 쏟아 내기 시작한다. 이것은 이른바 인슐린 저항이라고 불리는 상태를 만든다.[79] 인슐린 저항이 발생하면 세포는 정상적인 인슐린 농도에서 혈액 속의 포도당을 세포 안으로 끌어들이는 능력이 감소한다. 그 결과로 혈당 수치는 더 오르고 인슐린 저항은 더 심화된다. 세포는 인슐린에 더 둔감해지고 혈당과 인슐린 농도가 더 올라가는 악순환이 시작된다. 이것이 고착화되면 마침내 제2형 당뇨로 접어든다.

요약하면 핵심은 인슐린 저항이다. 인슐린 저항이 기저에 있으면 인슐린이 과다 생성되고, 비만이 되고, 당뇨가 오고, 암의 위험성이 커진다. 인슐린 저항은 왜 생길까?

인슐린 저항이 발생하는 근본 원인을 두고 과학계는 오랫동안 논쟁해 왔다. 비만의 원인과 마찬가지로 인슐린 저항을 두고 지방 가설과 탄수화물 가설이 충돌했다. 그러나 이 역시 의미 없다고 판명되었다. 지방의 종류에 따라 인슐린 저항을 유발하기도 하고 인슐린 민감도를 보호하기도 한다. 마찬가지로 탄수화물의 종류에 따라서 인슐린 저항에 미치는 영향이 달라진다. 가령 소시지와 햄 같은 가공육, 옥수수 사료를 먹은 가축의 고기는 인슐린 저항을 유발하고 향이 진한 엑스트라버진 올리브유는 인슐린 민감도를 높인다. 설탕 같은 정제 탄수화물은 인슐린 저항을 심화시키고 고구마 같은 자연 탄수화물은 인슐린 민감도를 높인다. 인슐린 저항을 만드는 요인은 결국 그 음식이 일으키는 산화 스트레스의 정도에 달려 있다는 것이 밝혀졌다.

폭식 실험에서 얻은 충격적인 결과

필라델피아 템플대학교 연구진은 산화 스트레스가 어떻게 인슐린 저항을 유도하는지 밝혀냈다. 연구진은 폭식 실험에 참여할 지원자들을 모집했다. 1주일간 하루에 6,000칼로리를 먹는 실험이었다. 인슐린 저항과 체중이 증가할 수 있음을 사전에 고지하였다. 여섯 명의 건강한 남자들이 자원했다. 살찌는 것을 우려해서인지 여성 지원자는 한 명도 없었다. 여섯 명의 남자는 대학교 구내식당에서 원하는 대로 뭐든지 먹었다. 한 끼에 1,500칼로리만 넘으면 무엇이든 먹어도 됐다. 그리고 매일 한 번 간식으로 500칼로리를 먹었다. 운동은 허용되지 않았다. 피자, 햄버거, 프렌치프라이, 탄산음료 같은 전형적인 미국식 식사였다. 하루 6,000칼로리는 꽤 많은 것 같지만 감당할 수 없을 정도는 아니다. 식당에 가면 음료수까지 해서 한 끼에 3,000칼로리를 초과하는 메뉴가 꽤 많다. 피실험자들은 실험이 끝난 후 1주일 사이에 평균 3.4킬로그램씩 체중이 증가했다. 명절 연휴 기간에 과식하는 상황과 비슷했다. 일반적으로 이렇게 증가한 체중을 나중에 빼는 데는 큰 어려움이 없다.

놀라운 것은 모든 피실험자가 2일 차와 3일 차 사이에 인슐린 저항이 발생했다는 사실이다. 연구자들도 이렇게 빨리 인슐린 저항이 발생한 것을 보고 놀라지 않을 수 없었다. 피실험자들의 몸은 지방과 탄수화물의 공격을 감당할 수 없었다. 그래서 몸은 해로운 활성산소를 많이 만들어 냈다. 활성산소가 너무 많아서 몸이 이것들을 청소할 수 있는 한계치를 넘어섰다. 산화 스트레스가 발생했다. 초과된 활성산소는 몸 안의 단백질에 붙어서 그 기능을 방해한다. 연구진은 어떤 단백질이 영향을 받았는지 분석했다. GLUT4라는 단백질이었다. 이것은 포도당을 혈액에서 제거하여 저장하는 역할을 한다. 활성산소가 이 단백질과 결합하면 산소를 제거하는 능력을 잃는다. 이것은 혈당의 증가로 이어진다. 인슐린 저항이 발생한 것이다.[80]

산화 스트레스는 발생되는 활성산소보다 이것을 방어하는 항산화제가 부족할 때 나타난다. 이런 이유로 설탕을 비롯한 정제 탄수화물은 심각한 산화 스트레스를 유발한다. 정제 탄수화물이 산화 스트레스를 과도하게 일으키는 이유는 두 가지다. 하나는 소화 흡수가 빨라서 혈당을 빨리 올리기 때문이고 다른 하나는 정제 탄수화물에는 항산화제가 부족하기 때문이다. 산화 스트레스는 인슐린 수용기의 민감도를 약화한다.[81] 항산화제가 부족한 정제 식용유도 산화 스트레스를 유발하여 인슐린 민감도를 떨어뜨린다.[82] 산화 스트레스는 인슐린 저항, 이상지혈증, β-세포 장애, 제2형 당뇨를 야기하는 핵심적인 유해 요소라는 점이 밝혀졌다.[83]

비만, 제2형 당뇨, 암은 서로 가깝게 연결되어 있다.[84] 그 중심에는 인슐린 저항이 있고 인슐린 저항은 산화 스트레스에서 온다. 텍사스대학교의 MD앤더슨 암센터 연구진은 정제 밀가루와 설탕 등을 많이 먹으면 폐암 위험이 높아진다는 연구를 발표했다. 폐암은 암 중에서도 사망률이 매우 높다. 이들은 폐암 진단을 받은 2,000명의 환자들에게 식습관을 설문조사했다. 폐암 진단을 받은 사람들은 콘플레이크, 팝콘, 프레즐pretzel, 크로와상, 흰쌀밥 등을 즐겨 먹었다.[85]

다시 한 번 자연 탄수화물이 중요해진다. 자연 탄수화물은 섬유질이 풍부하여 천천히 소화 흡수되므로 혈당을 천천히 올린다. 자연 탄수화물에는 항산화제가 가득 들어 있어서 산화 스트레스를 줄이고 인슐린 민감도를 높게 유지시킨다. 무엇보다도 과식하지 않게 한다. 미토콘드리아에 과도한 영양이 쏟아지는 것이 산화 스트레스의 본질이므로 과식하면 결국 산화 스트레스를 유발할 수밖에 없기 때문이다.

마찬가지로 좋은 지방과 단백질을 먹는 것이 중요하다. 정제하거나 가공하지 않은 최대한 자연에 가까운 고기와 기름은 인슐린 저항을 유발하지 않는다. 가공육은 특히 인슐린 저항과 비만을 일으키는 위험도가 높은 것으로 조사되었다.[86] 탄수화물이든 지방이든 정제하고 가공하면 독이 된다.

우리나라 성인 세 명 중 한 명이 비만이다. 영유아 비만율도 가파르게 상승 중이다. 영유아 비만율은 2008년 1.4퍼센트에서 2015년

2.8퍼센트로 두 배나 높아졌다. 특히 저소득층 가정에서 영유아 비만이 많다. 건강보험공단이 이 기간에 건강 검진을 받은 가입자의 빅데이터를 분석한 결과다.[87] 비만한 사람들은 당뇨, 고혈압, 고지혈증 증세를 동반할 때가 많다. 이것들은 인슐린 저항이라는 하나의 뿌리에서 파생한 질환들이다. 인슐린 저항은 산화 스트레스에서 시작된다. 이 모든 문제의 시작은 음식의 질적 저하와 이로 인한 과식이다.

향미료 뒤에 숨은 악마

관식과의 싸움 5년

9

왜 나는
배불러도
먹는가

+   40대 이상이 되면 아랫배에 묵직한 지방 덩어리를 넣고 다니는 사람들이 늘기 시작한다. 나도 예외가 아니었다. 아랫배가 무거워지면서 절식을 결심했지만 거의 지키지 못했다. 오히려 과식하는 날이 점점 늘었다. 나는 과식을 멈출 수 없었다. 거의 매일 저녁마다 위장이 아플 때까지 먹었다. 이런 현상은 40대 초반에 서서히 나타나기 시작해서 점차 심해졌다. 매일 과식하지 말자고 결심했지만 번번이 실패했다. 어느 날 아침 거울에 비친 내 옆모습을 보고 기겁했다. 임신한 여인처럼 불룩하게 튀어나온 아랫배. 어릴 적부터 비쩍 말랐다는 말을 들으며 살아온 나에게 이런 날이 올 줄이야.

나는 내가 과식하는 이유를 알고 싶었다. 배가 불러도 만족하지 못하는 이유를 알고 싶었다. 그 이유를 알면 건강은 물론 이미 거대한 사회문제가 된 비만 현상에 대한 답을 찾을 것 같았다. 나는 우리 사회에 만연한 비만의 원인은 장기간에 걸친 과식이라고 생각했다.

비만 문제에 제대로 접근하려면 음식을 '당기게' 하는 원인을 찾아야 한다. 그런데 아무도 그 이유는 말해 주지 않았다.

비만에 대한 학계의 도그마는 이른바 에너지 균형 이론이다. 에너지 섭취량보다 소모량이 적어서, 즉 많이 먹고 적게 운동하기 때문이라는 설명이다. 그러나 이 명제는 비만이 발생한 원인에 대해서는 정작 아무것도 알려 주지 못한다. 이것은 마치 '이 식당은 왜 붐비나요?' 라는 질문에 '나오는 사람보다 들어가는 사람이 많기 때문'이라고 답하는 것과 같다. 왜 내 자식이 알코올 중독이 되었냐고 묻는 어머니에게 술을 많이 먹었기 때문이라고 답하는 의사는 너무 답답하지 않은가? 에너지 균형 이론은 원인과 결과를 혼동한 것이다. 그리고 이 명제는 에너지 균형을 뒤집는 방법, 즉 적게 먹고 운동을 많이 하는 다이어트 처방들이 번번이 실패하는 이유를 전혀 설명하지 못한다.

그러던 중 식욕의 생리학적 특성을 깊게 생각하는 계기가 있었다. 2013년 겨울이었다. 군대를 다녀와 대학에 복학한 조카에게 점심을 사 줄 때였다. 조카는 꽤 맛있다는 홍대 앞 맛집의 닭고기볶음밥을 절반 정도만 먹은 채 슬며시 숟가락을 내려놓았다. 조카는 어릴 때부터 안쓰러울 만큼 마른 체형이었다. 내가 맛이 없냐고 묻자 조카는 으레 그렇듯 배불리 먹었다고 대답했다. 평소 같으면 그냥 지나쳤을 테지만 그날은 달랐다. 한창 포만감 문제를 고민 중이었기 때문이다. 왜 억지로라도 더 못 먹는지 물어보았다. 대답은 뜻밖이었다. 배가 불러오면 갑자기 음식이 맛없어진다는 것이다. 맛이 없을 뿐 아니라 조금 전까지 맛있게 느껴졌던 그 음식에서 역한 냄새까지 난다는 것이다. 그날 먹었던 닭고기볶음밥에서 갑자기 닭고기 비린내가 역하게 나서 도저히 못 먹겠다고 했다.

나도 조카와 비슷한 경험을 했던 기억이 있다. 20대의 나는 배가 부르면 바로 숟가락을 내려놓았다. 배가 불러오면 역하지는 않아도 음식의 맛이 분명 둔해졌다. 맛이 없으니 당연히 과식도 하지 않았다. 그런데 요즘은 그때와는 달리 아무리 배가 불러도 음식 맛이 계속 좋은 것이다. 그래서 조금만 더, 조금만 더 하다가 결국 과식하고 만다.

입맛과 식욕은 우리 몸이 영양과 칼로리를 섭취하는 일차적 조절 기제다. 몸이 무엇을 먹는 행위를 강제하려면 먹는 행위 자체가 즐겁게 신경회로를 구성하는 것이 가장 효과적이다. 음식을 먹으면 뇌는 쾌감을 느낀다. 배가 부르면 20대의 나와 조카의 경우처럼 쾌감의 강도는 감소해야 한다. 맛이 없어지는 것이다. 그런데 나의 뇌는 배가 불러도 계속 같은 강도의 쾌감을 느꼈던 것이 분명했다. 배가 부르다는 신호를 뇌에 전달하는 신경회로 어딘가에 문제가 생긴 것일까? 아니면 몸이 나를 살찌우기 위해, 즉 과식을 유도하기 위해 쾌감을 강화하는 것은 아닐까? 의문은 끝이 없었다. 이유가 무엇이든 40대의 나는 20대의 나와는 정반대의 식욕 제어회로를 갖게 된 것이다.

쌓이기만 하는
나의
체지방

체지방의 축적은 기본적으로 생존을 위한 수단이다. 지구 상의 모든 동물 종은 먹이 부족 또는 굶주림을 견디기 위해 에너지를 저장하는 방법을 발전시켰다. 동물이 에너지를 저장하는 가장 기본적인 형태가 지방이다. 축적된 지방은 먹이가 부족해지면 에너지로 전환된다. 겨울잠을 자는 곰이든, 새끼를 낳기 위해 남쪽으로 이동하는 암컷 고래든, 변태를 준비하는 곤충이든 모든 동물은 지방을 저장하는 방법을 잘 안다. 지방을 많이 저장할수록 기아에서 더 오래 생존할 수 있다.

체지방의 축적과 연소의 극단적인 예로 황제펭귄이 있다. 황제펭귄의 수컷들은 남극의 여름 기간에 오징어와 생선을 열심히 먹고 체지방을 두 배로 늘린다. 그리고 내륙으로 들어가 영하 70도까지 떨어지는 겨울 동안 암컷이 낳은 알을 발등에 올려놓고 따뜻하게 덮혀서 부화시킨다. 펭귄들은 한곳에 무리를 지어 눈보라 치는 북극의 추운 밤을 지새우는데 이때 무리의 안쪽과 바깥쪽의 체감 온도차가 10도 이상 난다. 황제펭귄은 이럴 때 안쪽의 무리와 바깥의 무리가 두세 시간 단위로 자리를 바꾸는 허들링huddling을 지속한다. 체온을 유지하기 위해 서로 밀착하여 무리 바깥쪽 펭귄들이 교대로 안쪽으로 들어가고 무리 안쪽 펭귄들이 바깥쪽으로 나오는 것이다. 이기간에 황제펭귄은 무려 4개월을 먹지 않고 버틸 수 있다. 이렇게 먹지 않고 버티는 황제펭귄의 부성애는 감동적이기까지 하다. 알을 낳고 바다로 갔던 암컷이 교대해 주러 오면 수컷들은 비로소 바다로 가서 먹이를 먹는다.

이런 예는 수없이 많다. 얼룩다람쥐는 동면을 위해 늦여름에 몸무게를 늘리는 일을 해마다 반복한다. 벌새는 체지방을 40퍼센트까지 늘려서 이동을 준비하는데, 약 965킬로미터를 20시간 동안 날아 멕시코만을 건너면서 축적된 모든 지방을 연소한다.[88] 큰뒷부리도요는 간과 혈액 속에 지방을 크게 늘려서 겨울철 도래지까지 수천 킬로미터의 이동을 준비한다. 회색고래는 북극에서 지방을 크게 늘린 후 새끼를 낳기 위해 바하칼리포르니아를 다녀오는 긴 여정 동안 아무것도 먹지 않고 굶는다. 이 동물들은 지방을 축적해 체중을 늘리는 기간과 지방을 연소해 체중이 줄어드는 기간을 규칙적으로 반복한다.

야생 동물이 지방을 저장하는 현상에서 중요한 것은 이것이 매우 계획적이며 정밀하게 조절된다는 것이다. 이 현상은 리처드 키시Richard Keesey에 의해 상세하게 연구되었다. 키시는 동물의 지방 축적량이 0.5퍼센트 오차 이내로 정확하게 실행된다는 것을 밝혔다. 가령 생쥐를 억지로 먹여서 살찌운 후 자유롭게 먹도록 내버려 두면 생쥐는 급속히 체중이 줄어서 정상 체중으로 돌아간다. 반대로 생쥐를 굶긴 후 다시 먹이를 공급하면 빠르게 정상적인 몸무게를 회복한다. 특이한 것은 이 둘은 원래의 실험 전 몸무게로 돌아가지 않는다는 점이다. 강제 급식이나 굶주림이 없었다면 정상적으로 도달해 있어야 할 예정된 몸무게, 나이와 계절에 맞는 몸무게에 정확히 접근한다는 것이다. 같은 현상이 동면을 앞둔 동물과 이동을 앞둔 철새에게서도 관찰되었다. 예를 들어 정원솔새는 긴 여정에 대비하여 초여름부터 늦여름까지 살찌운다. 그런데 여름 동안 이 새를 굶겼다가 풀어 놓으면 아주 짧은 기간에 급속도로 지방을 축적하여 원래 예정된 몸무게를 회복한다. 동면하는 다람쥐와 마멋에게서도 같은 현상이 관찰되었다.[89]

더 재미있는 것은 금식 모드에 진입한 동물들은 먹을 것을 주어도 먹지 않는다는 것이다. 적색야계는 미리 살을 충분히 찌우고 20일간 알을 품는데, 이 기간에 최소한으로 먹기 때문에 둥지를 떠나는 시간이 하루에 20분도 되지 않는다. 알을 품은 기간에 몸무게의 10~20퍼센트를 잃는다. 알을 품은 적색야계 옆에 먹을 것을 놓아도 절대 먹는 양을 늘리지 않는다.[90] 적색야계는 체중 증가와 감소의 기간을 정한, 내재된 프로그램에 따른다.

음식이 있는데도 식욕을 잃어버리는 것은 동면하는 포유류에게서도 볼 수 있다. 동면 기간에 동물은 지방을 분해해서 에너지로 사용한다. 체온을 떨어뜨리고 대사 속도를 늦춤으로써 동면하는 동물들은 몸의 주요한 기능을 유지하는 데 드는 에너지를 최소화할 수 있다. 이런 방식으로 먹이 없이도 장기간 생존할 수 있다. 동면하는 동물은 아직 먹잇감이 많이 남아 있음에도 먹는 것을 멈추고 대사율부터 떨어뜨린다. 이것은 동물의 몸이 지방을 축적하는 상태에서 지방을 연소하는 상태로 일시에 전환한 것으로 이 과정은 말 그대로 하룻밤 사이에도 일어난다.

모든 동물은 체중에 일정한 설정 값을 가진 것으로 보인다. 그리고 먹이의 유무에 따라 이 설정 체중을 적절하게 조절한다. 대부분 동물은 언제 지방을 쌓아야 하는지 미리 안다. 어떤 경우에는 지방의 축적이 느닷없이 일어나기도 한다. 예를 들어서 기후가 갑자기 변하면 모기 같은 곤충은 휴면기에 들어가기 위해 갑작스럽게 지방을 저장하기 시작한다. 이러한 생존 메커니즘은 모든 종에 존재한다. 식물도 긴 겨울을 나기 위해 양분을 저장한다. 야생에서 지방의 축적은 의도적으로 이루어지며 그 과정은 프로그램되고 철저하게 관리된다. 그 반대도 마찬가지다. 동물은 필요에 따라 스스로 지방 저장 상태에서 지방 연소 상태로 전환한다. 야생 동물의 체지방 축적은 정교하게 짜인 프로그램대로 진행되는 생애주기다. 동물은 장거리 이동을 하면서, 알을 품으면서, 겨울잠을 자면서 몸 안에 쌓아둔 지방을 소진한다. 그리고 다시 지방을 저장해야 할 시기가 올 때까지 '날씬한' 상태로 지낸다.

전염병처럼 증가하는 비만병

우리 인간은 동면하지도 않고 철새처럼 이동하지도 않는다. 우리 조상들에게 굶주림은 주기적인 연례행사가 아니라 불시에 닥치는 불운이었다. 생존을 위해 우리는 어느 정도의 체지방을 축적해야 했을까?

비만 연구자들은 굶주림을 피하는 것만큼이나 지방을 과도하게 저장하지 않는 것도 생존에 중요하다고 생각했다. 70킬로그램의 평균 남자는 체중의 10퍼센트 정도의 지방만 가지고 있어도 한 달 이상을 전혀 먹지 않고 생존할 수 있다. 그 이상의 지방을 갖고 있으면 부정적인 결과를 초래할 수 있다. 사냥과 채집 능력이 저하되기 때문이다. 위험을 회피하고 부족을 보호하는 능력도 저하된다. 종의 생존은 과도하지 않은, 적당량의 에너지를 저장했다가 필요할 때 빨리 끌어다 쓸 수 있는 능력에 달려 있다. 지구상에 남아 있는 극소수 수렵채집 원주민들에게는 비만 현상이 관찰되지 않는다.

사바나의 야생 초식동물도 대부분 매우 말랐다. 그리고 풍부한 양의 먹이가 공급되어도 계속 말라깽이 상태를 유지한다. 세렝게티 Serengeti 초원에 비가 적당히 내려 풀이 아주 풍부한 해에도 톰슨가젤은 절대로 비만이 되지 않는다. 이런 야생 동물을 우리에 가두고 먹이를 산더미처럼 주면 곧바로 피둥피둥 살이 찔 것 같지만, 실제로 이런 실험을 해보면 살이 잘 찌지 않는다. 필요 이상의 지방을 몸에 저장하는 것은 자연의 섭리에 맞지 않는다.

1960년대 버몬트대학교 내분비학자 에단 심스는 강제로 살찌우는 실험을 했다. 에단 심스는 처음에는 자신의 학생들을 실험에 참여시켰으나 과식으로 학생들의 체중을 불리는 것이 쉽지 않자 버몬트 주립교도소의 재소자들을 피실험자들을 참가하게 했다. 실험에 참가한 재소자들은 하루에 4,000칼로리로 출발했다. 꾸준히 체중이 늘다가 이내 안정되었다. 그러자 하루에 5,000칼로리를 먹게 했고 이어서 하루 다섯 끼 7,000칼로리, 그리고 마지막에는 1만 칼로리까지 먹게 했다. 물론 운동은 전혀 시키지 않았다. 체중이 증가하는 능력에는 확실한 개인차가 있었다. 이 엄청난 식이요법을 100일간이나 견뎌낸 재소자 여덟 명 가운데 두 명은 쉽게 체중이 늘었고 나머지 여섯 명은 그렇지 않았다. 재소자 한 명은 30주간의 강제된 탐식 이후에도 겨우 4.5킬로그램 정도만 체중이 느는 데 그쳤다. 이 재소자는 실험 전 60킬로그램이었고 64.5킬로그램으로 실험을 마쳤다. 실험이 끝나자 참가자들 모두는 쉽게 그리고 정확하게 이전 체중으로 돌아갔다.[91] 비만 환자들이 반 굶주림 수준의 다이어트 이후 쉽게 이전 체중으로 돌아가는 것과 같았다. 심스는 우리가 과영양과 저영양 모두에 반응하여 대사와 에너지 소비량을 적응시키는 능력을 부여받았다고 결론 내렸다.[92]

체중이 이렇게 엄격하게 관리된다면, 우리에게는 대체 무슨 일이 일어난 것인가? 나는 겨울잠을 잘 필요도 없고, 먹지 않고 장거리 이동을 할 필요도 없으며, 곡기를 끊은 채 알을 품을 필요도 없으며, 누에고치를 짓고 들어가 변태할 필요도 없다. 그런데 왜 필요하지도 않은 여분의 지방을 몸 안에 쌓았을까? 더구나 지방을 축적하기만 할 뿐 왜 소모하지는 못할까? 아랫배에 피하지방 형태로 여분의 에너지가 가득 차 있는데도 왜 나는 한 끼만 걸러도 그토록 배가 고픈 것일까? 왜 비만이 전 세계적으로 치솟는가? 왜 우리들은 지방간, 당뇨, 고혈압, 심장병 같은 각종 성인병에 더 잘 걸리게 될 것을 알면서도 다이어트에 성공하지 못하는 것일까?

모든 생물 종은 세대를 거치면서 환경에 적응해 왔다. 적응에 실패한 종은 도태되었다. 일반적으로 먹을거리가 풍부할 때 생물 종은 현대인처럼 뚱뚱해지고 당뇨병에 걸리는 것이 아니라 번식을 한다. 다른 진화적 적응과 마찬가지로 지방의 저장은 위험은 최소화하고 이점을 극대화하는 방향으로 맞추어져 있었다. 풍요의 시기에 과도하게 살찌는 종은 진화 과정에서 자연 도태되었을 것이다. 현대인들은 뚱뚱하고 불임률이 높다. 현대 사회의 비만은 진화의 방향에 역행하고 있다.

영상 자료실에서 1980년대 잠실야구장 자료 화면을 보면 깜짝 놀란다. 운집한 관중석은 모두 이상할 정도로 비쩍 마른 사람들로 가득 차 있다. 포로수용소에서 막 나온 사람들을 보는 듯한 느낌이다. 이에 비해 요즘 잠실야구장 중계 화면을 보면 뚱뚱한 팬들이 많은 것은 물론이려니와 보통의 관중들도 포동포동 살찐 얼굴들을 하고 있다. 2015년 우리나라 성인의 비만율은 28.1퍼센트, 고도비만율은 4.1퍼센트다.[93] 이 숫자들은 1980년대 이후 매년 꾸준히 증가했다. 한창 유행했던 그 많은 다이어트 비법이 모두 실패했다는 뜻이다. 천만 명의 한국인들이 너무 많이 먹은 탓에 당뇨, 암, 심장마비, 불임, 조산, 고혈압, 수면 무호흡, 간질환, 담낭 질환, 천식, 관절염의 위험에 노출되어 있다. 비만인 사람들은 의료비 지출이 많고, 자존감이 낮으며, 우울증에 걸리기 쉽다.

비만이 이토록 날뛰니 전염성이 있는 것 같다. 비만은 현재 전염병이다. 영국에서 발원하여 미국에서 절정을 이루고 다른 나라로 퍼졌다. 멕시코가 무거워졌고 한국과 중국도 그렇고 심지어 날씬하다는 프랑스 여인들도 따라오는 추세다. 대유행병, 판데믹이다. 비만을 멈추기 위한 긴급 처방과 조치들이 취해지고 있다. 웨이트워처스와 과식자 모임은 전 세계가 비만과 치러낼 긴 전쟁의 시작일 뿐이었다. 스카스데일 다이어트(고단백, 저지방, 저탄수화물 다이어트), 슬림패스트 다이어트(하루 두 끼니를 시판용 셰이크와 바를 먹는 다이어트), 사우스비치 다이어트(미국 남쪽 해안에 가면 볼 수 있는 날씬한 여자들처럼 만들어 준다는 탄수화물 억제 다이어트), 애트킨스 다이어트, 혈액형 다이어트, 지중해 다이어트, 레몬 디톡스 다이어트, 양배추수프 다이어트, 바나나 다이어트, 구석기 다이어트 등이 뒤를 이었다. 사람들은 지방을 태워 준다는 해독 수프를 먹었고, 1주일 내내 양배추수프만 마셔도 보았고, 사과식초를 먹고, 혈당지수가 높은 음식을 멀리하고, 인슐린과 글루카곤Glucagon(혈당을 올려 주는 호르몬)의 균형을 맞추고, 구석기인들과 비슷해지려고 노력하고, 키토시스라고 알려진 지방을 태우는 열반에 들기 위해 노력하기도 했다. 그러나 이 모두가 끔찍한 실패로 끝났다. 이것은 산불을 물총으로 끄려는 어리석음과 비슷했다.

과식과의 싸움 5년

이 얼마나 이상한 일인가? 날씬함을 칭송하는 문화 속에 살면서도 우리는 계속해서 과식한다. 죽지 않는 암세포처럼 우리는 다이어트에 내성을 가진 새로운 형태의 비만병이라도 갖게 된 것일까?

비만은 결국 제어하기 어려운 식욕, 포만감 부재의 문제로 귀결된다. 나는 나의 요상한 식욕에 의문을 품고 그 원인이 무엇인지 알아보려 했다. 나는 고래나 벌새처럼 자유자재로 지방을 축적하고 연소하고 싶었다. 왜 나의 지방 대사는 '축적'이라는 한 방향으로만 가는가?

무과당 식단 실험:
설탕 없이 살기

✚ 2014년 1월 1일 나는 식단에서 설탕을 완전히 제거하는 임상 실험을 시작했다. 피실험자는 단 한 명, 나 자신이었다. 이 실험을 통해 과당 섭취를 최소한으로 줄였을 때, 배가 불러도 계속 먹는 포만감 부재의 문제가 해결되는지 알아보려 했다. 불룩한 아랫배가 준 충격으로 인해 나는 무엇이라도 하지 않을 수 없었다. 첫 번째로 잡은 지푸라기가 무과당 식단이었다.

과당 섭취와 포만감 부재 사이에 관계가 있다고 믿을 만한 근거가 많았다. 역사적으로 설탕의 섭취량은 비만 및 당뇨 증가와 궤를 같이했다. 설탕은 포도당과 과당으로 이루어져 있다. 쌀, 밀, 고구마 같은 탄수화물 식품들의 주성분인 전분은 소화되면 모두 포도당이 된다. 사람은 원래 포도당을 많이 먹었다. 그런데 과당은 과일과 채소에 소량으로 존재하므로 섭취량이 미미했다. 설탕의 대량생산 이전에는 채소와 과일로 섭취하는 자연적인 과당의 양은 무시해도 될 정도였다. 한국인 평균 설탕 섭취량이 60그램이라고 가정하면 30그램의 과당을 먹는 셈이다. 인류는 이토록 높은 과당 섭취를 한 적이 없다.

포도당은 인체의 모든 세포에서 이용할 수 있다. 그러나 몸의 어떤 세포도 과당을 에너지원으로 이용하는 능력이 없다. 과당은 오직 간에서만 대사된다. 포도당이 몸 전체로 분산되어 사용되는 데 비해서 과당은 유도미사일처럼 간으로 집중된다. 간에 도착한 과당은 포도당, 젖산, 글리코겐으로 전환된다. 과당의 대사에는 제한량이 없다. 내가 먹는 모든 과당이 간에서 대사된다. 간이 글리코겐으로 가득 차서 더 저장할 여유가 없게 되면 과당은 지방으로 전환된다. 초과 섭취된 과당은 간에서 지방이 된다는 뜻이다. 이것이 바로 지방간이다. 과당을 많이 먹으면 지방간이 생기는데, 지방간은 간에서 인슐린 저항이 형성되는 데 결정적인 영향을 미친다.

인슐린은 쓰고 남은 포도당을 간에 글리코겐으로 저장하게 한다. 간에 저장할 수 있는 글리코겐의 양은 제한되어 있어서 인슐린은 글리코겐으로 저장하고 남은 포도당을 모두 지방으로 전환한다. 인슐린 농도가 낮으면 이 과정은 반대가 된다. 글리코겐은 포도당으로 바뀌고 지방은 분해되어 에너지로 사용된다. 정상적인 간은 에너지를 넣고 빼는 것이 원활하다.

그런데 간이 지방으로 가득 차면 어떻게 될까? 지방간에 당분을 저장하려면 더 많은 인슐린이 필요해진다. 인슐린 저항이다. 인슐린 저항 상태가 되면 보통 수준의 인슐린 농도로는 간에 당분을 저장할 수 없다. 가득 찬 간의 또 다른 문제는 간에서 당분과 지방이 빠져 나오지 못하게 틀어막으려고 높은 농도의 인슐린이 항시적으로 필요하다는 것이다. 인슐린이 낮아지면 가득 부푼 풍선에서 바람이 빠지듯이 당분이 빠져나온다. 이것은 고혈당을 만든다. 몸은 고혈당을 싫어해서 인슐린 레벨을 높이는 것으로 대응한다. 악순환이다. 과당은 100퍼센트 간에서만 대사되므로 같은 힘을 주더라도 뭉툭한 엄지로 누르는 것보다 바늘로 찌르는 것이 더 아픈 것처럼 과당이 간에 집중되어 문제가 심각해진다. 요컨대 과당은 지방간을 만든다. 지방간은 인슐린 저항을 만든다. 인슐린 저항은 높은 인슐린 레벨을 유도하고 높은 인슐린 레벨은 비만을 유도한다.[94]

1980년 덴마크 연구자들은 건강한 사람들을 두 그룹으로 나누어 하루에 1,000칼로리를 포도당 또는 과당으로 초과 섭취하는 실험을 했다. 피실험자들은 평상시처럼 먹되 포도당 또는 과당을 하루 1,000칼로리씩 더 먹었다. 실험은 1주일간 행해졌다. 7일 동안 칼로리를 초과 섭취한 후 체중을 쟀는데, 두 그룹 모두 체중 증가는 없었다. 하지만 인슐린 민감도에서는 큰 차이가 났다. 포도당을 먹은 그룹은 인슐린 민감도의 변화가 없었지만 과당 그룹은 인슐린 민감도가 25퍼센트나 저하되었다. 단 7일 만에 일어난 변화였다.[95]

2005년 스위스에서 진행한 실험도 비슷한 결과를 보여 주었다. 건강한 사람들에게 과당을 과다 섭취시키자 간에서 지방생합성이 여섯 배, 혈중 중성지방이 79퍼센트, 간의 인슐린 저항이 28퍼센트 증가했다. 실험 기간은 단 6일이었다. 근육의 인슐린 민감도는 변하

과식과의 싸움 5년

지 않았다.[96] 인슐린 저항은 제2형 당뇨의 전형적인 특징이므로 건강한 사람들이 6일 만에 당뇨로 가는 길로 접어들었다는 뜻이다.

하루에 필요한 칼로리의 25퍼센트를 8주에 걸쳐 과당을 넣은 음료로 섭취하자 인슐린 저항이 생겼다는 보고도 있다.[97] 이것은 여러 측면에서 위험한 상황이다. 물론 피실험자들이 섭취한 과당은 일반인들에 비해 많은 양이지만 실험은 단 8주만 지속되었다. 과당을 많이 먹는 식습관이 10년 이상 지속된다면 어떻게 될까? 과당은 지방간과 인슐린 저항을 통해 비만을 야기한다.

여기서 왜 설탕이 뚱뚱하게 하는지 쉽게 알 수 있다. 설탕은 포도당과 과당이 50 대 50으로 구성되어 있다. 액상과당은 55퍼센트가 과당이다. 포도당은 정제 탄수화물로서 높은 인슐린 분비를 자극한다. 과당은 간을 인슐린 저항 상태로 만든다. 그러므로 설탕은 인슐린 분비를 단기적으로 또 장기적으로 유도한다. 이것은 불가피하게 비만으로 이끈다. 설탕은 다른 정제 탄수화물보다 훨씬 더 위험하다.

이 때문에 나는 무과당 식단을 채택했다. 정제 탄수화물 중에서도 가장 해로운 설탕을 줄이면 과식의 불을 끄고 복부 비만도 해결할 수 있으리라 기대했다. 과당이 인슐린 저항을 만들었고, 그 때문에 내 몸이 체지방을 쌓는 상태로 전환되었을 것이다. 과당으로 생긴 인슐린 저항 때문에 습관적으로 과식한다고 생각했다.

무과당 식단 1단계 실험 : 과당 섭취량 하루 4그램 이하

나의 무과당 식단 실험은 2단계로 진행했다. 1단계에서는 과당 섭취를 가능한 한 최소 상태로 2주일간 유지했다. 과일 주스, 탄산음료, 설탕이 든 음료는 철저하게 금지했다. 불고기처럼 양념에 설탕이 들어가는 한식도 금지. 샐러드드레싱 금지. 모든 과일 금지. 당근, 양파 같은 과당 함량이 높은 일부 채소도 금지. 설탕이 들어 있을 가능성이 높은 가공식품류 금지. 이렇게 2주를 실시하면 몸 안에 과잉 생산되었던 과당 관련 효소들이 사라진다고 한다. 2단계는 1단계 금지 품목 중 과일과 채소를 모두 허용하되 과당 함량이 많은 일부 과일은 먹지 않는다. 예를 들어 사과는 1주일에 한 개 정도만 먹을 수 있다. 의사이자 비만 연구자인 리처드 존슨Richard J. Johnson 박사가 자신의 비만 환자들을 상대로 실험한 무과당 식단 실험의 프로토콜을 그대로 적용하였다.

무과당 식단 실험은 2014년 1월 1일을 기점으로 시작했다. 과당 섭취량을 하루 4그램 이하로 제한하는 것이 목표였다. 과당 4그램은 설탕으로는 8그램이다. 세계보건기구WHO의 1일 허용량이 25그램인데, 일반적으로 과일과 채소에 자연적으로 과당이 조금씩 포함된다는 점을 고려하면 나의 목표는 첨가 설탕을 일절 먹지 않는 것이었다.

설탕을 아예 먹지 않는 일은 쉽지 않았다. 처음부터 수많은 난관에 부닥쳤다. 1월 3일 늦은 오후, 몹시 허기져 사무실 1층 편의점에 간식을 사러 갔다. 평소 같으면 통곡물 크래커와 요구르트, 두 가지를 먹었다. 이제는 무과당 식단을 실천 중이니 둘 다 먹을 수 없다. 편의점 음식 가운데 설탕이 들어 있지 않은 것은 무엇일까? 컵라면이 떠올랐지만 라벨을 확인하는 순간 선명한 두 글자가 눈에 들어왔다. 설탕! 다른 것들도 확인해 보았다. 이번엔 정백당이라고 쓰여 있다. 결국 그냥 포기하고 사무실로 돌아왔다.

가장 큰 문제는 회식이나 접대 자리였다. 설탕을 전혀 먹지 않고 1주일 정도가 지난 1월 8일, 제휴업체와 회식 약속이 있었다. 메뉴가 중식 코스 요리로 결정되었다. 중식 코스 중에 달달하지 않은 것만 먹으려고 했으나 달지 않은 것은 전혀 없었다. 전에는 이렇게까지 달게 느껴지지 않았는데 단 음식을 1주일간 입에 전혀 대지 않은 탓이었는지 모든 음식이 지나치게 달게 느껴졌다. 꽃빵마저도 달았다. 마지막에 식사로 주문한 사천탕면마저 몹시 달았다. 사천탕면은 먹지 않았으나 코스 요리의 소스에 첨가된 설탕을 먹었을 가능성이 매우 높았으므로 1단계 실험을 처음부터 다시 시작하기로 했다.

실험 시작과 함께 아내가 반찬 요리책을 사서 읽었다. 무슨 요리책을 소설책 보듯 3시간 동안 열중해서 읽더니 책을 덮으면서 한숨을 쉰다. 요리책에 나온 반찬 레시피 중에 설탕, 꿀, 매실청같이 단맛을 첨가하지 않은 레시피는 단 하나도 없다는 것이다. 아무리 안 들어가도 배즙 정도는 들어간단다. 과당을 첨가하지 않는 한식 반찬 레시피는 없었다.

구내식당의 식사도 어렵기는 마찬가지였다. 1월 10일의 구내식당 메뉴는 쌀밥, 홍합국, 달걀프라이, 김구이, 소고기불고기, 오징어 젓갈이었다. 소고기불고기는 역시나 단맛이 강하다. 패스. 오징어 젓갈에도 설탕이 들어 있을 가능성이 높으므로 패스. 반 공기쯤 먹었는데 반찬이 모자란다. 맨밥을 먹으려니 힘들다. 샐러드를 드레싱 없이 가져다가 반찬 삼아 밥을 먹었다.

1월 22일, 아침 메뉴에 부대찌개가 나왔다. 김치와 햄, 소시지를 넣고 얼큰하게 끓인 국. 주재료인 햄과 소시지 제조 공정에서 설탕이 들어갔을 가능성이 높다. 이것도 먹으면 안 된다. 곁들여 나온 치커리 무침도 살짝 맛보니 양념에 설탕이 들어간 것 같다. 다행히 고등어구이가 있어서 맨밥을 먹을 위기를 무사히 넘겼지만 한 끼 한 끼가 살얼음판처럼 조심스럽다. 1단계 실험 기간 중 가장 힘든 부분이 과일이었다. 특히 아이들에게 과일을 깎아 줄 때, 한입 베어 물고 싶은 충동을 억제하기가 어찌나 힘들던지 극한의 인내력이 필요했다.

1단계 마지막 날인 1월 23일, 하필이면 회식이 잡혔다. 회식이라는 중대 고비를 넘겨야 한다. 절대로 시험에 들지 않으리라 결심했다. 다행히 메뉴가 삼겹살이다. 삼겹살에 상추, 김치, 마늘편을 곁들여 먹었다. 삼겹살과 짝꿍인 파절임은 너무 달아서 먹지 않았다. 평소 좋아하는 달걀말이에도 케첩이 뿌려져 나와서 먹지 못했다. 그래도 이 정도면 양호한 편이다. 쉽게 고비를 넘겼다.

회사 동료들과 점심 식사 후 커피 한잔 하는 시간이 제일 괴롭다. 평소라면 과일 주스를 먹었을 테지만 아무것도 주문하지 않았다. 과일주스에는 상당량의 과당이 들어 있다.

무과당 식단 2단계 실험: 식욕 제어

1월 24일, 1단계를 마치고 2단계에 진입했다. 이제부터는 과일을 먹어도 된다. 식구들이 싱거워 맛없다고 제쳐둔 귤 바구니에서 소심하게 제일 작은 귤을 골라서 절반만 먹었다. 달다. 많이 달았다. 단맛이 입안에 쭉 퍼졌다.

설탕을 먹지 않으면서 느낀 첫 번째 변화는 혀가 단맛에 민감해 졌다는 점이다. 평소에 전혀 단맛이 없다고 느끼던 것들에서 유쾌한 단맛을 느꼈다. 평소에도 달다고 느끼던 것은 지나치게 달았다. 1월 17일, 구내식당 샐러드를 먹다가 채소마다 단맛의 정도가 다르다는 것을 느꼈다. 전에는 몰랐는데 어떤 채소는 단맛이 전혀 없지만 어떤 것은 확연히 단맛이 강하다. 대체로 녹색 채소보다 흰색 채소가 단맛이 더 강하다. 배추김치의 줄기 부분이 잎 부분보다 더 맛있는 것은 단맛의 차이 때문이다.

전에는 거의 의식하지 못하고 살다가 갑자기 이런 차이를 구별하는 것은 설탕을 먹지 않아서 미각이 정상으로 돌아왔기 때문일까? 전날에는 아내가 봄살이 나서 일찍 퇴근해서 저녁을 준비했다. 간단히 달걀말이와 감자볶음을 해먹었는데 감자볶음이 유난히 달게 느껴졌다. 들어간 재료는 감자와 파, 마늘, 간장 그리고 들기름이 전부였다. 며칠 후, 입이 궁금해서 우유를 조금 마셨는데 흰 우유가 확 달게 느껴졌다. 우유의 단맛은 과당이 아니라 유당이므로 문제가 되지는 않는다. 전에는 시고 떫었던 자몽 같은 과일도 달고 맛나게 느껴졌다. 얼마 후, 구내식당 메뉴에 떡갈비가 나왔다. 한입에 쏙 들어갈 크기의 작은 떡갈비 세 개. 무심코 반 입 정도 베어 물었다가 깜짝 놀랐다. 떡갈비가 사탕처럼 달았다. 전에는 이렇게까지 단 줄 모르고 먹었다. 내 혀의 미뢰가 단맛에 민감하게 반응했다.

설탕을 넣지 않은 음식들도 충분히 즐길 만했다. 쌈장이라든가 비빔국수 같은 것을 해 먹을 때면 으레 고추장 양념에 설탕을 넣는 것이 보통이다. 맛이 좀 없을 각오를 하고 설탕을 넣지 않은 비빔국수 양념을 만들었다. 설탕을 전혀 넣지 않고 고추장, 식초, 파, 마늘로만 양념했다. 뜻밖에도 맛있었다. 고추장에 설탕을 넣었을 때와 맛 차이가 전혀 나지 않는다. 왜 그럴까? 설탕을 먹지 않게 되면 미각이 단맛에 점점 민감해진다. 그리고 사실 고추장은 원래 단맛이 잘 나도록 계산된 조미료다.

고추장은 쌀가루에 고춧가루, 엿기름, 메줏가루, 소금 등을 섞어 만드는 발효식품으로 발효 과정에서 쌀의 전분질이 분해되면서 단맛이 생긴다. 전분이 분해된 것이므로 포도당이다. 여기에 콩의 단백질이 아미노산으로 분해되어 생긴 감칠맛, 고추의 매운맛, 유기산의 신맛과 미량의 알코올이 생성하는 향이 조화롭게 어우러져 탁월한 맛을 낸다. 전통 고추장에는 과당이 없다. 그러니 여기에 설탕을 첨가하는 것은 건강에 나쁠 뿐 아니라 설탕 없이 단맛을 창조한 우리 조상의 지혜에 먹칠하는 일이다.

식당에서 파는 대부분 고추장 양념에는 설탕이 들어간다. 인터넷에서 볼 수 있는 대부분 고추장 양념 레시피에도 설탕이나 물엿이

들어간다. 어떤 레시피에는 고추장 양념에 설탕, 유자청, 물엿, 벌꿀을 넣으라고 되어 있다. 하지만 기억하자. 고추장 양념에서 설탕을 빼도 충분히 맛있다.

마침내 설 연휴가 찾아왔다. 최대 고비였다. 이 고비를 잘 넘기자고 다짐하고 또 다짐했다. 명절 음식에는 대부분 설탕이 들어간다. 불고기, 고기 산적, 명태조림 같은 명절 음식은 양념에 설탕이 들어가서 먹지 못했지만 장모님에게 특별히 부탁해서 설탕을 넣지 않은 팥소 찹쌀 부꾸미를 먹을 수 있었다. 달지 않은 팥! 생각보다 먹을 만했다.

무과당 식단 실험에서 최대의 고비는 2월 14일, 막내 아이의 유치원 졸업식 날 찾아왔다. 무과당 식단 두 달여 만에 처음 가족 외식을 했다. 중식에 한 번 실패했던 터라 메뉴는 한정식으로 정했다. 많은 반찬 중 내가 먹을 만한 게 적어도 절반은 되겠지 하는 심정으로. 영양 고춧가루와 신안 소금만 고집한다는 유명한 프랜차이즈 한식집이었다. 그 집에서 가장 저렴한 메뉴인 갈비구이 정식을 시켰다. 갈비는 분명 설탕 양념에 재울 터, 고기는 아이들에게 몰아주고 나는 나물 반찬만 먹을 생각이었다. 그러나 내 생각은 처음부터 빗나갔다. 첫 접시인 샐러드는 달콤한 소스로 버무려져 있었다. 샐러드 위에 살포시 올라간 새하얗고 소담스런 연근도 설탕물에 하룻밤 신세진 듯 달콤했다. 일단 패스. 요즘 구경하기 힘든 더덕냉채가 나왔다. 아 그런데 이를 어쩌나, 이 역시 단맛이 강하다. 이것도 패스. 그 뒤로도 계속 달달한 요리들이 나왔다. 생선회는 달콤한 간장소스에 살짝 담겨 나왔고 가지생선튀김은 달달한 소스가 뿌려져 있었으며 오징어볶음은 고추장 양념을 설탕으로 폭격한 것 같았다.

주린 배를 움켜쥐고 달지 않은 음식이 나오기를 기다리며 점점 인내력을 상실했다. 탕평채는 다 좋은데 드문드문 섞인 무채가 너무 달았다. 무 본연의 단맛보다 열 배는 더 달았다. 채소전도 단맛이 강했다. 밀가루에 설탕을 섞은 것일까? 마침내 먹을 만한 게 나왔다. 들깨수제비였다. 들깨수제비로 간신히 허기를 달래고 아이들이 고기를 다 먹기를 기다려 공기밥에 된장찌개로 배를 채웠다. 산나물 반찬도 조금씩 나왔지만 맛을 보니 어쩐지 단맛이 좀 강한 듯해 먹지 않았다. 결국 내가 먹을 수 있는 음식은 밥과 된장찌개, 들깨수제비 세 가지뿐이었다.

너무 달다는 표현은 두 달간 설탕을 먹지 않은 탓에 미뢰가 단맛에 과민 반응하는 나의 주관적 표현이지만, 먹지 못했던 이 음식들을 한식이라 칭하기 곤란했다. 차라리 설탕식인 듯. 한식이 설탕을 양념으로 인정하면서 한식은 변질되었다. 설탕이 과자와 아이스크림 같은 변방의 간식에 머무르지 않고 본토인 한식 반찬까지 침범하는 일은 절대로 용납하면 안 될 일이란 생각이 들었다. 왜 상추무침까지 달아야 하는가?

어려움은 많았지만 무과당 식단은 성공적으로 수행되고 있었다. 내 몸의 변화는 생각보다 빨리 찾아왔다. 실험을 시작한 지 2주일이 지난 1월 15일, 7시쯤 일이 끝나서 귀가를 서둘렀다. 버스를 타고 집에 도착하니 8시. 그런데 문득 내가 배고픔을 심하게 느끼지 않는다는 사실을 깨달았다. 나는 배고픔을 잘 참지 못한다. 배가 고플 때는 화도 잘 내고 기분도 언짢아진다. 그런데 그 무렵, 저녁 식사 준비가 늦어져도, 그다지 배가 고프지 않았다. 3주째인 1월 21일 점심시간, 나는 밥을 남겼다. 거의 없던 일이다. 비빔밥이 그릇에 남았는데도 숟가락을 내려놓았다. 식욕을 억제하지 못하는 것이 나의 가장 큰 문제였고 이 실험으로 효과가 있는지 알아보고자 하는 핵심 사항이었다. 특히 저녁 식사 때는 식욕 제어가 잘되지 않았다. 아직까지 저녁 식사 때 식욕을 제어하는 데는 큰 변화가 없었다.

하지만 3주 차에 접어들면서 전반적으로 기분이 좋고 스트레스를 덜 받는 것을 느꼈다. 특히 공복일 때 기분이 좋아졌다. 4주 차에 접어들면서 배변이 규칙적으로 변했다. 거의 매일 아침 같은 시각에 쾌변을 보았다.

좋은 느낌만 있었던 것은 아니었다. 불쾌한 변화도 있었다. 그중 하나는 새벽에 속이 쓰린 것이었다. 4주째에 들어서 새벽에 속이 쓰려서 잠을 깨기 시작했다. 이런 증상은 1주일 정도 지속되다가 사라졌다. 5주 차에는 속이 메슥거리는 증상이 나타났다. 이 증상도 1주일 정도 계속되다 사라졌다.

과식에서 벗어난 후 찾아온 놀라운 변화

실험의 목표였던 식욕 제어의 변화는 4주 차 무렵부터 어렴풋이 느낄 수 있었다. 2월 3일, 처음으로 과식하지 않고 저녁 식사를 성공적으로 마칠 수 있었다. 하지만 다음 날 저녁에는 또다시 과식했다. 그 날은 점심에 행주산성 근처 유명한 맛집인 국수집에서 많은 양의 잔 치국수를 먹었다. 그리고 저녁에 또다시 과식했다. 점심으로 무엇을 먹었느냐에 따라 저녁에 과식하기도 하고 안 하기도 하는 것 같았다. 5주 차에 접어들면서 저녁에 과식하지 않는 날들이 차츰 많아졌다.

세 달이 지난 3월 31일, 몸무게가 3킬로그램 줄었다. 실험 초 73킬로그램에서 70킬로그램으로. 그 이후부터는 70킬로그램을 계속 유지했다. 옷장에 넣어 두었던 봄 양복을 꺼내 입으려는데 바지가 헐렁거린다. 허리가 손가락 하나 만큼 남는다. 허리띠로 어떻게 해보려니 옷맵시가 나지 않고 그냥 입으려니 줄줄 흘러내릴 것 같아 불안했다.

마침내 확신의 순간이 찾아왔다. 그날은 2014년 6월 1일이었다. 5개월간 과당 섭취를 최대로 낮춘 상태를 유지했다. 성공적이다. 나는 내 몸의 비만 스위치가 꺼졌다는 확신이 들었다. 예전보다 적은 양을 먹어도 배가 부르고, 또 배가 부르면 쉽게 숟가락을 놓았기 때문이다. 식탐이 제어되기 시작한 것이다. 저녁 식사에서 배가 부를 때 숟가락을 놓는 것이 가능해졌다. 그렇다고 맛있는 음식이 주는 즐거움이 줄어들지는 않았다. 식욕은 여전히 왕성하고 밥맛도 좋았다. 하지만 전처럼 음식에 탐닉하지 않게 되었다. 배가 부른 느낌에도 차이가 느껴졌다. 이런 느낌은 아주 오랜만이다. 깊은 포만감. 무엇보다 먹어야 한다는 강박에서 벗어났다. 먹고 싶은 것도 없고 먹지 않아도 좋았다. 배가 좀 고파도 참을 만했다. 먹는 것에 대한 강박에서 벗어나자 세상에 다른 할 일이 많이 보였다. 오늘은 뭐 먹지 하는 강박으로 맛집을 찾아다니는 인생들이 한심하게 느껴졌다. 인생에는 탐식보다 더 멋진 일들이 많다. 식사의 감옥에서 풀려나 자유를 찾은 느낌이었다.

자연에서
찾은
향미 식단

＋　무과당 식단은 놀라운 경험이었다. 10여 년 만에 식사량이
조절되었다. 께름칙했던 뱃살이 빠지기 시작했다. 놀라운 변화에 기
뻐했고 앞으로도 무과당 식단을 기본 식습관으로 가져가야겠다고
마음먹었다. 그러나 말이 쉽지 실천은 어려웠다. 설탕이 들어간 음
식은 곳곳에 있었고, 거절할 수 없는 위기의 순간은 생각보다 빨리
찾아왔다.

2014년, 6월 20일 런던 히드로 공항에서 인천행 비행기를 타려
던 날이었다. 항공편은 밤 12시 출발이었다. 수속을 마치고 탑승 게
이트에 도착할 무렵 몹시 목이 말랐다. 상점과 카페는 이미 문을 닫
았고 생수를 파는 자판기는 고장이었다. 기내에 들어가면 좌석마다
하나씩 놓여 있을 시원한 생수병을 생각하며 참았다. 그때 항공사
직원이 나와 비행기가 4시간 정도 지연 출발할 것임을 알렸다. 기내
식이 상한 것으로 확인되어 교체해야 했기 때문이다. 항공사 직원들

이 대기 중인 승객들에게 음료수와 먹을거리를 제공했다. 거기에는 내가 먹을 만한 것은 없었다. 첨가당을 다량 사용했을 것이 뻔해 보이는 싸구려 과일 주스, 설탕이 잔뜩 들어간 쿠키. 저 과일 주스를 마시는 순간 6개월이나 지속했던 무과당 식단은 무너질 것이다. 갈증과 의지력이 경합했으나 결과는 이미 정해져 있는 것과 다름없었다. 6개월 만에 맛보는 진한 설탕물이 생경한 느낌으로 미뢰를 적셨다. 과일 주스는 고통스러울 만큼 달았다.

물론 나는 이것을 일회성 사고로 받아들이고 재발을 막으려 했다. 어느 정도 성공했다. 하지만 위기의 순간은 더 자주 찾아왔다. 직장인들에게는 메뉴 선택권도 없고 먹지 않을 권리조차 없는 식사 자리가 더러 있다. 한정식이든 중식이든 요즘은 설탕을 다량 사용한다. 께적거리는 인상을 주었다가는 섭외가 날아갈 수도 있고 인사상의 불이익이 올 수도 있다. 나의 무과당 식단은 그렇게 차츰 무너져 갔다.

내가 정신을 차린 것은 2년이 지난 2016년 봄이었다. 체중은 74킬로그램으로 돌아왔고 다시 과식하고 있었다. 무과당 식단보다 쉬운 방법이 필요했다. 당시 나는 합성 향미료의 문제와 농산물의 희석 효과에 눈떴다. 합성 향미료와 미량영양소의 관점에서 내가 실천했던 무과당 식단을 재해석해 보았다. 설탕을 먹지 않으려면 가공식품을 일절 피해야 하므로 무과당 식단엔 자연스럽게 합성 향미료가 제거됐다. 대다수 가공식품은 정제 탄수화물과 정제 식용유로 만들어지므로 무과당 식단은 정제 식품을 먹지 않도록 막았다. 무과당 식단은 단지 과당만을 제거하는 데 그치지 않고 합성 향미료, 정제 탄수화물까지 상당 부분 제거한다. 설탕과 밀가루 같은 정제 탄수화물의 섭취를 줄이면서 자연스럽게 자연 탄수화물의 섭취가 증가했다. 자연 탄수화물에는 미량영양소가 많다. 그러므로 무과당 식단은 미량영양소를 풍부하게 섭취하는 식단이기도 했다.

자연의 향이 진한 음식 먹기 실험

이번에는 설탕 섭취를 어느 정도 허용하는 대신 합성 향미료가 들어간 식품을 일절 먹지 않고 자연의 향이 진한 음식들을 많이 먹는 실험을 해보기로 했다. 설탕을 양념으로 쓴 한식과 중식 메뉴, 매실청, 유자청, 합성 향미료가 들어가지 않은 과일 주스 같은 것들은 허용하기로 했다. 대신 향미가 아주 좋은 천연 식품들을 최대한 식단에 넣기로 했다. 이것은 무과당 식단보다 실천하기 쉬울 것 같았다. 실천하기 어려운 식단은 의미가 없다.

현대인들은 미량영양소가 부족하다. 미량영양소가 부족한 정제 탄수화물을 많이 먹을 뿐 아니라 식품 자체에 포함된 미량영양소 함량이 예전보다 현저히 감소했기 때문이다. 채소와 과일은 전보다 밍밍하고 비타민, 미네랄, 파이토케미컬이 부족하다. 고기와 유제품도 가축이 풀을 먹지 않는 탓에 파이토케미컬이 부족하다. 그러므로 나의 과식은 부족한 영양소를 갈망하는 몸의 반응일 수도 있다.

맨 처음 떠오른 생각은 야생 산나물을 많이 먹어 보자는 것이었다. 재배 채소에 비해 야생의 산나물은 비타민, 미네랄, 파이토케미컬이 훨씬 더 풍부하다. 도널드 데이비스 교수가 말하는 영양소 희석 효과가 거기에는 존재하지 않는다. 과일도 재래종이나 노지 재배를 택하면 희석 효과를 상쇄할 수 있다.

2016년 4월, 산나물 중심의 향미 식단을 시작했다. 최대한 야생에 가까운 채소와 과일을 먹는 것. 합성 화합물로 맛과 향을 낸 식품은 절대로 피할 것. 그 외에 다른 규칙은 없었다. 야생의 식물이 가진 힘. 과학자들이 파이토케미컬 또는 식물의 이차화합물이라고 부르는 물질. 종자 개량의 불순한 손길을 타지 않았고 비닐하우스와 비료와 농약의 도움을 받지 않은 자연 그대로 식물이 가진 힘이 나에게 깊은 포만감을 선사하고 과도한 식욕을 제어해 주리라 기대했다.

강원도에서 채취한 야생 산나물을 택배로 받는 것으로 시작했다. 취나물, 방풍나물, 두릅, 산마늘, 눈개승마, 야생 참나물, 곰취, 곤드레 등. 산나물은 대체로 향이 강했다. 특별한 향이 없다고 느껴지는 것들도 먹다 보면 은은한 향미가 묵직하게 느껴졌다. 특히 눈개승마가 그랬는데 좋아지려면 꽤 시간이 걸릴 것 같았다. 산마늘은 특별히 입맛에 맞아서 단시간에 정말 좋아하게 되었다. 하지만 채취 가능한 기간이 2주 정도로 짧아서 무척 아쉬웠다.

산나물은 많이 먹기 힘들었다. 두릅을 예로 들어 보자. 나는 두릅을 좋아한다. 야생 두릅 1킬로그램 한 박스를 주문했다. 다소 비싸게 느껴졌지만 그 이하로는 팔지 않았다. 받고 보니 양이 꽤 되었다. 끓는 물에 데쳐서 초고추장을 준비하고 호기롭게 한 접시 가득 담아서 저녁 식사를 시작했다. 그런데 서너 개쯤 먹고 나니 더 먹고 싶은 생각이 싹 사라졌다. 아내의 눈이 무서워서 몇 개 더 먹기는 했지만. 다음 날도 첫날 먹었던 양 이상은 먹을 수가 없었다. 김치냉장고의 한쪽을 가득 채운 두릅. 결국 상하기 전에 이웃에 나누어 주었다. 이런 식으로 나는 엄청난 양의 산나물에 파묻혀 한 달을 보냈다. 비용도 만만치 않았다.

5월이 되고 날씨가 더워지자 택배로 산나물을 공수하는 일은 더이상 무리였다. 나물이 상하기 쉬운 데다가 제철이 지난 탓이기도 했다. 나는 계획대로 노지 재배 채소와 과일로 눈을 돌렸다. 그런데 여기서 제동이 걸렸다. 구하기가 너무 어려웠다. 노지 딸기가 제철이었지만 직접 찾아가지 않는 한 구입할 수 없다. 자연 농법으로 재배하는 토마토 농장을 찾아냈지만 이미 예약판매로 모든 물량이 소진된 뒤였다. 야생 식물 잔치는 한 달여 만에 끝이 났다. 그리고 이전의 식생활로 돌아갔다.

2017년 봄, 파이토케미컬이 풍부한 식단의 과식 방지 효과를 알아보려는 실험을 다시 해보기로 했다. 이번에는 구하기 어려운 산나물과 노지 과일은 포기하고 일반적인 농산물들을 활용해 보기로 했다. 이번 전략은 많이 먹기였다. 채소에 파이토케미컬 함량이 부족하다면 더 많이 먹자는 것이었다. 산나물처럼 반찬 정도가 아니라 아예 한 끼를 감당할 만큼 많이. 그래서 선택한 것이 토마토였다.

토마토는 당분 함량이 적다. 그러므로 많이 먹어도 과당을 지나치게 섭취할 염려는 없다. 그리고 토마토는 시즌이 길다. 매일 아침

마다 토마토를 배불리 먹기 시작했다. 큰 것은 세 개, 작은 대저 토마토는 다섯 개 정도를 먹었다. 점심과 저녁은 되는 대로 먹었다. 처음엔 날로 먹다가 몇 주 후부터는 익혀서 먹었다. 먹고 나서 조금 속이 쓰릴 때도 있었지만 일단 무시했다. 한 달이 지나자 토마토가 싫어지기 시작했다. 참고 계속 먹었다. 최소 3개월은 해볼 작정이었다. 그러나 이 실험은 두 달밖에 지속하지 못했다. 토마토 실험을 시작한 지 63일째 되는 날이었다. 친지 병문안을 갔다가 토마토주스를 얻어 마시게 되었다. 어른이 주시면 거절하기 어렵다. 한 모금을 넘기는데 갑자기 배가 아파오기 시작했다. 그리고 그 이후로는 토마토를 입에 대기만 해도 속 쓰림과 아랫배 통증이 동시에 몰려왔다. 두 달 시점까지 체중은 1킬로그램 감소했고 과식 제어는 되는 날과 안 되는 날이 들쑥날쑥했다.

무과당 식단과 향미 식단의 결합

멍청한 실수였다. 원 푸드 다이어트를 한 셈이었다. 하지만 후각이 예민해지고 인스턴트 음식 냄새가 역하게 느껴지기도 해서 어느 정도 효과는 있는 것 같았다. 미량영양소가 채워지면 몸은 나쁜 음식에 이전과는 다른 양상으로 반응하는 것 같았다. 토마토를 다른 것으로 대체할 필요가 있었다. 이번에는 귀리, 감자, 고구마, 호박 이렇게 네 가지를 선택해서 매일 아침 돌아가면서 먹기로 했다. 이 실험은 2017년 7월에 시작했다. 이것들은 칼로리에 비해 파이토케미컬 함량이 높으며 가공하지 않은 자연 상태로 유통된다. 대체로 전통적인 구황작물이 그렇다. 귀리는 밥으로 해 먹으면 딱딱해서 먹기 힘들었다. 그래서 돌절구를 사다 놓고 손으로 찧어서 오트밀을 만들어 먹었다. 시중에 파는 오트밀은 공장에서 만들어졌으므로 가공 정도가 지나칠 수도 있다. 멕시코 타라우마라 사람들이 맷돌에 간 옥수수가루와 멕시코시티의 공장에서 간 옥수수가루를 비교하면 물리적으로나 화학적으로나 다르다. 사람의 힘, 그 이상의 물리력을 가하지 않아야 자연에 더 가까울 터였다.

이 방식은 쉬웠다. 귀리는 맛을 들이면서 점차 좋아하게 됐고 고구마는 어릴 적에 많이 먹었기에 부담이 없었다. 꼭 아침에 먹는 것만을 고집하지는 않고 하루 중 한 끼는 구황작물로 먹었다. 손쉽게 다섯 달이 지났다. 체중이 3킬로그램이 감량되었고 식사 조절에 자신도 생겼다. 과식하지 않는 날들이 훨씬 많아졌다. 그러나 아직도 완전하지는 않았다. 설탕을 먹지 않고 다섯 달을 보낸 뒤에 느꼈던 것과 같은 온전히 자유로운 느낌은 없었다. 뜬금없이 폭식할 때도 가끔 생겼다. 기록한 일지를 살펴보았다. 외식 또는 밀가루 음식을 먹은 끼니가 연이어 겹치면 얼마 지나지 않아 과식을 하는 것으로 파악되었다. 음식에 설탕이 들어가면 해당 끼니에서 과식이 발생할 때가 종종 있었다. 그리고 결정적으로 설탕이 들어간 음료를 1주일 이상 반복해 섭취하면 식사량 조절력은 곧바로 무너졌다. 2017년 추석 명절 이후, 냉장고에 재고로 쌓였던 1.5리터 생수병 세 개 분량의 식혜가 그런 문제를 야기했다. 매일 한두 잔씩 1주일을 먹었는데 그로부터 한 달간 이전과 같은 과식의 구렁텅이에서 허덕여야 했다.

식단에서 설탕과 밀가루를 완전히 제거하지 않고는 제대로 효과를 얻기 힘들었다. 무과당 식단과 자연의 향미 식단을 결합하기로 했다. 나는 이 식단을 2018년 설 명절 직후에 실시했다. 연휴 기간 중에 식혜와 밀가루 음식, 흰쌀밥을 실컷 먹어서 식사량 조절 능력을 끌어내렸다. 연휴 직후부터 과식이 휘몰아치는 2주간을 보내자 체중이 3킬로그램 증가했다. 그런 다음 무과당 식단과 자연의 향미 식단을 결합하여 최대치로 엄격하게 실시했다. 아침에는 호박, 감자, 고구마를 먹고 점심에는 비빔밥이나 쌈밥, 저녁에는 콩밥에 양배추샐러드를 먹는 식이었다. 점심을 혼자 먹을 때는 버섯샐러드나 고구마를 먹기도 했다. 그리고 마침내 그날이 왔다. 단 2주 만이었다. 5개월간 무과당 다이어트를 했던 때와 같은 느낌이었다. 식탐에서 자유롭고 배부를 때 숟가락을 놓을 수 있으며 배고파도 허기지지 않는 느낌. 유레카의 순간이었다. 내 몸은 설탕에 든 과당 때문에 인슐린 저항이 유도된 상태는 아니었던 것이다. 그랬다면 2주 만에 과식 패턴이 진정되었을 리 없다. 내 몸은 영양소가 부족한 상태였다.

미량영양소가 부족한 밀가루, 설탕, 정제 식용유를 먹으면 몸 안의 영양소가 고갈된다. 쌀밥처럼 미량영양소가 부족한 주식으로는 이 문제를 해결하지 못한다. 희석화된 채소와 과일은 문제를 더 심화한다. 몸에 미량영양소가 부족하면 과식하게 된다. 과식을 피하려면 정제 식품을 끊고 미량영양소가 많은 음식, 특히 향미가 진한 음식을 먹어야 한다. 특히 주식을 자연에 가까운 것으로 바꾸는 것이 중요하다.

얼마 후 프레드 프로벤자 교수와의 인터뷰에서 내가 처했던 상황이 음식 중독을 비롯한 과식 문제의 핵심임을 재확인할 수 있었다.

"우리는 파이토케미컬이나 생화학 성분이 풍부한 음식을 먹으면 과식하지 않습니다. 왜냐하면 그런 음식을 먹으면 우리 세포와 신체 기관들의 피드백 메커니즘이 욕구가 충족되었다고 알려 주기 때문입니다. 하지만 고도로 정제된 식품을 먹을 때는 세포와 신체 기관의 욕구는 충족되지 않습니다. 정제된 식품에는 우리에게 필요한 것들이 조금밖에 들어 있지 않아 우리 몸에서 필요한 부분을 충족시키기 위해 과식하게 됩니다."[98]

결국 나의 과식은 한 가지 원인으로 요약될 수 있다. 영양소 부족. 영양소 부족은 음식과 힘든 싸움을 이어 가는 사람, 음식 중독자와 섭식 장애자 들에게도 공통된 기저 원인일 것이다. 나는 약 5년간 시행착오 끝에 나름의 섭식 원칙을 완성할 수 있었다. 다음 쪽에 소개한 섭식 원칙은 음식과 씨름하는 많은 분들에게 도움이 될 것이라고 믿는다.

섭식 원칙

1 설탕, 밀가루는 먹지 않는다.

2 쌀밥에는 잡곡, 특히 콩을 섞는다.

3 주식을 고구마, 귀리, 퀴노아, 호박 등 구황작물로 확대한다.

4 채소, 과일을 자주 먹되 되도록 향이 진한 것, 신선한 것으로 먹는다.

5 가공식품은 먹지 않는다.

6 외식할 때는 자연 탄수화물이 주재료인 메뉴(샐러드, 청국장, 두부, 보리밥, 쌈밥, 비빔밥 등) 또는 해산물 메뉴(생선구이, 회덮밥)를 선택한다.

7 생선과 해조류를 자주 먹는다. 다만 중금속 오염이 심한 참치는 먹지 않는다.

8 정제 식용유는 먹지 않는다. 단 향이 진한 전통 기름은 먹는다(엑스트라 버진 올리브유, 참기름, 들기름 등).

9 육류, 달걀은 가끔 먹는다.

10 유제품은 먹지 않는다.

11 향미가 좋은 새로운 음식을 찾아내고 그것을 좋아한다.

우리가 몰랐던 향미의 기적

21세기에
다시 등장한
채집자들

✚ 　　캘리포니아 선랜드에 사는 파스칼 바우더르는 채집생활을 한다. 말 그대로 캘리포니아 지역의 산과 들에서 야생 식물을 채취하여 먹는다. 그가 먹는 것 중 절반가량은 야생에서 채집한 것들이다. 가끔 메추라기나 물고기 정도는 먹지만 육류는 따로 구입하지 않아서 대략 90퍼센트 정도 채식을 한다.

　　그는 벨기에 태생이다. 그의 할머니는 야생 식물과 버섯에 대한 지식이 해박했다. 어린 시절 그의 집에서는 자연에서 음식을 찾는 것이 당연한 일이었다. 그는 할머니와 함께 숲에서 호두, 헤이즐넛, 도토리 등을 주워 오기도 하고 수프에 넣을 산나물을 채집해 오기도 했다. 자연과 가까운 식생활은 열다섯 살 때까지 이어졌다.

　　그래픽 디자이너 겸 사진작가로 일하던 파스칼은 마흔 살에 캘리포니아에 정착했다. 그리고 이때부터 본격적으로 채집 생활을 시작했다. 그가 직접 들판으로 나서게 된 것은 그가 원하는 맛이 슈퍼마켓에 없었기 때문이다. 그는 어디를 가든 항상 그 지역 토착 식물의 맛을 찾아 즐겼다. 그는 야생 식물이 식료품점에서 파는 채소보다 맛있기도 했고, 무엇보다 그 지역의 진짜 맛이 어떨지를 알아가는 데 많은 흥미를 느꼈다. 캘리포니아의 슈퍼마켓이나 농산물 시장에는 지역의 토종 식물들이 전혀 없었다.

우리는 그의 채집 나들이에 동행했다. 그는 차를 몰아서 집 근처의 국립공원으로 들어갔다. 캘리포니아의 1월은 우리처럼 겨울이다. 잎사귀를 떨군 앙상한 나무들이 덤불을 이루고 있는가 하면 싱싱한 푸른 잎을 자랑하는 초본들이 무성한 냇가도 있다. 마치 겨울과 여름이 공존하는 것 같았다.

우리는 그에게 채집할 때 특별히 주의할 점이 있는지 물었다.

"캘리포니아에는 열 가지 정도 되는 위험한 독초가 있어요. 그 열 가지 외에도 주의해야 할 것이 딱 두 가지 있는데, 바로 방울뱀과 퓨마입니다. 그게 다죠." 저녁 요리에 쓰일 향신료 한두 가지를 뜯으러 간다면 이 정도의 지식으로 충분하겠지만, 식생활의 절반을 야생 식물로 채우려면 상당한 지식과 경험이 필요하다. 파스칼은 마흔 살에 채집 활동을 시작하면서 많은 공부를 했다. 채집자들을 위해 개설된 학과가 따로 없기에 누구에게라도 배워야 했다. 선배 채집자, 식물학자, 여러 나라에서 온 이민자들에게 가르침을 얻으러 다녔다. 그리고 캘리포니아 주립대학에서 식료품 보존과 발효를 공부했다. 그는 뿌리, 껍질, 잎 등 지역 식물 중에 80퍼센트가량을 요리에 사용할 수 있다. 오늘날 미국 같은 산업국가에서 파스칼 바우더 같은 전문 채집자들을 만나기는 쉽지 않다. 캘리포니아에서는 더욱 드물다. 채집 활동이 생태계에 부담되지는 않을까? 토종 희귀종은 퍼뜨리거나 심어서 가꾸고 해로운 외래종은 뽑아서 없애는 방식으로 채집이 생태계에 도움을 줄 수 있다고 그는 대답했다.

파스칼은 야트막한 언덕에서 쐐기풀을 뜯었다. 시냇가에서는 버들개지도 채취했다. 버들개지는 굉장히 향이 강하고 쐐기풀은 쓴맛이 아주 강하다고 했다. 그리고 버섯도 땄다. 그는 이 버섯이 굉장히 진한 흙 내음을 가졌다고 소개했다. 그리고 타라곤, 블랙세이지 같은 향신료들도 많이 채집했다.

"이것들이 이 지역의 진정한 음식이죠. 자연에서 직접 채집하면 훨씬 더 다양한 맛을 느낄 수 있습니다."

파스칼은 진정한 맛은 자연에 있다고 믿는다. 그는 야생 식물을 사용해 김치와 비슷한 발효식품을 만들기도 하고 술도 담그며 향신료 믹스를 만들어 사용하기도 한다. 어떤 때는 직접 잡은 곤충을 식재료로 사용하기도 한다. 캘리포니아에 프랑스 요리사와 한식 요리사는 있어도 캘리포니아 요리를 하는 사람은 없다. 그는 캘리포니아 요리를 한다고 자부한다. 캘리포니아에는 또 다른 맛이 있다. 그 맛은 프랑스, 한국, 벨기에와 다르다. 각각의 장소는 고유의 맛이 있는데 그것은 '테루아르Terroir' 때문이다. 테루아르는 땅과 기후가 가진 맛의 특성이다. 캘리포니아에는 캘리포니아 특유의 테루아르가 있고 독특한 향이 있다.

그는 야생 식물을 채취하는 법에 대해 지역 주민들을 상대로 현장 수업을 한다. 그의 현장 수업은 채집 실습과 그가 만들어 주는 야생 식물 요리를 맛보는 것으로 이루어진다. 그의 수업은 인기가 많아서 예약이 늘 만원이다. 대략 5천 명 이상이 그의 강의를 들었다. 그런데 희한한 것은 산과 들에서 수강생들을 한 번도 마주친 적이 없다는 점이다. 사람들은 야생 식물로 요리한 음식을 맛보기를 원하지만, 자신들이 숲에서 직접 채집하고 싶어 하지는 않는 것 같다.

야생의 맛은 다양하다. 진한 식물 향, 흙 내음, 쓴맛, 단맛, 고소한 맛 등 온갖 향미들이 펼치는 버라이어티쇼다. 계절에 따라 맛이 달라지는 것도 재미있다. 봄에는 꽃의 향과 베리류의 단맛이 좋고, 여름에는 과일 맛, 가을에는 도토리나 호두 같은 견과류 맛이 좋다. 겨울에는 대개 쓴맛이 많은데 그는 특별히 쓴맛을 좋아한다. 야생의 맛이 주는 가장 큰 특별함은 향이 강하다는 것이다. 같은 종이라 하더라도 야생에서 자란 것에서 훨씬 더 강한 향미를 느낄 수 있다. 식료품점에서 판매하는 물냉이는 향이 희미하지만 야생에서 채집한 물냉이는 향이 정말 진하다. 야생에서 채집할 수 있는 많은 식물은 시장에 없는 것들이다. 그러므로 야생에서 야생의 맛을 연구하는 것은 새로운 맛을 발견하는 일이다. 그가 채집하는 식물의 80퍼센트가 식료품점에서는 찾을 수 없는 것들이다.

그는 대략 7백 가지의 캘리포니아 토종 식물들을 요리에 사용한다. 세계에서 가장 큰 시장보다도 더 많은 종류다. 지난 200~300년간 거의 이용되지 않았고 따라서 영양학적 가치에 대해 연구가 되어 있지 않은 것들이다. 과거에는 사람들이 그 지역에서 나는 백여 가지 이상의 씨앗류를 먹었다. 지금은 아무도 그것들을 먹지 않는다.

파스칼은 최근에 LA 시내에 있는 고급 레스토랑들에 자신이 채집한 식물들을 팔기 시작했다. 그가 채취한 산나물과 버섯은 단번에 큰 인기를 얻었다. 너무 잘 팔려서 직업으로 삼아도 될 정도였다. 레스토랑들이 야생 식물에 관심을 갖는 일차적인 이유는 다른 식당과의 차별화 전략으로 그만한 것이 없기 때문이다. 요식업은 매우 경쟁이 심한 산업이고, 특히나 고급 식당들은 그들만의 독특하고 특별한 맛이 필요하다. 이런 현상은 유럽과 북아메리카의 대도시에서 들불처럼 번지고 있다. 미식의 본고장 파리도 예외가 아니다. LA에서 인기 있는 채집자로 파스칼 바우더르가 있다면 파리에는 스테판 마이어가 있다.

진정한 맛은 자연에 있다

이른 아침 파리 샹제리제 부근, 세계적으로 유명한 프랑스 요리사 야니크 알레노가 누군가를 초조하게 기다렸다. 19세기 풍의 멋진 레스토랑으로 통하는 문이 삐걱 열렸다. 야니크의 눈이 번쩍 빛났다. 수수한 차림에 샌들을 신은 사내가 걸어 들어왔다. 머리카락은 어깨까지 내려왔고 기다란 회색 수염이 평온한 얼굴을 감쌌다. 그는 버드나무 가지로 짠 커다란 바구니를 들고 있었다. 그 속에는 진귀한 야생 식물들이 가득 담겨 있었다. 의례적인 인사말을 전하면서 야니크는 곧바로 바구니 속의 귀중한 허브들을 뒤적였다. 야니크는 대자연의 선물에 굶주린 사람처럼 보였다. 이 야생 식물을 채집한 사람은 스테판 마이어였다. 그의 지식과 경험은 프랑스의 가장 맛있는 식당에서 모나코의 왕자 알버트 같은 유럽의 귀족들을 위해 사용된다. 스테판은 그가 채집하는 식물과 그 식물을 키워 내는 대지와 신비에 가까운 관계를 맺고 있다. 프랑스에서도 야생 식물 채집 전문가는 흔치 않다.

스테판은 와인으로 유명한 프랑스 쥐라Jura 지방의 한 작은 마을에서 포도주 양조업을 하는 가족의 일원으로 자랐다. "채집자가 되기 위해 특별히 교육받은 적은 없습니다." 그가 설명했다. "우리 가족은 집에서 쓰려고 야생 식물을 직접 채취했어요. 부모님은 자연을 아주 가까이하며 사셨죠. 그 영향으로 나도 늘 자연에 관심이 있었습니다."

1995년 스테판은 저명한 식물학자 제라드 뒤세프를 만났다. 제라드 뒤세프는 스테판에게서 독특한 재능을 보았고 그를 제자로 받아들여 가르치기를 자청했다.

스테판은 지금 3천~4천 종의 식물을 구별할 수 있다. 그는 영민했고 배우는 속도가 아주 빨랐다. 뒤세프 교수는 의학 목적으로 사용되는 진귀한 식물을 찾는 일을 스테판에게 맡겼다. 스테판의 명성이 알려지기 시작했다. 저널리스트와 셰프 들은 맛있는 요리를 만들어 내는 진귀한 식물과 허브를 찾아내는 그의 능력에 반해서 '파리의 드루이드druid(신의 의사를 전하는 존재)'라는 이름을 지어 주었다.

"식물은 사람처럼 나에게 말을 걸죠. 나는 식물이 동물처럼 살아 있다고 생각해요. 식물은 지능이 있는 생명체들이에요. 야생 식물은 농장에서 기른 식물보다 강한 에너지와 메시지를 갖고 있어요." 스테판은 말한다.

"야생 식물들은 우연히 자라지 않아요. 자연의 필요에 의해서 자라요. 특정 지역에서 어떤 종의 생존과 소실에는 그에 합당한 이유가 있어요."

스테판은 식물이 땅을 위해서 살고 죽는다고 설명한다. 식물이 사람을 치료할 수 있는 것처럼 땅도 치료할 수 있다.

"예를 들어 민들레는 동물이 배설물을 너무 많이 버린 땅, 또는 농부들이 분뇨를 거름으로 너무 많이 준 땅에서 자랍니다. 민들레가 오염된 땅을 해독합니다." 스테판은 민들레의 이런 특성이 의학적 효험과도 직접적인 관련이 있다고 설명한다.

"민들레는 사람이 과식하거나 과음했을 때 해독제로 쓰이죠."

다른 예로 스테판이 좋아하는 서양톱풀이 있다. 이것은 지혈 작용을 한다. 그리스 신화의 영웅 아킬레스가 이것으로 다친 병사들을 치료했다는 전설이 있다. 이 풀은 상처 입은 땅에서 자란다.

"토양의 겉 부분이 뜯겨져 나가 속살이 드러나면 서양톱풀이 자라서 토양의 유실을 막아 줍니다. 토양이 안정되면 서양톱풀도 자취를 감추죠."

스테판은 미슐랭 3스타 레스토랑의 셰프들에게 조언을 해줄 정도로 인정받고 있다. "처음엔 셰프들에게 제철 식물을 갖다 주었습

우리가 몰랐던 향미의 기적

니다. 나중엔 어떤 식물을 요리에 사용하면 좋을지 묻기 시작했습니다. 나는 식물의 향을 잘 알기에 향미를 대조하고 싶거나 더 조화로운 맛을 원할 때 어떤 식물을 사용할지 추천할 수 있었죠."

그는 아스트랑스, 아르페주 같은 파리의 미슐랭 3스타 레스토랑들로부터 파리의 드루이드라는 별명을 얻었지만, 다른 별명도 있다. 셰프 야니크 알레노는 그를 산타클로스라고 부른다.

"긴 수염도 그렇지만, 제가 놀라운 선물 바구니를 가득 가져다 주니까요. 셰프들은 아주 바쁜 사람들이죠. 좀처럼 시내 밖으로 나오지 못합니다. 제가 그 사람들에게 바깥바람을 가져다 주는 거죠. 처음 보는 식물을 가져다 주었을 때 셰프의 표정을 봐야 해요. 셰프들 눈에 스파크가 튑니다."

야생에서 식탁까지

요리에서 야생 재료의 비율을 높이는 방식은 스칸디나비아에서 시작되었다. 코펜하겐의 레스토랑 노마의 셰프 레네 레드제는 세계의 레스토랑들에 야생 식물 채취의 열풍을 일으킨 장본인이다. 노마에서 만드는 야생 식물 요리의 향연에는 이끼와 소나무 같은 재료가 들어가는데, 1인당 300달러다.

뉴욕에서도 노마를 따르는 것이 대유행이다. 식당들로서는 이미 포화 상태가 된 '농장에서 식탁까지Farm to Table' 운동의 늪에서 벗어나는 차별화 전략이다. '뉴욕에서 가장 높이 평가받는 레스토랑인 그라머시 태번, 프렌치 론드리, 모모푸쿠 등은 직업 약초꾼들을 고용해서 자연이 제공하는 가장 신선한 재료들을 공급받는다. 이는 메뉴에 전에 없던 독창성과 진정성, 고품질을 가져다 주고 있다. '야생에서 식탁까지'는 새로운 전선이다.

페닌슐라 뉴욕 호텔의 레스토랑 클레멘트의 수석 셰프 브랜든 키다Brandon Kida는 한번 야생 식물 요리를 먹어 보면 다시는 일반 채소를 찾지 않는다고 단언한다. 이것은 하이엔드 다이닝의 미래다.

셰프 브랜든 키다는 전문 채집자 에반 스트루신스키와 함께 일한다. 에반 스트루신스키Evan Strusinski의 본거지는 미국 중부 버몬트다. 그는 이곳 숲속에 오두막을 지어 머물면서 1주일에 한 번씩 6시간을 달려 뉴욕의 레스토랑에 채취한 야생 식물을 배달한다. 십여 개의 최고급 레스토랑들이 그의 고객이다. 스트루신스키의 채집 무대는 버몬트를 중심으로 펜실베이니아와 메인Maine까지 뻗어 있다. 키다를 비롯한 셰프들은 영감을 얻기 위해 브랜든의 채집 현장에 동행하기도 한다.

스트루신스키와 키다는 오두막 아래쪽의 늪지에서 채집을 시작했다. 스트루신스키가 석창포石菖蒲를 수확하는 곳이다. 그는 3백 종 이상의 식물을 프렌치 론드리, 그라머시 태번, 모모푸쿠 같은 곳에 판다. 그래서 철따라 어떤 식물이 어디에서 높은 밀도로 서식하는지, 그 장소를 머릿속에 잘 기억해야 한다.

"효과적으로 움직여야 합니다. 헤매고 돌아다니면 안 됩니다. 나는 계획한 대로 움직입니다."

그가 숲에서 헨리 데이비드 소로가 좋아하던 석창포 한 줄기를 들고 돌아왔다. 키다는 석창포의 달콤한 향기를 들이마셨다. 셀러리와 비슷하다. 봄의 향기라고들 한다. 그는 이것을 고기 수프에 넣기로 한다. 그들은 차에 올라타서 20분 정도 더 깊은 숲속으로 들어갔다. 성배를 찾을 시간이다. 바로 곰보버섯. 이 버섯이 그를 처음으로 채집하도록 이끌었다. 식당에서 일하던 청년이었던 그는 새벽에 버섯을 찾으러 다니다가 채집에 빠져들어 결국 약초꾼을 직업으로 갖게 되었다.

"민활한 특성 때문에 추측해야만 합니다." 스트루신스키는 버섯에 대해 이렇게 말했다.

"버섯이 자라기에 완벽한 장소에 갔는데 없을 때가 많지요. 그랬다가 이틀 후에 그곳에 버섯이 필 수도 있습니다. 잘못된 시간에 왔기 때문에 놓친 거지요."

도착하자마자 스트루신스키는 수목 한계선으로 달려갔다. 그는 우리에게 어떤 것을 찾아야 하는지 특징을 알려 주었다. 흰색 밑동, 금색 머리, 곰팡이 냄새. 곰보버섯을 찾을 때는 전체가 아니라 부분을 보아야 한다. "특정 색깔이나 특정 텍스처를 수색하는 겁니다. 곰보버섯은 잘 숨어 있기 때문에 변화를 알아채야 합니다. 그러면 갑자기 보이기 시작하죠."

"와우" 스트루신스키가 소리를 질렀다. 그가 발견한 곰보버섯은 아주 컸다. 게다가 물푸레나무 뿌리를 따라서 버섯이 몇 개 더 발견되었다. 경외감에 키다는 조심스럽게 하나를 만져 보았다. 그는 버터를 넣어 구우면 어떤 맛일까 생각했다. "뉴욕 시내에서는 돈을 아무리 줘도 이런 버섯은 못 삽니다"라며 미소 지었다.

키다는 레스토랑에서 스트루신스키가 채집한 식물들로 요리했다. 클레멘트의 메뉴는 스트루신스키가 발견한 뜻밖의 수확에 따라 매주 바뀐다. 그날 저녁의 시식 메뉴로 키다는 그가 채집한 네 개의 재료로 악센트를 준 농어 요리를 구상했다.

키다는 채집한 재료들을 커다란 쟁반에 꺼내 왔다. 그는 최상의 신선도를 위해서 스트루신스키가 배달한 후 하루 이틀 이내로 재료를 사용한다. 그는 마늘종에 식초를 뿌렸다. 곰보버섯을 2.5센티미터 정도의 토막으로 잘랐다. 두 재료를 팬에 넣어 빨리 볶아 냈다. 뒤쪽 버너에서는 마늘 뿌리가 들어간 고깃국이 끓었다. 키다는 생선을 곰보버섯과 마늘종 위에 얹고 생선 위에 겨자씨를 토핑했다. 고깃국에 생강 뿌리도 넣었다. 각각의 재료는 다른 것과 어우러져 맛의 미묘함을 높인다. 완성된 요리는 놀라웠다. 한입 한입 먹을 때마다 신선함이 그대로 전해졌다. 야생에서 채집한 재료이기에 가능한 결과다.

키다는 야생 식물을 재료로 사용하는 트렌드가 오래 지속될 것이라고 말했다. 그는 땅에서 뽑은 신선한 국화의 새순을 맛보고 있다고 상상해 보라고 했다. "그런 다음 다시는 그것을 먹지 못한다면 어떤 생각이 드시나요? 이 세계에 노출되면 다시는 예전으로 돌아가지 못합니다."

셰프들에게 좋은 재료를 구하는 일은 조리하는 일보다 더 어렵

우리가 몰랐던 향미의 기적

다. 요리사들은 음식의 향미, 특히 향에 민감하다. 좋은 요리는 식재료 본연의 향을 더 잘 느낄 수 있게 돕는다. 향미가 좋은 요리를 만들려면 향이 좋은 재료를 구하는 것이 우선이다. 이것이 가장 어렵다고 요리사들은 입을 모은다. 야생 식물을 식재료로 사용하는 트렌드는 요식업계가 향미 희석화에 대처하는 방식이다.

잡초의
재발견

원주시 근교 명봉산 아래, 권포근 고진하 부부가 사는 낡은 한옥 안마당은 오랫동안 내버려 둔 밭처럼 잡초가 무성히 자란다. 마당뿐 아니라 장독대 뒤쪽이며 담장 아래에도 풀들이 무성하다. 유난히 따뜻한 4월의 봄날, 안주인 권포근 씨가 마당에 쪼그리고 앉아서 정성스럽게 잡초를 뜯어 바구니에 담고 있다. '꽃마리'라는 이름의 잡초라고 한다. 꽃대가 올라올 때 꽃이 안으로 말려 있다고 붙여진 이름이다. 권포근 씨가 꽃마리 새순을 한 움큼 집어서 코에 대고 크게 심호흡을 한다. 잡초에서는 길들여지지 않은 향기가 난다.

"자연의 냄새예요. 이런 향기는 머리를 맑게 해요."

권포근 씨가 꽃마리를 포기째 싹둑 자르지 않고 조금씩 솎아 낸다. 이렇게 하면 계속해서 자라나고 가을까지 흐드러지게 먹을 수 있다. 권포근 씨가 장독대 뒤쪽으로 자리를 옮겼다. 다른 종류의 잡초가 봄비를 머금은 땅을 뚫고 올라오는 중이었다.

우리가 몰랐던 향미의 기적

"이야, 무더기로 올라왔구나!" 권포근 씨가 낮게 탄성을 지른다.

"비를 맞아서 얘들이 엄청 좋아하네요."

'수영'이라는 종류의 잡초다. 신맛이 아주 강하다. 하지만 이른 봄에 올라오는 것들은 적당히 시어서 샐러드로 먹기에 딱 좋다. 깊은 산에서 두 포기를 채취해 심어 놨더니 이렇게 많이 번졌다. 수영은 체리 같은 맛이 난다.

"잡초라고 부르는 것이 이런 좋은 맛을 낸다는 게 신기하지 않아요?"

이른 봄에는 풀들이 몇 종류 안 된다. 5월이 되면 더 많은 풀들이 올라온다. 달마다 제철인 풀이 다르다. 6월에 나오는 풀이 있고 7월에 나오는 풀이 있다. 한 종류가 꽃을 피우고 쓰러지면 다른 종류가 그 자리를 대신한다. 매 해, 정연한 그 질서가 놀랍다.

권포근 씨 부부는 잡초를 먹는다. 날로 먹고, 데쳐 먹고, 삶아서 냉장고에 넣어 두고두고 먹고, 말려서도 먹는다. 부부가 처음 잡초를 먹은 것은 원주에서 이곳으로 이사 온 지 3년째 되는 해였다. 대책 없이 웃자라는 마당의 풀을 베다가 입에 넣고 먹어 본 것이 계기였다. 풀을 뜯어 고추장을 넣고 밥에 비벼 먹었다. 목 넘김이 상큼했고 힘이 솟는 것 같았다. 그길로 산야초 도감을 구해 잡초 공부를 시작했다. 공부를 시작해 보니 먹을 수 있는 것들이 의외로 많았다. 식용 가능한 풀들을 갖은 양념으로 이리저리 섞어서 요리해 보았다. 풀마다 양념궁합이 따로 있었다. 많은 시행착오 끝에 얻은 레시피들을 모아 『잡초 치유 밥상』을 펴내기도 했다.

처음 잡초로 요리를 시도했던 날, 토끼풀로 샐러드를 만들어 밥상에 올렸다. 딸이 토끼풀을 보더니 먹지 않고 가만히 앉아만 있었다.

"이걸 어떻게 먹어요?"

"일단 한번만 먹어 봐."

토끼풀이 가진 고유의 향이 있다. 권포근 씨는 토끼풀샐러드에 그 향을 덜어 주는 소스를 사용했다. 딸은 한번 맛보더니 한 접시를 깨끗이 비웠다. 그러더니 잠시 후 이렇게 말했다.

"엄마, 속이 굉장히 편안해요. 체증이 내려간 것 같아요."

그것이 시작이었다. 먹고 나서 몸이 가벼워지고, 편안해지고, 신기하게도 몸에 생기가 돌아서 계속 먹게 된 것이다. 잡초의 진가를 몸이 먼저 아는 것 같았다. 먹고 나면 심신이 편안했다. 지금은 가족들 모두 잡초에 길들여졌다.

"우리 남편은 나 없이는 살아도 잡초 없이는 못 산다고 그러죠. 그렇게 됐어요."

잡초를 먹고 나서 남편 고진하 씨의 고혈압과 신장 질환 그리고 결코 나을 것 같지 않았던 어깨 결림이 나았다. 권포근 씨는 잡초를 사랑하게 되었다. 그녀는 잡초 요리 전문가가 되었다. 그녀는 잡초가 마트에서 돈 주고 사는 식재료와는 비교할 수 없을 만큼 귀하다고 생각한다. 잡초는 농약도 비료도 종자 개량의 손길도 거치치 않은 자연 상태 그대로의 식재료다. 잡초 속에는 재배 채소보다 훨씬 많은 파이토케미컬 성분이 있다. 항산화, 항암, 면역력 강화 기능이 있는 식물의 이차화합물의 보고다.

우리가 몰랐던 향미의 기적

마당에서 솎아 낸 꽃마리로는 부꾸미를 만들고 장독대 뒤에서 수확한 수영으로는 나물과 샐러드를 만들기로 한다. 꽃마리를 물에 흔들어 씻어서 작은 절구에 옮겨 담고 살짝 찧어 준다. 믹서에 드르륵 갈아 버리면 편하겠지만 그렇게 하면 영양분 손실이 많다. 절구에 찧다가 살짝 냄새를 맡아 본다. 향을 음미하려는 것이다. 절구에 찧은 꽃마리를 앉은뱅이밀가루(토종 앉은뱅이밀을 사용)와 섞어서 반죽하고 프라이팬에 살짝 부쳐 내면 향긋한 꽃마리부꾸미가 완성된다.

수영나물은 아주 간단하다. 수영을 끓는 물에 살짝 데친 다음 찬물에 헹구어 물기를 짠다. 여기에 마늘과 고추장을 넣고 버무리면 초간단 수영나물이 완성된다. 수영샐러드는 특별한 드레싱이 필요하다. 홍시다. 수영의 신맛을 홍시의 탄닌이 중화하기 때문에 신맛이 절반 정도로 준다. 이렇게 하면 소화도 더 잘된다. 홍시 속을 발라서 그릇에 담고 식초와 소금을 넣어 섞어 주면 홍시드레싱이 된다. 수영을 볼에 담아 드레싱을 올려 주면 상큼한 수영샐러드가 뚝딱 완성된다.

잡초는 그 향과 맛이 독특하다. 마트에서 우리가 사 먹는 식재료와는 비교할 수 없는 독특한 향미가 있다. 수영, 소루쟁이, 괭이밥은 시큼한 맛이 난다. 달맞이꽃, 깨풀은 떫다. 봄에 일찍 나는 풀들은 단맛이 난다. 어릴 적엔 단맛이 나더라도 햇빛을 많이 보면 나중에는 써진다. 향이 너무 강하면 향을 살짝 눌러 주는 양념을 써야 한다. 궁합이 맞는 것들로 짝을 맞추어 분류할 필요도 있다. 그때그때 마당에서 솎아다가 바로바로 무쳐 먹으면 더 맛있다. 양념도 가급적이면 된장, 고추장, 간장 정도로 간소하게 해서 잡초 고유의 향을 잘 살리는 것이 좋다. 이렇게 하면 잡초는 우리 몸을 살리는 천연의 식재료가 된다고 그녀는 믿는다.

가공식품에는 생명력이 없다. 그래서 우리 몸을 살리지 못한다. 하지만 생명력이 강한 잡초는 우리 세포들을 재생해 주는 것 같다. 그녀의 가족들은 이제는 외식을 하고 돌아오면 속이 불편해서 못 견딘다. 하지만 잡초를 먹으면 속이 편안하다. 속이 편안해지자 마음의 여유가 생겼다. 남을 배려하는 마음도 따라왔다. 비우게 되고, 나누게 되고, 주변을 돌아보게 되었다.

"예전의 삶이 나한테만 갇혀서 살았던 그런 삶이라면 이제 나를 넘어서 이웃을 향한 너그러운 마음이 생기는 쪽으로 변하더라고요."

자연은 사람을 배신하지 않는다. 사람들은 잡초를 흔하고 소용없다며 짓밟지만, 잡초는 사람을 배신하지 않고 결국엔 사람을 치유하는 약이 되어 준다. 먹을거리가 계속해서 변질되고 오염되어 갈 때 잡초는 그 자리에서 고유의 물성을 간직한 채 기다려 주었다. 권포근 씨는 우리 주위에 있는 하찮은 풀들의 진가가 빛을 보는 날이 반드시 올 거라고 믿는다.

"사람들은 자기에게 길들여진 것만 먹으려고 하잖아요. 새로운 맛에 도전해 보라고 얘기하고 싶어요. 도전하시는 모든 분이 훌륭한 잡초 요리사가 될 수 있다고 말해 주고 싶어요."

지구상에 식용으로 쓸 수 있는 식물은 약 7만 5천 종이지만 인류 역사에서 음식물로 이용했던 식물은 3천 종에 지나지 않는다. 그중

우리가 몰랐던 향미의 기적

에서 대규모로 재배된 식물은 150종에 불과하다. 식용이건 아니건 아직 조사되지 않은 식물의 영양소와 치료 성분은 그야말로 무궁무진하다. 진정한 에덴동산인 것이다. 우리는 고정된 맛의 감옥에서 벗어나야 한다.

되살려야
할
옛 맛

- - - - - - -

✚ 이동호 씨는 문화해설사로 일한다. 향교 같은 곳을 안내하기도 하고 우리 전통문화재에 대한 글도 쓴다. 그는 우리의 옛것들을 사랑한다. 그중에서도 가장 아끼는 보물은 그의 집 앞 마당과 텃밭에 있다. 바로 토종 배추, 토종 무, 토종 부추인 솔, 청갓, 적갓, 토종 파 등이다. 토종 배추와 무의 종자는 어머니에게 물려받았고, 다른 것들은 토종 종자를 연구하는 사람들에게 어렵사리 구했다.

이동호 씨가 토종 배추로 담근 김치를 꺼냈다. 담근 지 3년 된 묵은지였다. 차곡차곡 접어 넣었던 배추 포기를 들어 올리자 옛 아낙네의 머리채처럼 기다란 배추가 족히 1미터는 되어 보였다. 토종 배추로 담근 김장 김치는 깊고 은은한 향이 일품이고 아삭하게 살아 있는 식감이 특히 매력적이다. 오래 묵힐수록 향이 깊어지고 맛이 안정된다고 한다. 이동호 씨는 곰삭은 풍미의 깊은 느낌이 좋아서 토종 배추로만 김장을 담그고 2, 3년씩 묵혀서 먹는다. 센 불에 졸여도 식감이 적당하게 살아 있어서 활용도도 높다.

토종 배추는 개량 배추와 마찬가지로 8월 중순쯤에 파종하면 100일쯤 지나 완전히 자란다. 수확해서 김장을 담그고 일부는 뽑지 않고 놔두면 이듬해 봄에 꽃대가 올라와서 꽃이 피고 씨앗이 맺힌다. 씨앗은 소중하게 보관했다가 다시 파종한다. 채종할 수 있다는 점이 개량 배추와 다르다. 재래종 농작물은 씨앗을 받아 다시 심어도 형질이 변하지 않는다. 그가 키우는 배추는 그의 조상들이 먹던 것과 같은 것이고 종자의 소유권이 대대로 상속되었다.

토종 배추는 개량종보다 오히려 손이 좀 덜 간다. 메마른 땅에서 잘 자라고 가뭄에 강하다. 그래서 비료나 농약 없이도 수월하게 재배할 수 있다. 일반 개량 배추들은 속이 꽉 들어차고 노란 부분이 많지만, 토종 배추는 70센티미터에서 1미터까지 길게 자라면서 속은 잘 차지 않는다. 푸른 잎이 대부분이고 노란 부분은 거의 없다. 수분 함량이 적고 섬유질이 단단해서 저장성이 강하다.

가장 큰 차이는 맛이다. 개량 배추는 단맛이 강조되고 식감이 부드럽다. 토종 배추는 쌉쌀한 맛과 아린 맛이 많고 식감이 억세며 무엇보다도 특유의 향이 진하다. 그렇다고 단맛이 아주 없는 것이 아니어서 씹을수록 은은하게 단맛이 난다. 이동호 씨는 토종 배추의 매력은 한마디로 독특함과 생명력이라고 말한다.

그가 기억하기로 7~8세 무렵까지는 그의 집에서 키가 큰 토종 배추로 담근 김치만 먹었다. 이동호 씨의 어머니는 토종 배추를 직접 텃밭에 가꾸었다. 그러다가 개량 배추가 들어와서 그것으로도 김치를 담그게 되었다. 그는 개량 배추가 입맛에 맞지 않았다. 그래서 토종 배추로 담근 김치만 계속 고집했다. 어머니는 어린 아들을 위해서 따로 토종 배추를 심고 김치를 담가 주었다. 그래서 가끔은 입맛이 까다롭다고 핀잔을 들었다. 중학교 때부터 아예 자기가 먹을 배추를 직접 키우고 김치 담그는 것도 도와 드리기 시작했다. 그렇게 50대가 된 지금까지 40여 년간 토종 배추 농사를 이어오고 있다.

토종 파는 맛과 향이 굉장히 진하고 강하다. 토종 무는 무청만 1미터 가까이 자라고 뿌리도 20~30센티미터 정도 큰 편이다. 향미가 강하고 저장성이 좋다. 집에 온 손님들에게 토종 채소로 음식을 만들어 주면 모두들 놀란다고 한다. 신기하고 새롭다는 반응들이고 독특한 풍미에 감탄하고 또 감동한다고 한다. 고유의 식감, 진한 맛과 향, 거기서 나오는 풍미가 일반 채소와는 확연한 차이를 보인다.

"어렸을 때부터 나는 토종 채소가 좋아서 계속 맛있게 먹어 왔는데, 주위 분들 특히 마을 분들은 개량종이 보급되니까 토종 종자의 가치를 잊어버리시더라고요. 지금은 다시 토종이 좋다는 것을 알고 달라는 분들도 계시고, 또 팔아라, 보급해라 그런 얘기도 자주 듣습니다."

이동호씨는 이 땅에서 나고 자라고 먹고 마시고 살아온 사람은 부지불식간에 자기 몸에 이 땅의 성질이 내재한다고 생각한다. 그래서 아무리 무관심하고 멀리하려고 해도, 어쩔 수 없이 언젠가는 우리 땅의 토종 먹을거리를 다시 찾을 것으로 믿는다.

이동호 씨는 토종 채소 이외 음식은 먹기가 힘들어서 외식을 거의 하지 않는다. 그러다 보니까 속도 편안하면서 굉장히 건강하다. 병원 간 적도 거의 없고 또 아프다고 약을 복용한 적도 거의 없다. 체력도 나름대로 좋다. 그 이유는 아마 좋은 우리 토종 채소들을 주로 먹는 식생활에 있지 않을까 생각한다.

"사람이 입맛으로도 먹지만 향으로도 먹거든요. 또 눈으로도 먹고, 촉각으로도 먹고 또 씹히는 소리인 청각을 통해서도 먹습니다. 그래서 섭생은 단순히 입으로만 하는 게 아니라고 생각합니다. 오감에 영혼까지 동원해 육감으로 섭생을 취하는 것이 맞는다고 봅니다. 그래야 품격 높은 식문화를 영위할 수 있습니다. 맛과 향이 깊고 식감이 좋은 토종 채소 같은 음식들이 중요합니다."

맛과 향이 좋은 토종 씨앗

변현단 씨는 2008년도부터 의기투합한 몇몇 사람들과 함께 전국에 토종 씨앗을 가진 할머니들을 찾아다녔다. 2008년도부터 지금까지 15개 시군을 돌아다녀서 토종 씨앗을 수집했다. 그가 수집한 씨앗을 지금까지 계속 증식하면서 우수한 품종들을 골라내서 계속 재배를 해왔다. 지금은 곡성에 정착해 곡성의 토종 씨앗을 주로 수집한다. 곡성에서만 320여 점의 토종 종자를 찾아냈다. 모두 합하면 6백 점이 넘는다.

그녀가 토종 씨앗을 모으게 된 사연은 이랬다. 변현단 씨는 15년 전에 귀농했다. 그해 누군가가 옥수수 씨앗을 주면서 이게 수확량이 많으니까 심어 보라고 했는데 정말 수확량이 좋았다. 당연히 옥수수 몇 자루를 그 이듬해 심으려고 보관해 두었다. 다음 해에 잊지 않고 그 옥수수를 심었다. 그런데 발아도 잘되고 잘 자라다가 갑자기 옥수수 줄기가 뒤틀리기 시작했다. 줄기가 뒤틀리거나 아니면 자루가 나오면서 뒤틀리고 썩었다. 그때는 날씨 탓인 줄 알았다. 나중에 알고 보니까 그 옥수수가 f1 종자였던 것이 문제였다. 종자회사들은 여러 종자를 교배하여 특정 성질이 강조된 씨앗을 얻는데 이것이 f1 종자다. 교배 1세대에서 가장 강한 특성이 나타나는 잡종 강세를 이용한 것인데 옥수수의 경우 수확량과 당도 두 가지 특성이 최극점에 달하는 종자다. f1 종자는 그다음 세대에서 장점을 유지하지 못하고 퇴화한다. 이런 종자는 채종해서 그다음 대에 쓰지 못한다. 농사하는 사람은 당연히 씨앗을 받아서 다시 쓸 수 있어야 하는데, 농부에게 당연한 일을 못 한다는 사실을 그때 알았다. 그때부터 채종과 재파종이 가능한 씨앗은 결국 토종 씨앗이라 생각하고 소수의 할머니들이 보존하는 토종 씨앗을 찾아다녔다.

시판되는 종자들은 대체적으로 수확량에 초점을 맞춘다. 그래서 종자회사들이 개발한 옥수수 씨앗을 심으면, 우리가 예전에 먹었던 맛은 찾을 수 없다. 예전의 옥수수 종자는 크기는 작지만 야문 맛이 있었다. 개량 종자는 대체로 알은 큰데 야문 맛이 떨어진다. 대부분 토종 작물은 단맛 이외에도 신맛, 쓴맛, 매운맛, 짠맛의 오미가 있다. 개량 종자는 오미가 없고 한 가지 맛, 특히 단맛만을 부각한다. 개량 종자가 나오면서 우리 고유의 토종 씨앗들이 많이 사라졌다. 맛이 사라진 것이다. 토종 종자를 수집하기 위해 마을을 찾아 다니며 물어보면 대개는 수확량도 떨어지는데 요즘 누가 토종 종자로 심느냐는 답이 돌아온다. 하지만 물어물어 토종 종자를 가진 할머니를 만나면 어김없이 맛에 관한 이야기를 꺼낸다. 수확량은 적지만 그 맛은 비교할 수가 없다는 것이다. 할머니들이 계속 토종 씨앗으로 재배한 이유가 거기에 있다. "대부분 종자가 그래요. 맛 때문에 이어져 온 거죠."

맛은 향이고 향은 곧 성분이다. 그래서 맛이 못한 것은 약성藥性도 약하다. 종자를 수집하러 다니다 보면 맛은 물론 약성을 이야기하는 할머니들도 종종 만난다고 한다. 토종 녹두의 종자를 나누어 준 할머니는 이런 이야기를 했다. "이 녹두는 작고 보잘것없지만 약으로 먹을 때는 효과가 좋다. 녹두죽을 끓여 먹는다든가 가루를 내서 약으로 먹는 것이 녹두다. 개량종은 그 맛을 따라갈 수가 없다. 그래서 나는 해마다 이 녹두를 심는다. 개량 녹두는 알은 굵어도 약성이 약하다." 시골 할머니들은 개량종의 파이토케미컬 희석 효과를 몸으로 알았던 셈이다.

들깨도 마찬가지다. 개량 들깨는 크기가 아주 크다. 그러나 기름을 짜면 오히려 양이 적다. 이에 비해 옛날 들깨는 잘지만 기름은 훨씬 더 많이 나온다. 선조들이 들깨를 재배했던 주된 이유는 들기름을 내 먹기 위해서였다. 기름은 향이 중요한데 옛날 들깨는 향이 진하면서도 입에서 깔끔하게 넘어간다. 또 토종 참기름은 한 방울만 떨어뜨려도 충분할 만큼 향이 세다. 요즘 참기름은 종자가 수확량 중심으로만 개량되어 그 풍미가 떨어진다.

변현단 씨는 보존해야 할 가장 중요한 품종으로 메주콩을 든다. 토종 메주콩은 찰기가 더 많고 메주로 만들었을 때 훨씬 더 많은 미생물이 번식한다. 그래서 된장을 담갔을 때 그 맛은 이루 말할 수 없을 만큼 좋다. 그녀가 만난 시골 할머니들이 대대로 물려받은 토종 콩을 고집하는 이유는 된장 맛 때문이다. 그녀가 수집한 메주콩만 해도 수십 종이 된다.

"예부터 그랬잖아요. 그 집의 음식 맛은 장맛이 좌우한다고요. 그래서 많은 할머니가 토종 메주콩을 보존해 오고 있습니다. 그럼에도 지금 우리가 많이 먹는 된장은 토종 콩과는 아주 멀리 떨어져 있습니다. 가공 정도를 떠나서 이미 씨앗 자체가 다른 거죠."

붉은 고추도 토종과 개량종은 확연히 다르다. 개량종 고추는 고춧가루를 많이 내기 위해서 대체로 과피가 두껍다. 과피가 두꺼운 탓에 햇볕에 말릴 때 많이 썩는다. 건조기를 사용해야만 한다. 맛은 매운 것과 맵지 않은 것 두 가지 정도로만 구별된다. 토종 고추는 과피가 얇아 햇볕에 말리는 태양초가 가능하다. 게다가 토종 고추는 여러 가지 맛이 있다. 일반적으로 고추에는 매운맛만 있는 것으로 알지만, 사실 신맛도 있고 단맛도 있다. 토종 고추는 20여 가지 품종이 있는데 어떤 것은 매운맛이 강하고 어떤 것은 단맛이 강하고 어떤 것은 신맛이 강하다. 토종 고추는 가족의 입맛에 따라서 다양한 선택지가 있었다. 당연히 집집마다 고춧가루 맛이 달랐는데, 지금의 고추 맛은 그냥 한 종류밖에 없는 것과 같다. 이러다 보니까 모든 집의 고춧가루 맛이 똑같아졌다.

토종 농산물의 특성은 씨앗 자체에도 있지만 심어서 밥상에 오르기까지 농사 방식과 조리 방식도 중요하다. 토종 씨앗을 하우스에서 비료를 주어 키우면 고유의 향미가 살아나지 않는다. 토종 메주콩을 공장에 보내 속성으로 된장을 만들면 맛이 제대로 날 리 없다. 변현단 씨는 이렇게 복원된 토종 작물의 진한 향미는 가공식품에 길들여진 사람한테도 좋은 영향을 준다고 믿는다.

변현단 씨도 잡초 연구가 권포근 씨처럼 음식의 양념은 단순하게 써야 한다고 생각한다. 요즘 음식들은 조리 과정이 너무 복잡하다. 그리고 너무 많은 양념을 써서 식재료 고유의 맛을 느낄 수 없다. 가령 요즘 식당에서는 대부분 요리에 설탕과 참기름을 넣는데 이렇게 되면 식재료 고유의 맛이 단맛과 고소한 맛에 가려 사라져 버린다. 맛의 획일화는 영양 지혜를 방해한다. 그러므로 토종 식재료 역시 단순한 조리 방법, 단순한 양념을 사용할 때 토종 씨앗이 갖는 장점이 그대로 몸에 전달된다.

토종 채소와 토종 곡물들을 보존하고 먹는 사람들을 만나면서 우리가 과식하는 이유를 재확인할 수 있었다. 농산물의 성분이 약해져서 많이 먹게 되는 것이다. 하물며 합성 향미료를 사용한 가짜 맛 식품들은 말할 필요도 없다. 변현단 씨는 가공식품의 문제를 이렇게 정리한다.

"'약식동원'이라고 해서 예전부터 맛 자체가 영양이었거든요. 기

미氣味 자체가 우리 몸에 이롭게 작용하는 거죠. 그런데 지금의 가
공식품은 사실은 그 맛과 향을 흉내 냈을 뿐 원래 있어야 할 본질적
인 성분들이 없기 때문에 오히려 몸에 해악을 끼치는 결과를 가져
옵니다."

인생을
되찾은
사람들

1장에서 소개한 음식 중독자 앤서니 마시엘로의 이야기를 마무리할 차례다. 앤서니는 피자에 중독되어 있었다. 피자는 고칼로리에다가 지방과 탄수화물이 같이 있으며 합성 향미료가 듬뿍 들어가 있다. 중독의 조건을 골고루 정확히 갖춘 셈이다.

앤서니가 33세 되던 해, 집 근처에서 작은 축제가 열렸다. 그와 아내는 그들의 기쁨과 자랑인 18개월 아들 에반과 함께 그곳에 갔다. 아내는 두 번째 아들을 임신 중이었다. 성인이 되고 나서는 그런 축제에 한 번도 가본 적 없었던 앤서니는 축제의 떠들썩하고 유쾌한 분위기에 취해 반짝이는 조명 아래에서 아들을 안고 자랑스러운 아빠 걸음으로 돌아다녔다. 그때 아들 에반이 꼬마 기차를 발견했다. 아이는 매우 기뻐하며 손으로 가리켰다. 집에서도 토마스 기차를 가지고 잘 놀았는데 실제로 탈 수 있는 기차를 본 것이다. 아이는 매우 신나서 기차를 타고 싶어 했고, 그와 아내도 신나서 그쪽으로 걸어

갔다.

그런데 기차에 가까워지자 그는 자신이 그 기차에 탈 수 없다는 사실을 알았다. 아이가 간절히 아빠 옷깃을 잡으며 같이 타자고 했지만 어쩔 수 없었다. 그는 철제 울타리 너머에 서서 아내와 아이가 웃으며 기차를 타는 것을 지켜보았다. 그는 마음속 깊은 곳에서 무너지는 소리를 들었다. 과연 이것이 내가 되고자 했던 아버지의 모습인가? 이것이 내가 원하는 남편의 모습인가? 내 신체 사이즈 때문이다. 그리고 내 몸집이 큰 이유는 단 한 가지, 내가 내 입에 넣는 것들 때문이다. 피자 때문이다. 피자, 초콜릿, 아이스크림 따위가 과연 이만큼의 가치가 있는가?

그는 그때 바로 결정해야만 했다. 정말로 바뀌어야만 했고, 무언가를 해야만 했다. 그가 변하기로 결심한 바로 그 순간, 그는 지금까지 인생에서 가장 무거웠다. 대략 163킬로그램 정도 나갔다. 또한 고혈압에 콜레스테롤 수치도 높았고, 수면 무호흡증으로 치료 중이었다. 게다가 일하다 중간에 일을 멈추고 집에 돌아와 어두운 방안에 누워 다음 날 아침에 눈떴을 때 부디 아프지 않기만을 바랄 정도로 극심한 편두통에 시달렸다. 몸무게가 많이 나간다는 것 외에도, 이러한 크고 작은 질병은 그의 몸속에 차츰 쌓여가고 있었다.

그는 결심을 실행에 옮겼다. 20개월에 걸쳐 72킬로그램 정도를 감량해 현재의 몸무게인 대략 90킬로그램 정도가 되었다. 그 상태를 10년간 유지했다. 앤서니 마시엘로는 마침내 음식과의 전투에서 승리했다.

축제에서 돌아온 앤서니가 가장 먼저 한 것은 자료 조사였다. 그는 인터넷 서핑과 서적을 통해 음식 중독을 끊으려면 칼로리 대비 미량영양소가 많은 음식을 먹어야 한다는 사실을 발견했다. 그래서 앤서니는 일단 포기할 것들보다 먹어야 할 것들에 더 많이 집중하려고 노력했다. 아주 많은 양의 채소와 과일을 먹기 시작한 것이다. 제일 먼저 샐러드를 많이 먹기 시작했다. 매일 식사 전 샐러드를 섭취했고, 최소 하루 한 끼는 꼭 샐러드로 대체했다. 샐러드로 배를 어느 정도 채우면 다른 음식에 대한 욕구가 줄었다. 이것이 식습관 교체를 훨씬 더 손쉽게 했다. 배가 고프면 피자 생각을 떨칠 수 없다는 것을 그는 잘 알았다.

그가 목표로 한 식단은 채소와 과일, 콩, 견과류, 씨앗을 먹고 그 외에는 대부분 먹지 않는 것이었다. 그리고 어떤 종류의 커피나 카페인, 음료수도 먹지 않고 오로지 물만 마셨다. 샐러드를 먹기 시작한 지 3, 4개월 정도 후에는 전적으로 그가 목표한 건강한 음식만 먹는 단계에 이르렀다. 그리고 그는 이것을 현재까지 10년간 지켰다.

앤서니가 피자를 끊고 식단 변화에 성공했던 것은 포만감 때문이었다. 샐러드가 주는 포만감은 피자 생각을 떨쳐 낼 수 있게 도와주었다. 그는 마침내 밀가루 음식, 설탕이 든 음식, 합성 향미료가 든 음식을 모두 끊을 수 있었다. 피자, 치즈샌드위치, 프렌치프라이의 유혹을 견딜 수 있었다. 합성 향미료 대신 자연의 향미가 그의 식단을 채웠다. 가공식품 대신 자연식품이, 정제 탄수화물 대신 자연 탄수화물이 그의 몸에 들어오기 시작했다.

그는 요즘 맛있는 수프나 콩 요리를 만들어 즐긴다. 그와 그의 아내는 최소한으로 가공된 온전한 식물과 약간의 견과류와 씨앗만으로 다양한 종류의 음식을 만들어 낼 수 있게 되었다. 이런 음식은 에너지 외에도 실제로 우리의 몸이 선호하는 다양한 영양소를 공급해 준다.

"피자나 햄버거, 쿠키, 케이크, 아이스크림처럼 예전에 먹던 음식들은 더 이상 생각하지도 않고, 아예 관심이 생기지 않습니다." 그가 담담하게 말했다.

"건강한 음식에서 오는 기쁨으로 건강하지 못한 음식들에 대한 욕구를 극복한 셈입니다."

앤서니가 현재의 체중을 유지하는 데는 한 가지 이유가 더 있다. 그가 먹는 음식으로 인해 몸이 건강해지고 에너지가 생기자 바로 운동을 시작한 것이다. 처음 45킬로그램 정도는 어떠한 활동도 하지 않은 채 식단의 변화만으로 감량했다. 45킬로그램을 감량한 후, 그는 갑자기 운동이 하고 싶어졌다. 그는 평생토록 절대 뛰는 사람이 아니었다. 그러나 식단을 바꾼 후, 어느 시점에서 갑자기 밖으로 나가 달리고 싶은 충동을 느꼈다. 처음에는 걷고 뛰는 것을 섞어 가며 시작했다. 그리고 꽤 빨리 성과를 보이기 시작해서 지금은 1주일에 5일을 뛴다. 달리기는 그의 일상이 되었다.

새로운 생활방식은 그에게 새로운 문을 열어 주었다. 그는 지금 이 세상의 모든 것을 할 수 있다. 가족이 함께 스노보드를 타러 가고, 등산을 가고, 산길을 걷는다. 오프로드 바이크를 더 멋지게, 더 빠르게, 더 멀리, 오래 탈 수 있게 되어 지금은 실제로 레이싱까지도 시작하게 되었다. 대회에 참가해 트로피도 수상했고, 3시간을 숲과 장애물 사이로 달리는 레이싱 대회도 나갔다. 그리고 스케이트보드도 타고 있다. 사실 그는 어릴 적부터 단 한 번도 스케이트보드를 잘 탄 적이 없었다. 보드를 타는 것은 매우 어려웠다. 지금은 수준급의 스케이트보더가 되었다. "이런 것들을 하나씩 늘려가면서 제 사고방식은 완전히 바뀌었죠. 이 세상에 내가 할 수 없는 것은 아무것도 없다고 말입니다."

그는 삶을 즐길 수 있게 되었다. 직장에서도 큰 성공을 거두었다.

"아직 해보지 않은 누군가에게 이 기분을 이해시키기는 굉장히 어렵습니다. 내가 지금 이렇게 먹음으로써 얼마나 기분이 좋은지를 표현하는 것도 굉장히 어렵습니다. 말로 굳이 표현하자면, 너무나 좋은 기분이고, 항상 매우 좋은 상태입니다. 너무 멋져요."

요즘의 가공식품이나 패스트푸드에 대해 그는 진짜 음식이 아니라고 말한다. 다행스럽게도 인간의 몸은 회복력이 있어서 가공식품이나 패스트푸드를 먹어도 작동할 수는 있지만, 우리에게 합당한 음식이 아니라는 것이다. 가공식품은 음식이 아니라 음식의 부분일 뿐이다. 음식의 한 부분만 먹으면 열량은 섭취하지만 그 밖의 것은 섭취하지 못한다.

그는 음식을 먹을 때 칼로리나 영양소는 생각하지 않는다. 선입견을 지우고, 영양소나 음식에 대한 분석적 견해들을 제거하고, 그냥 자연의 것들을 먹는다. 무엇으로 만들어졌는지, 그중에서 어떤 부분이 그를 건강하게 만드는지 신경 쓰지 않는다. 그냥 그 자연스러운 모습 그대로, 자연식품에 포함된 모든 것을 먹기로 하고 음식의 향미를 즐긴다. 이것이야말로 우리 몸이 진화해 온 방식이다.

초콜릿 중독 영재 씨에게 일어난
놀라운 몸의 변화

하루 6,000칼로리를 섭취하던 영재 씨가 병원을 찾았다. 검진 결과 그는 이미 당뇨에 접어들었고 여러 지표가 좋지 않았다. 40대인 그의 신체 나이는 60대였다. 영재 씨는 충격을 받았다. 영재 씨의 음식 중독이 어느 정도인지 확인하려고 fMRI 검사를 실시했다. 고칼로리의 음식 사진과 일반적인 사물의 사진을 번갈아 보여 주면서 뇌의 반응을 관찰했다. 검사 전에 영재 씨에게 어떤 결과가 나올 것 같은지를 물었다. 그는 '초콜릿 좋아하는 돼지로 나올 것 같은데요'라며 머쓱해했다. 그냥 초콜릿이 묻어 있는 것만 보면 뇌가 반짝반짝할 것 같다며 웃었다. 예상대로 영재 씨의 뇌는 일반 풍경 사진에는 아무 반응도 하지 않았지만, 음식 사진에는 즉각적으로 반응했다. 음식 사진을 보여 주자 영재 씨의 뇌에서 중독, 쾌락과 관련된 부분이 환하게 빛났다.

영재 씨는 4주간 합성 향미료가 들어간 음식을 완전히 끊어 보기로 했다. 초콜릿 아이스크림, 초콜릿 과자, 망고주스, 탄산음료 같은 것들은 입에도 대지 않고 대신 파이토케미컬이 많은 채소와 나물을 많이 먹기로 했다. 흰쌀밥 대신 잡곡밥을 먹게 했다. 그에게 4주간의 식단표가 주어졌다. 그의 냉장고에 팽이버섯, 호박, 콩나물 같은 자연 식재료들이 자리를 잡았다. 그는 집에서 직접 음식을 만들기 시작했다. 밖에서 먹을 때는 뷔페에 가서 샐러드 위주로 먹었다. 당근을 먹기 좋게 잘라서 갖고 다니며 간식으로 먹었다.

4주 후에 영재 씨의 몸에 놀라운 변화가 생겼다. 공복 혈당과 중성지방 같은 수치가 눈에 띄게 개선되었다. 몸무게도 많이 줄었다. 영재 씨에게 어떤 변화가 있었는지 물어보았다. 그가 느낀 가장 큰 변화는 과식하지 않게 된 것이었다. 식사하기 전에 채소류부터 먼저 먹어서 어느 정도 배를 채우는 방법이 식사량을 줄이는 데 가장 효과가 좋았다. 그렇게 하자 고기를 먹더라도 전에 먹던 분량의 3분의 1 정도면 충분했다. 배가 너무 불러서 걷지도 못할 정도로 먹는 일은 없어졌다고 말했다. 그는 채소로 배를 채운다기보다는 채소가 다른 것을 더 먹지 않도록 막는 힘이 있는 것 같다고 했다. 초콜릿 같은 것들은 아예 먹지 않는다는 생각으로 머릿속에서 지워 버리려고 노력 중이라고 했다. 미각도 좀 변했다. 특히 짠맛을 아주 잘 느끼게 되었다. 예전에는 뭐든 싱거웠지만 요즘은 뭘 먹어도 엄청 짰다. 예전에는 맛있다고 느끼지 못했던 토마토와 당근이 이제는 맛있게 느껴진다고 했다. 토마토에서 단맛과 짭조름한 맛이 동시에 난다는 것을 처음 알게 되었다고 했다. 하지만 여전히 양배추는 먹기 힘들다고 했다.

가장 궁금한 것은 그의 뇌에서 과연 음식에 대한 갈망이 사라졌을까 하는 것이었다. 영재 씨는 4주 전에 받았던 것과 같은 fMRI 검사를 받았다. 영재 씨의 뇌에 확연한 변화가 생겼다. 음식 사진을 보여 주어도 영재 씨의 뇌는 동요하지 않았다. 음식 사진을 볼 때 환하게 빛났던 쾌락 중추와 중독 중추가 아무런 반응도 없이 잠잠했다. 검사를 담당했던 서울대학교 병원의 최형진 교수는 영재 씨가 초콜릿 아이스크림처럼 좋아하던 음식을 봤을 때 충동적으로 섭취하는 행동을 절제할 확률이 훨씬 높아졌다고 평가했다.

와인과
맥주의
진실

2002년 네 명의 덴마크인이 슈퍼마켓 영수증을 모아서 조사하기 시작했다. 이들은 저장 강박도 아니었고 개인 정보를 파는 사기꾼도 아니었다. 이들은 덴마크 국립보건원의 연구자들이었다. 그들은 다만 와인을 즐겨 마시는 사람들과 맥주를 즐겨 마시는 사람들이 평소에 어떤 음식을 먹는지 궁금했을 뿐이다. 세금을 낭비하는 허튼 짓으로 들릴 수도 있겠지만, 사실 이 연구는 동료 과학자들이 '우아하다'라고 칭송한 연구였다.

오랫동안 영양학자들은 와인의 건강 효과에 대해 논쟁을 벌여 왔다. 와인을 마시는 사람들은 심혈관 질환과 암에 저항력이 있었다. 맥주는 와인과 반대로 아랫배를 나오게 하고 당뇨의 위험성을 높인다고 생각했다. 와인의 긍정적 측면과 맥주의 부정적 효과는 과학적 연구의 대상이 되었다. 와인에 들어 있는 식물의 이차화합물, 특히 레스베라트롤이 집중 조명을 받았다. 맥주에 들어 있는 맥아당과 효모가 인슐린 저항을 유도한다는 주장이 제기되었다.

덴마크 학자들은 다른 방식으로 접근했다. 와인 구매자가 먹는 식품과 맥주 구매자가 먹는 식품이 어떻게 다른지 영수증으로 분석하고자 했다. 데이터는 부족하지 않았다. 모두 98개의 슈퍼마켓에서 발생한 총 350만 건의 거래가 조사되었다. 와인을 마시는 사람들은 맥주를 마시는 사람들과 다른 방식으로 쇼핑한다는 점을 발견할 수 있었다. 와인을 마시는 사람들은 올리브, 치즈, 과일과 채소, 저지방 육류, 향신료와 홍차 등을 카트에 놓는 경향이 있었다. 맥주를 마시는 사람들은 반대로 감자튀김, 케첩, 마가린, 설탕, 반조리 식품, 탄산음료에 손을 뻗는 경향이 있었다.[99]

와인보다 맥주가 건강에 더 해로울 수 있다. 와인 속의 식물의 이차화합물이 건강에 도움이 될 수도 있고 맥주가 살을 찌게 하는 것도 사실이다. 그러나 그것만이 전부는 아니었다. 와인을 마시는 사람들의 건강이 양호한 것은 와인 때문만이 아니다. 와인을 마시는 사람들은 채소, 과일, 올리브, 홍차 같은 식물의 이차화합물이 풍부한 식품을 좋아했다. 이들은 진한 향미를 즐기는 사람들이었다. 맥주를 마시는 사람들은 정제 탄수화물과 합성 향미료를 선호하는 것이 분명했다. 이들은 음식 중독에 가까웠다.

많은 제약회사가 식물에 들어 있는 항산화제를 알약으로 만들려고 했다. 성인병은 기본적으로 산소 독성에서 발생한다. 식물에 들어 있는 항산화제가 이런 질환을 예방하는 데 효과가 있다는 사실은 충분히 입증되었다. 제약회사들은 식물에서 레스베라트롤, 베타카로틴 같은 항산화제를 분리해서 약으로 만들었다. 그런데 대부분 항산화제 알약은 별 효과가 없었다. 효과가 있는 듯 보였던 것들도 대규모 임상 시험에서는 효과가 사라져 버리곤 했다. 그리고 때로는 나쁜 결과를 가져오기도 했다. 베타카로틴을 가지고 한 실험이 그런 경우였다. 베타카로틴과 비타민 A 알약이 흡연자와 석면 노동자들의 암 위험을 낮추는지 알아보려는 실험이 수행되었다. 결과는 반대였다. 알약이 암을 예방하는 데 실패했을 뿐 아니라 오히려 암을 증가시키는 것으로 나타났다. 알약을 먹은 실험군의 사망률이 더 높았고 심혈관 질환도 높았다. 결과가 너무나 걱정스러워 실험은 불명예스럽게 중지되었다.[100]

레스베라트롤도 마찬가지였다. 레스베라트롤은 효모균과 파리를 장수하게 하고 비만 생쥐의 장거리 달리기를 가능케 했지만, 사람에게는 그런 효과가 전혀 없었다. 과연 베타카로틴과 레스베라트롤이 알약으로 만들 만큼 대단한 특성이 있는가? 이것들을 함유한 딸기, 땅콩, 포도, 초콜릿 같은 음식에는 수많은 식물의 이차화합물이 들어 있다. 알려진 식물의 이차화합물만도 5만 가지 이상이다. 분명 암과 심장병을 예방하는 효과는 레스베라트롤과 베타카로틴이 나머지 4만 4,998종의 화합물과 함께 우리가 아직 알지 못하는 방식으로 함께 작용했기 때문일 것이다. 한두 가지의 항산화제를 약으로 만드는 것은 확률이 낮은 도박일 뿐이다.

이 이야기가 우리에게 시사하는 점은 분명하다. 건강의 가장 큰 변수는 어떤 한 가지 영양소나 한 가지 식품으로 귀결되지 않는다.

인터넷 매체나 방송에서 슈퍼푸드라고 칭송하는 식품 한 가지, 새로 발견된 영양소 하나로 해결할 수 있는 문제가 아니다.

장수마을,
블루존에서 찾은
비밀

＋ 2005년《내셔널 지오그래픽》 매거진의 커버스토리로 '장수의 비밀'이라는 특집 기사가 실렸다. 이 기사는 세계 최고의 장수 지역 다섯 곳을 선정하고, 그곳에 사는 90세 이상 노인들의 라이프스타일을 분석하여 공통점을 소개했다. 장수촌에 관한 리포트는 이전에도 드물지 않았지만, 이 기사는 몇 가지 특별한 점이 있었다. 훈자Hunza, 불가리스 같은 단골 장수촌이 빠지고 코스타리카의 오지와 캘리포니아의 소도시가 새로 포함되었다. 그리고 장수의 비결을 특정 요인으로 제시하는 대신 라이프스타일 전반에 걸쳐 나타나는 공통 사항으로 제시했다. 이 기사를 쓴 댄 부에트너Dan Buettner는 훈자가 빠진 까닭에 대해 이 지역에는 정확한 출생 기록이 누락되었을 때가 많고, 노인들이 자기 나이를 잘 모르기 때문이라고 말했다. 훈자의 한 노인은 처음 방문한 날 자기가 100세라고 말했다가 다시 찾아가자 90세라고 말했다고 한다. 댄 부에트너는 객관적 데이

터로 입증할 수 있는 장수 지역을 새로 선정하여 '블루존'이라고 명명했다. 그가 선정한 블루존은 일본 오키나와섬, 이탈리아 사르데냐섬, 코스타리카 니코야반도, 그리스 이카리아섬, 캘리포니아 로마린다에 위치한 제7일 안식일 예수재림교회 지역사회였다. 그는 직접 관찰과 경험적 데이터를 사용하여 왜 이 지역 사람들이 건강하고 오래 사는지 설명했다. 그는 가족 우선의 가치관, 낮은 흡연율, 채식주의에 가까운 식생활, 콩 섭취, 매일 반복되는 적절한 신체 활동, 활발한 사회적 활동과 강한 공동체 연대를 장수 지역의 공통된 라이프스타일로 요약했다. 이후 블루존이라는 말은 세계에서 가장 수명이 긴 사람들의 특징적인 라이프스타일을 기술하는 인류학적 개념이 되었다.

음식의 향미와 미량영양소, 파이토케미컬과의 관계를 잘 알게 된 이 책의 독자들은 블루존 사람들의 식생활 패턴에서 댄 부에트너도 발견하지 못한 아주 재미있는 공통점을 쉽게 찾을 수 있을 것이다. 블루존의 식생활은 자연의 향미가 왜 그토록 중요한지 단적으로 말해 주는 교과서적 사례다.

과일을 많이 먹는 니코야 사람들

먼저 코스타리카의 니코야반도에 가보자. 니코야는 다른 장수 지역과 달리 여자보다는 남자의 장수 비율이 특별히 높다. 이곳에는 심장 질환과 암, 당뇨 발생 빈도가 매우 낮고 사람들은 의료비를 거의 쓰지 않는다. 니코야 사람들은 채식을 기본으로 가끔 생선과 고기를 먹는 플렉시테리언들Flexitarian(부분 채식을 하는 사람들)이다. 이들의 주식은 옥수수 토르티야, 콩, 호박이었다. 자연 탄수화물이며 단백질, 칼슘, 니아신이 풍부하다. 지난 50년간 호박은 점차 흰쌀로 바뀌었다. 흰쌀은 미량영양소와 섬유질이 적지만 콩과 함께 먹으면 혈당을 급속히 올리지 않는다. 검정콩은 니코야에서 여전히 주식이다. 검정콩은 콩 중에서도 항산화 성분이 가장 높다. 니코야 사람들은 집집마다 토르티야를 매일 직접 만든다. 옥수수를 석회수에 담가 놓았다가 갈아서 반죽을 만드는데, 이렇게 하면 니아신이 생성되고 칼슘과 철의 흡수를 높여 준다. 판매되는 대부분 토르티야는 이런 전통 방식으로 만들지 않는다.

니코야 사람들의 식단에서 특이한 것은 과일이다. 이곳에서는 다른 지역보다 과일을 아주 많이 먹는다. 파파야, 망고, 파인애플, 작은 사포딜라, 바나나, 레몬, 마라논, 아노아, 복숭아, 야자 같은 과일이 흔하다. 마라논은 이 지역의 오렌지로 일반 오렌지보다 비타민 C가 다섯 배가량 많다. 아노아는 이 지역 특산 배인데 항암 작용이 있다. 니코야에서 파파야는 잡초처럼 흔하다. 파파야에는 항염증 성분이 많다. 포타슘과 섬유질의 보고인 바나나는 거의 주식이다. 보통 바나나는 그냥 먹고, 달지 않은 종류는 감자처럼 익혀서 먹는다. 코스타리카 원주민의 주식이었던 복숭아 야자는 비타민 A와 비타민 C가 아주 높은데, 주로 소금물에 삶아서 먹는다. 복숭아 야자에는 항균 성분이 있다.

니코야 사람들은 과실수를 뒤뜰에 심어 놓고, 매일 갓 따온 과일의 향미를 즐긴다. 그리고 텃밭을 가꾸어 직접 수확한 신선한 채소를 먹는다. 양파, 마늘, 피망, 얌yam(참마), 플랜테인plantain(바나나와 비슷하게 생긴 초록색 껍질의 과일), 양배추, 토마토, 생강 등이 주요 채소다. 점심은 배불리 먹고 저녁에는 소식하는 편이다.

지중해식 라이프스타일이 장수로 이어진다

그리스 이카리아섬은 과거보다 접근성이 더 용이해졌지만 여전히 외부와 고립된 느낌이 강하다. 그래서 지중해식 라이프스타일의 전형으로 남아 있다. 이카리아 사람들도 채식을 기본으로 생선과 염소 젖 치즈 정도를 먹는 플렉시테리언들이다. 이카리아에서 가장 중요한 먹을거리는 텃밭에서 나는 신선한 채소, 콩, 올리브유다. 여기서도 대부분 가정은 1년 내내 다양한 채소를 수확할 수 있는 텃밭을 가졌다. 텃밭은 대개 개울가에 있다. 물이 중요하기 때문이다. 이곳에서 텃밭은 제철 채소의 공급원으로 현금 수입과 관계없이 먹을 것을 조달해 주는 자존감의 근원이었다.

이카리아에서는 많은 사람이 아직도 야생 식물을 채집한다. 청나래고사리, 보리지, 쇠비름, 쐐기풀, 야생 아스파라거스, 엉겅퀴, 페니로열, 서양우엉 등을 채취해 먹는다. 지구의 다른 곳에서는 절멸의 대상인 잡초들이다. 이카리아 사람들은 이런 잡초를 생으로도 먹고 익혀서도 먹는다. 샐러드로도 먹고 파이에도 넣고 고기와 생선 요리에도 넣는다. 야생 식물은 파이토케미컬과 미량영양소의 집적도가 높다.

이카리아에서는 허브차도 중요하다. 감기 기운이 있으면 세이지 차를 마시고 배탈이 나면 오레가노 차를, 불면증에는 카모마일 차를 마신다. 소나무 잎, 타임, 이런저런 종류의 꽃도 허브로 사용된다. 구황작물이었으며 아직도 식탁에서 중요한 지위를 유지하는 감자, 토란도 빼놓을 수 없다. 주민들은 여전히 집집마다 와인을 담그고 이웃과 나눈다. 이카리아 사람들에게 동물성 단백질을 공급하는 주요 음식은 염소젖으로 만든 치즈와 생선이다. 바위 언덕에서 들풀을 먹고 자라는 이곳의 염소젖에는 파이토케미컬이 풍부하다.

오키나와의 토착 채소들

일본은 1970년대 이후 평균수명이 단연 세계 1위이며, 오키나와는 일본에서 첫째가는 장수 지역이다. 오키나와에는 세계에서 장수 인구가 가장 많은 오기미라는 마을이 있다. 이곳에는 열 명 이상의 100세 노인이 산다. 오기미 마을 사람들은 통곡물, 채소, 다시마 같은 해조류, 두부 같은 콩으로 만든 식품을 주로 먹는다. 그리고 생선 섭취량이 많은데, 1주일에 세 번 정도 생선을 먹는다. 특히 문어와

오징어를 많이 먹는다. 오키나와에는 '하라하치부はらはちぶ'라는 말이 있다. 배의 8할만을 채운다는 뜻으로, 지나친 식사로 배가 부르기 전에 젓가락을 내려놓는다는 뜻이다.

오키나와의 토종 채소는 특별히 재미있다. 자색 고구마는 플라보노이드, 카로티노이드, 비타민 E, 라이코펜 등이 풍부하다. 지역 특산물 여주는 쓴맛이 아주 강한데 혈당을 낮추는 것으로 밝혀졌다. 노인학자 크레이그 윌콕스Craig Willcox는 이 지역에 장기간 머무르면서 노인들의 건강 상태를 연구했다. 그에 의하면 이 지역에는 위암, 유방암, 전립선암의 발생이 매우 낮다. 호르몬과 관련이 깊은 종류의 암들이다. 그는 이 지역 사람들이 자주 먹는 음식, 특히 녹차와 강황이 암을 예방하는 효과가 있다고 생각한다. 윌콕스는 지금도 매일 녹차를 마시고 강황을 자주 먹는다. 댄 부에트너도 오키나와 장수 노인들이 질병에 잘 걸리지 않는 비결이 음식에 있다고 보았다. 그는 104세 할머니 고제이 신자토에게 직접 장수 비결에 대해 들었다. 그는 이렇게 회고했다.

"고제이 신자토 할머니를 설득하여 '장수 보조제'를 보관하는 비밀 무기고를 구경하는 데 이틀이 걸렸다. 결국 그녀는 감추어 둔 비밀을 보여 주었다. 마침내 내 눈 앞에 이 할머니가 치와와 같은 에너지와 요가 강사 같은 유연성을 유지한 채 각종 질병을 요리조리 피하여 104세까지 사는 데 도움을 준 다섯 가지 보조제가 드러났다. 그녀는 나에게 에스트로겐을 감소해 유방암을 예방하는 보조제, 위장을 튼튼하게 하고 말라리아를 퇴치하는 보조제, 대사를 조절하고

혈압을 낮게 유지해 주는 보조제, 담석을 치료하고 숙취를 예방하는 보조제를 보여 주었다. 마치 잘 구비된 약장을 구경하는 것처럼 생각하겠지만, 우리는 사실 신자토 할머니의 텃밭 앞에 서 있었다. 할머니가 내게 구경시켜 준 '장수 보조제'는 다름 아닌 오키나와 자색 고구마, 콩, 쑥, 강황, 여주였다. 모두 가지런히 줄을 맞추어, 할머니 집 바로 앞에서 자라고 있었다."[101]

장수촌 사람들의 건강한 식단

자색 고구마, 콩, 쑥, 강황, 여주가 좋은 음식임에는 틀림없다. 하지만 뉴캐슬대학교의 노화 및 건강연구소의 존 매더John Mather 교수는 몇 가지 특별한 음식이나 영양소에서 장수의 비법을 찾으려 하면 성급한 오류에 빠지기 쉽다고 잘라 말한다. 장수 특효약 같은 것은 없다. 음식을 섭취하는 방식 전체를 보아야 한다. 그는 이렇게 말한다.

"전 세계 모든 장수촌의 식단은 유사한 메커니즘으로 작동한다. 노화를 피하는 비결은 산화 손상의 누적을 피하는 것인데, 생선, 콩, 견과류, 씨앗, 통곡물을 많이 먹고 육류와 유제품을 적게 먹는 것이 산화 스트레스로 인한 세포 손상을 줄이는 데 도움이 된다."

장수촌 식단에서 공통된 특징은 정제 탄수화물을 비롯한 가공식품이 없다는 것, 통곡물, 콩, 고구마, 호박 같은 자연 탄수화물을 주식으로 한다는 것, 향미가 강한 채소, 산나물, 허브를 즐긴다는 것이다. 이것은 식물의 이차화합물을 풍부하게 이용하는 영양 지혜로 요약된다. 그래서 세계적인 장수촌들이 고립된 섬이거나 오지라는 점은 우연이 아니다. 이카리아에는 슈퍼마켓이 2010년에야 들어왔다. 이곳에는 영양 지혜를 교란하는 합성 향미료, 향미가 희석화된 농산물, 미량영양소가 결핍된 설탕과 밀가루가 없었다. 오키나와의 장수 노인들은 이곳에 미군기지가 들어서기 전에 태어난 사람들이며 미군기지가 들어선 후에 생겨난 패스트푸드 음식점들은 주민들의 건강을 악화시켰고 오키나와의 명성에도 금이 가게 했다. 캘리포니아 로마린다에 패스트푸드점이 들어오려면 시의회 허가를 받아야 하며 대개는 시민들의 강력한 저항을 받는다. 로마린다의 장수 노인들은 엄격한 채식주의를 지키며 지중해식 식단과 유사한 식생활을 즐긴다. 이들의 생활에서 다른 블루존과 차이점은 집 앞에 텃밭이 없고, 운동을 헬스클럽에서 한다는 것 정도다.

일반적으로 장수촌 음식에는 온갖 종류의 별난 재료들이 가득하다. 이카리아를 예로 들어 보자. 고추나물, 산사나무, 쓴맛 나는 채소 라디치오, 지중해산 관목의 작은 꽃봉오리를 식초에 절인 케이퍼, 소금에 절인 숭어의 알 보타르가, 목을 따끔거리게 하는 올리브유 같은 음식은 처음 먹을 때는 맛이 없지만 먹다 보면 차츰 좋아진다. 오키나와의 여주도 처음엔 먹기 힘들지만 나중에는 열광적으로 좋아하게 되는 매력적인 식품이다. 장수촌의 식단은 억지로 감량하는 다이어트 식단이 아니다. 그럼에도 자연스럽게 과식이 방지되고 적정 체중이 유지되는 식단이다. 여주에 들어 있는 것과 같은 쓴 화합물들은 포만감을 촉발하는 호르몬을 분비시킴으로써 배고픔을 느끼지 않게 한다. 장수촌 사람들이 즐기는 쓴맛의 식물들은 이들이 살찌지 않게 돕는다. 장수촌의 식단은 비만, 당뇨, 심장병, 뇌졸중을 비롯해 각종 퇴행성 질환을 방지하고 만성 염증을 감소시킨다. 그리고 맛이 아주 좋다. 장수촌 식단은 설탕, 지방, 소금, MSG 투여량을 올리지 않고도, 합성 향미료를 뿌리지 않고도 위대한 맛을 성취한다. 장수촌 사람들이 향유하는 건강한 식단의 요체는 자연에 가까운 음식에 있다.

잃어버린
향미의
미래

나는 치킨을 과식하곤 했다. 프라이드든 양념이든 앉은 자리에서 한 마리를 손쉽게 먹었다. 겉은 기름기가 많고 바삭바삭한 MSG로 무장한 튀김옷을 입었거나 달고 매콤한 양념을 뒤집어썼다. 그 안의 고기는 푸석푸석하고 밍밍했다. 그럼에도 나는 먹기를 멈출 수 없었다. 나는 희미한 닭고기 맛을 느끼려고 애쓰면서 채워지지 않는 갈증을 느끼며 먹고 또 먹었다.

바나나킥을 먹을 때도 마찬가지였다. 딱 하나만 먹자고 다짐해도 이것은 곧 불가능한 것으로 증명된다. 바나나킥을 하나 깨물면 곧이어 제어할 수 없는 충동이 몰려온다. 양치를 하고 돌아섰다가도 1분도 안 되어 텅 빈 과자 봉지만 남는다.

프라이드치킨과 마찬가지로 나는 바나나킥을 즐기지 못했다. 과자에는 잘 익은 자두나 향이 진한 우렁된장국이 주는 깊은 즐거움이 없다. 보상은 처음 깨물었을 때만 발생했다. 재미난 바사삭 소리와 잠깐 피어나는 향미의 스파이크. 그러다 향미는 이내 사라져 버린다. 그 스릴을 다시 얻기 위해 다음 바나나킥을 집었다. 이런 행동은 약물 중독과 닮아 있다. 나는 배가 고프지 않은데도 특정 음식을 계속 먹었고, 과식 때문에 지치고, 기운 빠지는 느낌이 들 때가 많았다.

식품산업이 가진 향미 기술은 아직 초보적인 수준에 있다. 식품 업계는 이 게임을 고작 50년 조금 넘게 했을 뿐이다. 그들은 바닐라를 완벽하게 모방하는 데는 성공했다. 그러나 그들은 설탕, MSG 같은 싸구려 흥분제 없이는 음식을 맛나게 만들지 못한다. 버터 맛 감자칩, 나초치즈 맛 도리토스는 1그램당 5칼로리다. 딸기맛 요구르트는 1그램당 1.2칼로리다. 그에 비해 진짜 딸기는 1그램당 0.32칼로리다. 진짜 딸기는 향미 엔지니어링의 걸작이다. 1리터로 100킬로미터를 가는 자동차와 동급이다. 인간은 이렇게 쥐꼬리만 한 칼로리로 이 정도로 맛있는 음식을 만들지 못한다. 자연은 칼로리는 최소화하고 맛은 최대화하는 탐미적 밀도의 기술을 터득했다. 그러나 우리는 아직 자연의 근처에도 못 갔다.

인간은 향미를 좇는 동물이다. 음식이 주는 즐거움은 향미로 경험되며, 이것은 너무도 강력해서 우리 대부분은 저항할 수 없다. 자연에서는 향미와 영양소 간에 밀접한 연결 관계가 있다. 그러나 합성 향미료 기술은 이 연결을 끊었을 뿐 아니라 인간이 음식과 맺었던 질서 정연한 관계를 대혼란에 빠트렸다. 지난 반세기 동안 우리는 사람들이 먹어야만 하는 것들은 갈수록 맛없게 만들었고 먹으면 안 되는 것들만 더 자극적으로 진화시켰다. 우리는 음식을 먹는 게 아니라 음식 유사 제품을 먹는다. 음식 전체가 아니라 음식의 일부분만을 먹는다.

가장 중요한 것은 음식의 맛이 느껴지는 방식이 변해야 한다는 점이다. 더운 날 땀 흘려 일한 후 마시는 냉수 한 대접이 갈증을 시원하게 풀어 주듯이 음식이 자신을 충분히 만족시켜야 한다. 인간의 영양학적 욕구는 매우 복잡하다. 우리는 이 복잡한 욕구를 복잡한 것으로 해결한다. 바로 음식이다. 음식은 수천, 수만 가지 화합물로 구성된 소우주다. 탄수화물, 지방, 단백질과 몇 가지 비타민을 영양의 모든 것으로 파악했던 근대 영양학은 그 복잡성의 발끝도 이해하지 못했다. 21세기 들어 영양학은 지방만도 수십 가지 하위 단위로 나누고 미량영양소 분야도 비타민과 미네랄에 이어 파이토케미컬로 영토를 확장하는 등 눈부신 성과를 이룩했지만, 음식이 갖는 복잡성을 완전히 이해했다고 보기 어렵다. 우리는 얄팍한 지식을 전부인 양 음식의 언어인 맛을 인공적으로 합성했을 뿐이다. 이것이 우리가 망쳤던 부분이다.

음식 본연의 맛을 찾아서

요즘 우리는 음식을 연료라고 생각한다. 반면에 고대인들은 음식을 신성하게 여겼고 먹는 것은 성스러운 행위였다. 우리의 세포는 우리가 먹은 음식에서 화학 정보를 받아서 그것을 기초로 그날그날의 결정을 내린다. 음식에는 그것이 만들어진 토양과 바다의 미세 환경 같은 정보가 내재되어 있다. 어떤 의미에서 음식은 연료라기보다는 외부 세계의 정보를 운반하는 언어에 가깝다. 음식은 몸의 모든 세포와 자연계의 한 측면을 연결해 주는 단절 없는 정보의 흐름이다. 음식이 소화되어 세포에 도착했을 때, 이 메시지에 손상이 없어야 당신은 건강할 수 있다. 음식은 바이오테크놀로지보다 더 안정적으로 유전자 행위를 제어할 수 있다. 자연 그대로의 음식을 섭취하면 유전자 오작동을 막고 최적의 유전자 발현이 촉진된다. 그럼으로써 우리는 거의 모든 질병을 제거할 수 있다.[102]

나는 특유의 맛이 진하게 나는 음식을 먹고 싶다. 더 당근 같은 당근과 감자 같은 감자, 복숭아 맛이 강한 복숭아, 토마토 향이 진한 토마토. 그중에서도 토마토가 가장 그립다. 중학교 시절, 집 앞에는 옆집 아주머니가 키우는 토마토 밭이 있었다. 그 토마토 밭에서는 여름마다 맛이 강렬한 토마토가 열렸다. 맛이 얼마나 진한지 한 개를 다 못 먹을 정도였고 먹고 나면 입 주위가 얼얼했다. 요즘 토마토는 그때 토마토에 비하면 토마토 냄새만 희미하게 날 뿐이다. 밍밍한 것들은 본질적으로 건강하지 않다.

소고기도 그렇다. 강원도 산골에서 1년에 한두 번 맛보던 소고기는 특유의 향미가 있었다. 그 향미는 깊고 고급스러웠다. 초등학교 교사였던 어머니는 이따금 교사들의 회식 자리에 참석했다가 늦게 오시곤 했다. 그때 어머니의 옷에서 나던 소고기 향을 나는 아직도 기억한다. 소고기 향은 진하고 달콤했다. 그에 비하면 요즘 소고기는 한우라 하더라도 소고기 특유의 향미가 전혀 나지 않는다. 몇 해 전 선친과 소고기 맛을 이야기한 적이 있었다. 선친께서는 강원도에서조차 토종 한우 맛이 실종된 지 십수 년이 흐른 후, 홍천군 내촌면에서 소고기 향이 진하게 나는 소고기를 맛보았던 이야기를 들려주셨다. 그 소는 여름엔 꼴을 먹고 겨울엔 볏짚으로 끓인 쇠죽을 먹었으며 배합 사료는 입에도 대지 않았다. 그처럼 귀한 것이라서 시골 중의 시골인 홍천군 내촌면에서조차도 그 맛이 큰 화제가 되었다고 한다. 예전에는 소고기를 먹으면 기분이 좋아졌다. 요즘은 그 반대다. 찌뿌둥하고 속이 답답하다.

나는 한정식집에 가지 않기로 했다. 요리 종류에 관계없이 간장이나 고추장에 설탕을 넣은 맛밖에 나지 않기 때문이다. 중식집에도 가지 않기로 했다. 설탕을 너무 많이 넣기 때문이다. 이 책을 쓰는 동안 나는 음식에서 진한 고유의 향미를 찾고 기대하게 되었다. 희석에 대한 염려나 영양 지혜를 얻으려는 노력도 있었지만, 근본적인 동기는 순수한 쾌락주의였다. 나는 맛있는 음식을 먹고 싶었다. 파리의 유명 셰프 알랭 뒤카스Alain Ducasse는 요리는 쉬운 부분이며 가장 어려운 부분은 가능한 한 가장 맛있는 재료를 구하는 일이라고 말한다. 한정식에서 양념이란 결국 밍밍한 음식을 판매할 수 있는 수준으로 끌어올리는 구원투수에 불과하다. 설악산 아래의 기와집 식당에서 더덕정식에 물엿과 고추장을 덕지덕지 바르는 것도 마찬가지 이유다. 나는 무엇이든 설탕부터 넣고 보는 요리사들이 못마땅했다. 가진 재료가 밍밍하니 그들이라고 달리 무슨 도리가 있을까마는.

에필로그

나는 회사 주변의 식당에서 음식을 먹은 후, 기분이 좋아지는지 찌뿌둥해지는지 살펴봤다. 식후 효과를 이용해 착한 식당과 나쁜 식당을 구별해 보자는 심산이었다. 나쁜 식당을 하나씩 지워 나갔다. 1년 정도 후에 단 두 개의 식당만 남았다. 하나는 콩나물국밥집이고 다른 하나는 곤드레밥집이다. 만족스럽게 먹으려면 회사에서 먼 곳으로 원정을 다녀야 했다. 순두부집, 보리밥집, 쌈밥집이 추가되어 내가 착한 식당으로 선정한 곳은 현재 다섯 곳이다. 이곳에서 점심을 먹으면 맛있으면서 과식하지도 않고, 저녁에 심하게 허기지지도 않았다. 무엇보다 오후에 집중력이 좋았다.

나는 고구마, 귀리, 퀴노아를 먹는다. 구황작물이나 고대 작물은 특유의 향미가 진해서 천천히 사귀면 그 맛을 사랑하게 된다. 이런 것들은 칼로리가 있어서 배고프지도 않으며 향미가 진해서 과식하지도 않는다. 나는 쌈채소를 먹는다. 향미가 약한 상추는 제쳐 두고 향이 진한 겨자잎, 케일, 봄동을 주로 먹는다. 과일도 즐겨 먹는다. 비록 향미가 예전만 못하지만 아직 즐길 만하다. 다만 당도가 높은 오렌지와 사과는 많이 먹지 않는다. 한편 나는 종자 개발자들과 상인들이 농작물의 향미를 높이 평가하고 칭송하는 시대가 오기를 바란다. 비록 아직은 좀 요원해 보이긴 해도.

1   Paul M. Johnson, "Dopamine D2 Receptors in Addiction-like Reward Dysfunction and Compulsive Eating in Obese Rats", *Nature Neuroscience*, 2013.

2   Anthony Sclafani, Deleri Springer, "Dietary Obesity in Adult Rats: Similarities to Hypothalamic and Human Obesity Syndromes", *Physiology & Behavior*, 1976.

3   Erica M. Schulte, Nicole M. Avena, Ashley N. Gearhardt, "Which Foods May Be Addictive? The Roles of Processing, Fat Content, and Glycemic Load", *PLoS One*, 2015.

4   Burrows T. et al., "Differences in Dietary Preferences, Personality and Mental Health in Australian Adults with and without Food Addiction", *Nutrients*, 2017.

5   Klatsky A. L. et al., "Correlates of Alcoholic Beverage Preference: Traits of Persons Who Choose Wine, Liquor or Beer", *British Journal of Addiction*, 1990.

6   Jean Nidetch, *The Story of Weight Watchers*, Signet, 1972.

7   Stice E. et al., "Relation of Reward from Food Intake and Anticipated Food Intake to Obesity: A Functional MRI Study", *Journal of Abnormal*

Psychology, 2008.

8   Gearhardt A. N. et al., "Neural Correlates of Food Addiction", *Archive of General Psychiatry*, 2011.

9   Mark Schatzker, *The Dorito Effect*, Simon & Schuster, 2016.

10   Nadia Berenstein, "The Inexorable Rise Of Synthetic Flavor: A Pictorial History from Vanilla to GMOs, How Science Shaped the Taste of the Modern World", *Popular Science*, 2015.

11   Rebecca Rupp, "The History of Vanilla", *National Geographic*, 2014.

12   Mark Schatzker, *The Dorito Effect*, Simon & Schuster, 2016.

13   Stephan J. Guyenet, *The Hungry Brain*, Flatiron Books, 2017.

14   Rising R., "Food Intake Measured by an Automated Food-selection System: Relationship to Energy Expenditure", *American Journal of Clinical Nutrition*, 1992.

15   Gordon M. Shepherd, *Neurogastronomy*, Columbia University Press, 2013.

16   존 매퀘이드, 『미각의 비밀』, 문학동네, 2017.

17   Gordon M. Shepherd, *Neurogastronomy*, Columbia University Press, 2013.

18   Stephen A. Goff, Harry J. Klee, "Plant Volatile Compounds: Sensory Cues for Health and Nutritional Value?", *Science*, 2006.

19   Y. Wang et al., "Modern Organic and Broiler Chickens Sold for Human Consumption Provide More Energy from Fat than Protein", *Public Health Nutrition*, 2010.

20   C. Y. Lee et al., "Carotenoid Accumulation and Their Antioxidant Activity in Spent Laying Hens as Affected by Polarity and Feeding Period", *Asian-Austrailian Journal of Animal Sciences*, 2010.

21   Sun T. et al., "Aspects of Lipid Oxidation of Meat from Free-range Broilers Consuming a Diet Containing Grasshoppers on Alpine Steppe of the Tibetan Plateau", *Poultry Science*, 2012.

22   Emila Mazza, "Could the Potato Diet Really Be the Key to Weight Loss?", *Daily Mail Austalia*, 2017.

23   Holt S. H., Miller et al., "A Satiety Index of Common Foods", *European*

Journal of Clinical Nutrition, 1995.

24   Parra D. et al., "A Diet Rich in Long Chain Omega-3 Fatty Acids Modulates Satiety in Overweight and Obese Volunteers during Weight Loss", *Appetite*, 2008.

25   US Department of Agriculture, "Potatoes Chock Full of Phytochemicals", *Science Daily*, 2007.

26   Mola A. L. et al., "Satiety in Rats Following Blueberry Extract Consumption Induced by Appetite Suppressing Mechanisms Unrelated to in Vitro or in Vivo Antioxidant Capacity", *Metabolism*, 2009.

27   Puglisi M. J. et al., "Raisins and Walking Alter Appetite Hormones and Plasma Lipids by Modifications in Lipoprotein Metabolism and Up-regulation of the Low-density Lipoprotein Receptor", *Metabolism*, 2009.

28   Sonia A. Tucci, "Phytochemicals in the Control of Human Appetite and Body Weight", *Pharmaceuticals*, 2010.

29   Furness J. B. et al., "The Gut as a Sensory Organ", *Nature Reviews Gastroenterology & Hepatology*, 2013.

30   Edward H. Hagen et al., "Explaining Human Recreational Use of Pesticides", *Frontiers in Psychiatry*, 2013.

31   Wendy Solganic의 블로그, "Healthy Girls' Kitchen"(http://healthygirlskitchen. com/2016/05/my-response-to-sugar-addict-part-iv.html).

32   Barry Estabrook, *Tomatoland: How Modern Industrial Agriculture Destroyed Our Most Alluring Fruit*, Andrews McMeel Publishing, 2011.

33   Roddy Scheer, Doug Moss, "Dirt Poor: Have Fruits and Vegetables Become Less Nutritious?", *Scientific American*, 2011.

34   Donald R. Davis, "Declining Fruit and Vegetable Nutrient Composition: What Is the Evidence?", *Hort Science*, 2009.

35   Katharine Milton, "Hunter-Gatherer Diets-A Different Perspective 1, 2", *American Journal of Clinical Nutrition*, 2000.

36   T. C. Turlings, J. H. Tumlinson, W. J. Lewis, "How Parasitic Wasp Find Their Host", *Scientific American*, 1993; "Exploitation of Herbivore-induced Plant

Odors by Host-seeking Parasitic Wasps", *Science*, 1990.

37   Gottfried Fraenkel, "The Raison d'Être of Secondary Plant Substances", *Science*, 1959.

38   Villalba J. J., Provenza F. D., Hall J. O., Peterson C., "Phosphorus Appetite in Sheep: Dissociating Taste from Postingestive Effects", *Journal of Animal Science*, 2006.

39   Weston A. Price, *Nutrition and Physical Degeneration*, Price-Pottenger Nutrition Foundation(8th edition), 2009.

40   Gary K. Beauchamp, "Phytochemistry: Ibuprofen-like Activity in Extra-virgin Olive Oil", *Nature* 437, 2005; Esther Sternberg, "Understanding the Olive Oil and Ibuprofen Connection"(beinkandescent.com).

41   Clara M. Davis, "The Self-selection of Diets by Young Children", *Canadian Medical Association Journal*, 1939; Stephen Strauss, "Clara M. Davis and the Wisdom of Letting Children Choose Their Own Diets", *Canadian Medical Association Journal*, 2006.

42   Early D. M., Provenza F. D., "Food Flavor and Nutritional Characteristics Alter Dynamics of Food Preference in Lambs", *Journal of Animal Science*, 1988.

43   Moran A. W. et al., "Expression of Na+/glucose co-transporter 1 (SGLT1) is Enhanced by Supplementation of the Diet of Weaning Piglets with Artificial Sweeteners", *British Journal of Nutrition*, 2010.

44   De R. G. et al., "Influence of Flavor on Goat Feeding Preferences", *Journal of Chemical Ecology*, 2002.

45   Dohi H. et al., "Intake Stimulants in Perennial Ryegrass (Lolium perenne L.) Fed to Sheep", *Journal of Dairy Science*, 1997.

46   Antenucc R., "Evolution of Real Time Aroma Creation at Givaudan", 12th Weurman Flavour Research Symposium July 2008. Interlaken, Switzerland.

47   프레드 프로벤자 교수와의 인터뷰.

48   Cindy Engel, *Wild Health: Lessons in Natural Wellness from the Animal Kingdom*, Mariner Books, 2003.

49 S. E. Swithers, "Artificial Sweeteners Produce the Counterintuitive Effect of Inducing Metabolic Derangements", *Trends in Endocrinology and Metabolism*, 2013.

50 Simon B. R., "Artificial Sweeteners Stimulate Adipogenesis and Suppress Lipolysis Independently of Sweet Taste Receptors", *Journal of Biological Chemistry*, 2013.

51 K. J. Rudenga, D. M. Small, "Amygdala Response to Sucrose Consumption Is Inversely Related to Artificial Sweetener Use", *Appetite*, 2012.

52 Kris Gunnars, "Food Addiction: A Serious Problem With a Simple Solution", *Healthline*, 2017.

53 Stephan Guyenet, *The Hungry Brain*, Flatiron Books, 2017.

54 Gene Heyman, *Addiction: A Disorder of Choice*, Harvard University Press, 2010.

55 디어드리 배릿, 『인간은 왜 위험한 자극에 끌리는가』, 이순, 2011.

56 "Eat Like a Normal Person"(https://www.eatlikeanormalperson.com/).

57 Michael Via, "The Malnutrition of Obesity: Micronutrient Deficiencies That Promote Diabetes", *ISRN Endocrinology*, 2012.

58 엄우흠 외, 『설탕』, 김영사, 2005.

59 Kaviraj Kunjalal Bhishagratna, *The Sushruta Samhita: An English Translation Based on Original Texts*, Cosmo Publications, 2006.

60 Moseley B., *A Treatise on Sugar*, London: John Nichols, 1800.

61 Rosner F., *The Medical Legacy of Moses Maimonides*, KTAV Publishing House, 1998.

62 Thomas Venner, *Via Recta Ad Vitam Longam: Or, a Treatise Wherein the Right Way and Best Manner of Living for Attaining to a Long and Healthfull Life*, London: James Flesher, 1650.

63 Thomas Short, *A Discourse Concerning the Causes and Effects of Corpulency: Together with the Method for Its Prevention and Cure*, Gale ECCO, 2010.

64 Sidney W. Mintz, *Sweetness and Power: The Place of Sugar in Modern*

History, Penguin Books, 1986.

65   J. H. Galloway, *"The Sugar Cane Industry: An Historical Geography from Its Origins to 1914"*, Cambridge University Press, 2005.

66   Ralph A. Austen, Woodruff D. Smith, "Private Tooth Decay as Public Economic Virtue: The Slave-Sugar Triangle, Consumerism, and European Industrialization", *Social Science History*, 1990.

67   McCarrison R., *Nutrition and Health*, Faber & Faber, 1961.

68   A. Rosalie David, Michael R. Zimmerman, "Cancer: An Old Disease, a New Disease or Something in between?", *Nature Reviews Cancer*, 2010.

69   Gary Taubes, *Good Calories, Bad Calories: Fats, Carbs, and the Controversial Science of Diet and Health*, Anchor, 2008.

70   S. Haripriya, S. Premakumari, "Effect of Wheat Bran on Diabetic Subjects", *Indian Journal of Science and Technology*, 2010.

71   T. L. Cleave, *The Saccharine Disease*, John Wright & Sons Limited, 1974.

72   Ty Bollinger, "Wheat Flour: A Silent Killer in Your Food?", 웹진 *The Truth about Cancer* (https://thetruthaboutcancer.com/wheat-flour/)

73   Sircar S., Kansra U., "Choice of Cooking Oils-myths and Realities", *Journal of Indian Medical Association*, 1998.

74   Poonamjot Deol et al., "Soybean Oil Is More Obesogenic and Diabetogenic than Coconut Oil and Fructose in Mouse: Potential Role for the Liver", *PLoS One*, 2015.

75   Rani R., Kansal V. K., "Effects of Cow Ghee (clarified butter oil) & Soybean Oil on Carcinogen-metabolizing Enzymes in Rats", *Indian Journal of Medical Research*, 2012.

76   Othman E. M., Hintzsche H., Stopper H., "Signaling Steps in the Induction of Genomic Damage by Insulin in Colon and Kidney Cells", *Free Radical Biology and Medicine*, 2014.

77   Pandeya D. R. et al., "Role of Hyperinsulinemia in Increased Risk of Prostate Cancer: A Case Control Study from Kathmandu Valley", *Asian Pacific Journal of Cancer Preview*, 2014.

78   Nichols G. A., "Progression from Newly Acquired Impaired Fasting Glucose to Type 2 Diabetes", *Diabetes Care*, 2007.

79   Khan S. et al., "Role of Adipokines and Cytokines in Obesity-associated Breast Cancer: Therapeutic Targets", *Cytokine Growth Factor Review*, 2013.

80   Boden G., "Excessive Caloric Intake Acutely Causes Oxidative Stress, GLUT4 Carbonylation, and Insulin Resistance in Healthy Men", *Science Translation Medicine*, 2015.

81   Biagio Arcidiacono, "Insulin Resistance and Cancer Risk: An Overview of the Pathogenetic Mechanisms", *Experimental Diabetes Research*, 2012

82   Samantha Hurrle, Walter H. Hsu, "The Etiology of Oxidative Stress in Insulin Resistance", *Biomedical Journal*, 2017.

83   Surapon Tangvarasittichai, "Oxidative Stress, Insulin Resistance, Dyslipidemia and Type 2 Diabetes Mellitus World", *Journal of Diabetes* 6(no.3), 2015; Kyong Park et al., "Oxidative Stress and Insulin Resistance the Coronary Artery Risk Development in Young Adults study", *Diabetes Care*, 2009.

84   Bao B. et al., "The Complexities of Obesity and Diabetes with the Development and Progression of Pancreatic Cancer", *Biochim Biophys Acta*, 2011.

85   Stephanie C. Melkonian, "Glycemic Index, Glycemic Load, and Lung Cancer Risk in Non-Hispanic Whites", *Cancer Epidemiology Biomarkers Prevention*, 2016.

86   Mari-Sanchis A. et al., "Meat Consumption and Risk of Developing Type 2 Diabetes in the SUN Project: A Highly Educated Middle-class Population", *PLoS One*, 2016.

87   국민건강보험공단, 『2016 비만백서』.

88   James L. Hargrove, "Adipose Energy Stores, Physical Work, and the Metabolic Syndrome: Lessons from Hummingbirds", *Nutrition Journal*, 2005.

89   Keesey R. E., Powley T. L., "The Regulation of Body Weight", *Annual Review of Psychology*, 1986.

90   Mrosovsky N., Sherry D. F., "Animal Anorexias", *Science*, 1980.

91 Sims E. A. et al., "Endocrine and Metabolic Effects of Experimental Obesity in Man", *Recent Progress in Hormone Research*, 1973.

92 Sims E. A., "Experimental Obesity, Dietary-induced Thermogenesis, and Their Clinical Implications", *Clinics in Endocrinology & Metabolism*, 1976.

93 국민건강보험공단, 『2016 비만백서』.

94 Jason Fung, *The Obesity Code: Unlocking the Secrets of Weight Loss*, Greystone Books, 2016.

95 Beck-Nielsen H. et al., "Impaired Cellular Insulin Binding and Insulin Sensitivity Induced by High-fructose Feeding in Normal Subjects", *American Journal of Clinical Nutrition* 33(2), 1980, pp. 273~278.

96 Faeh D. et al., "Effect of Fructose Overfeeding and Fish Oil Administration on Hepatic de Novo Lipogenesis and Insulin Sensitivity in Healthy Men", *Diabetes* 54(7), 2005, pp. 1907~1913.

97 Stanhope K. L., "Consuming Fructose-sweetened, not Glucose-sweetened, Beverages Increases Visceral Adiposity and Lipids and Decreases Insulin Sensitivity in Overweight/Obese Humans", *J Clin Invest* 119(5), 2009, pp. 1322~1334.

98 프레드 프로벤자 교수와의 인터뷰.

99 Ditte Johansen et al., "Food Buying Habits of People Who Buy Wine or Beer: Cross Sectional Study", *British Medical Journal*, 2006.

100 Goodman G. E. et al., "The Beta-carotene and Retinol Efficacy Trial: Incidence of Lung Cancer and Cardiovascular Disease Mortality during 6-year follow-up after Stopping Beta-carotene and Retinol Supplements", *Journal of the National Cancer Institute*, 2004.

101 Dan Buettner, *The Blue Zones Solution: Eating and Living Like the World's Healthiest People*, National Geographic Books, 2015.

102 Catherine Shanahan, *Deep Nutrition*, Lawai: Big Box Books, 2009.